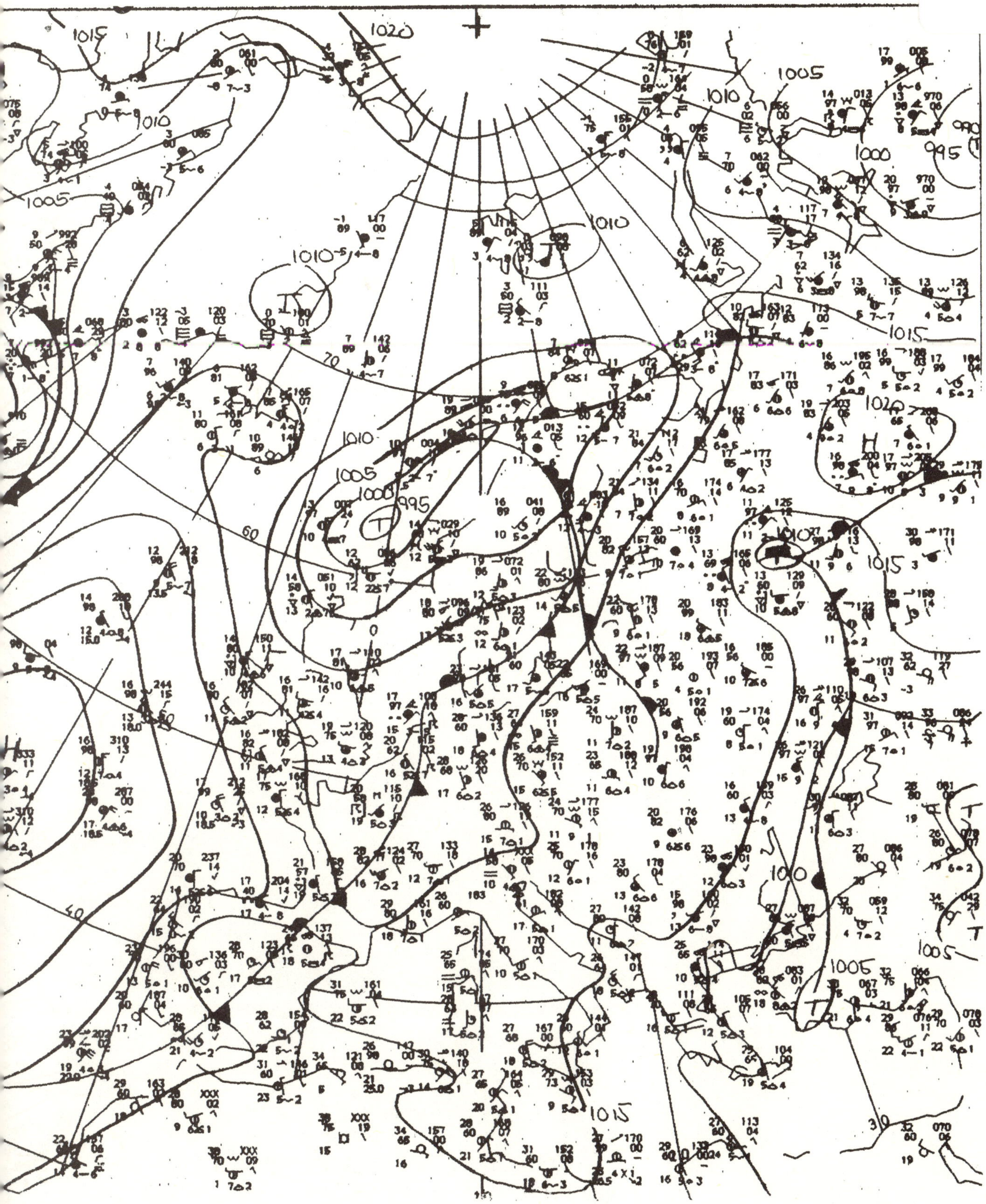
1015
1020
1010
1005
1010
1005
1000
995
1010
1010
1005
1000
995
1015
1020
1010
1015
1000
1005
1005
1015
70
60
40
30

MIT DEM WETTER SEGELFLIEGEN

Dieses Buch ist den unzähligen
noch »namenlosen« Segelfliegern
gewidmet.

MANFRED KREIPL

Mit dem Wetter segelfliegen

Eine praxisbezogene Wetterkunde — nicht nur für den Leistungssegelflieger

MOTORBUCH VERLAG STUTTGART

Einband und Schutzumschlag: Siegfried Horn unter Verwendung eines Farbdias von Manfred Kreipl.

Das farbige Schutzumschlagbild wurde vormittags im Mai aufgenommen. Um diese Zeit beginnt sich die vom Boden her erwärmte und mit Wasserdampf beladene Luft als dem Segelflieger »wohlbekannte« Thermikblase vom Erdboden zu lösen, sie steigt auf, kühlt sich dabei ab und in einer gewissen Höhe verdichtet sich der Wasserdampf zu jetzt sichtbaren Wolkentröpfchen: Die Haufen- oder Schönwetterwolke (Cumulus) ist geboren.
Man beachte die Kulissenwirkung in Horizontnähe, die dort einen höheren Bedeckungsgrad vortäuscht. Der scharfe Kontrast zwischen der weißen Wolke und dem tiefblauen Himmel deutet auf große Luftreinheit hin, die man vor allem bei nordwestlicher Kaltluftströmung erwarten kann.

Bei den Satelliten-Fotos handelt es sich um Aufnahmen des amerikanischen Wettersatelliten ESSA 8 aus einer mittleren Höhe von fast 1500 km, die vom meteorologischen Institut der Freien Universität Berlin empfangen wurden.
Die restlichen Wolkenphotos stammen von F. C. Rabell, G. A. Clarke, Ryves, Aviation Militaire Belge, Observatorium Lindenberg, Jaumotte, Meteorologisch-Magnetisches Observatorium Potsdam, C. Petersfield, P. Boulat, H. Braun, J. von Kalckreuth, W. Kühn, R. S. Scorer, L. Larsson, N. Gerbier.

Alle Zeichnungen – zum Teil nach Vorlage – fertigte der Autor selbst.

ISBN 3-87943-411-5

5. Auflage 1992

Ein Unternehmen der Paul Pietsch-Verlage GmbH & Co.

Satz: Becht-Druck, 7403 Ammerbuch 2.
Druck: Dr. Cantz, 7302 Ostfildern 1 (Ruit)
Bindung: Großbuchbinderei Ernst Riethmüller & Co., 7000 Stuttgart.
Printed in Germany.

INHALT

VORWORT

DR. MANFRED REINHARDT (DFVLR, FRÜHER DFS) ÜBER DIESES BUCH

Wetter und Segelflug – Dies sind zwei unlöslich miteinander verbundene Begriffe, seit in den zwanziger Jahren die ersten systematischen Segelflüge die Überhöhung des eigenen Startortes und die ersten Stundenflüge ermöglichten.

In der Folgezeit war diese Verbundenheit eigentlich bis zum heutigen Tag gekennzeichnet durch ein ständiges Geben und Nehmen zwischen der Wissenschaft vom Wetter, der Meteorologie, und dem praktischen Anwender, dem Segelflug. Beide beflügelten sich gegenseitig, ja oft war es ein Wettrennen zwischen Meteorologen und Segelfliegern um das Aufspüren eines meteorologischen Phänomens, um dessen Deutung und schließlich um dessen systematische Anwendung. Es begann mit dem Hangwind in den Dünen von Rossitten, es setzte sich fort mit dem thermischen Aufwind in der Rhön und weiterhin mit der Eroberung der dritten Dimension bis zur Stratosphäre durch den Wellenaufwind des Riesengebirges.

Heute kennt man an vielen Stellen der Erde die günstigsten Segelflugmöglichkeiten, vor allem auch für große Leistungen.

Der technische Fortschritt in Aerodynamik und Segelflugzeugbau hat das Seine dazugetan, um die Rekordmarken von Strecke, Höhe und Geschwindigkeit weit hinauszuschieben.

Alle Technik und Taktik nützen jedoch nichts, wenn nicht das Vertrautsein mit den Wettervorgängen in der freien Atmosphäre, dem Lebensraum der Segelflieger, gegeben ist und sich damit jene Fähigkeit verbindet, die Kräfte der Natur optimal auszunützen. Der Weg dorthin ist nicht einfach.

Manfred Kreipl, ein Forecaster des praktischen Flugwetterdienstes, versucht, diesen Weg mit dem vorliegenden Buch zu erleichtern. Er hat in den letzten Jahren von Nürnberg aus vielen Segelfliegern vor allem des süddeutschen Raumes wertvolle Wetterberatungen gegeben. Gewiß gibt es viele Schriften und Bücher über Meteorologie und Segelflug. Das vorliegende Buch ist nach dem Willen des Autors speziell als »praxisbezogene Wetterkunde nicht *nur* für den Leistungssegelflieger« gedacht, er widmet es sogar den »unzähligen, noch namenlosen Segelfliegern«.

Ich wünsche, daß es in seiner glücklichen Verbindung von meteorologischen Grundlagen und fliegerischen Erfahrungs- und Erlebnisberichten Helfer und Wegbereiter zu weiterem Erfolg und zu vielen schönen Flügen sein möge.

Dr. Manfred Reinhardt

EINLEITUNG

In »Howards Ehrengedächtnis«, das Goethe zu Ehren von Luke Howard, einem englischen Chemiker schrieb, der die bis heute noch gültigen lateinischen Wolkenbezeichnungen einführte, kommen folgende Zeilen vor: »(Er) benennt es treffend, hält es fest, wie Streife steigt, sich ballt, zerflattert, fällt . . .«.

Zunächst erscheint die Zeile absolut unverständlich, nahezu faustisch mysteriös.

Da Goethe auch Wetterkunde und Wolkenbeobachtungen betrieb, suchte er als Dichter noch Ausdrücke für Natürliches:

»Wie Streife steigt . . .«, das ist der Stratus, die Schichtwolke, »sich ballt . . .« – der Cumulus, die Quellwolke, »zerflattert . . .« der Cirrus, die hohe Eisnadelwolke und »fällt«, der Nimbus, also die Regenwolke.

Dies sind die lateinischen Wolkennamen der vier Grundformen der Wolken, die nach mehr als 150 Jahren noch immer gebräuchlich sind und deren Aussagekraft unwidersprochen geblieben ist.

Dieses hier vorliegende Buch will versuchen, jenes »Geheimnisvolle« am Wettergeschehen – speziell für Segelflieger – klar und verständlich auszulegen, also zu entmystifizieren und jedwede dichterischen Klauseln aus dem Spiel zu lassen.

Die Idee, ein Buch über Segelflugmeteorologie zu schreiben, stammt – dies muß ganz vornean stehen – nicht von mir. Vielmehr führten etliche geglückte Segelflugberatungen dahin, daß Piloten selbst »anklopften«, ob sich niemand ihrer annehme und eine zusammenfassende Veröffentlichung – nicht auf hochwissenschaftlicher Basis – sondern für den Anfänger gleichermaßen verständlich wie für einen Experten, schreibe. Der Versuch liegt nun vor.

Dieses Buch soll nicht in Konkurrenz treten etwa einem Professor Georgii oder einem Wallington/Dr. Jäckisch gegenüber. Nein, es soll die eventuell vorhandene Lücke schließen, damit Segelfliegen auch vom meteorologischen Gesichtspunkt her »Volkssport« werden kann.

An dieser Stelle gilt mein Dank vielen Segelfliegern.

Zu erwähnen sind an erster Stelle diejenigen, die mir mit Rat und Tat (sprich Beiträgen) zur Seite standen: Dr. Sigi Baumgartl, Günter Cichon, Hans-Werner Grosse, Horst Heidenreich, Klaus Holighaus, Heinz Huth, Jochen von Kalckreuth, Werner Kühn und Reinhard Rose.

Für die anregenden Gespräche danke ich auch dem belgischen Meteorologen Yves Collier.

Dem Wettbewerbsmeteorologen des Deutschen Aero-Clubs, Dr. Walter Schulte, gilt mein besonderer Dank für die kritische Durchsicht des Manuskripts.

Neben den vielen bekannten Segelfliegern darf ich noch die vielen »unbekannten« dankend erwähnen, die mit ihren Flugberichten (nach geglückten oder mißglückten Flügen!) ihren Beitrag geliefert haben, damit dieses Buch überhaupt erst entstand.

I. AUFBAU DER ATMOSPHÄRE, WÄRMEHAUSHALT, STRAHLUNG UND TEMPERATUR

DIE ATMOSPHÄRE

Die Meteorologie – die Lehre von den physikalischen Erscheinungen der Erdatmosphäre – will auch Aufschluß über die Zusammensetzung, Dichte, Mächtigkeit, Strahlung und den Wärmehaushalt des »Ozeans Luft« geben.

Über die vertikale Erstreckung der Atmosphäre lassen sich keine exakten Angaben machen, da die Lufthülle verschwommen (diffus) in das Weltall übergeht. Man kann also nicht von einer Obergrenze im Sinne einer Wasseroberfläche sprechen. Betrachtet man gewisse physikalische Gesichtspunkte, so findet man dennoch einen »Atmosphärenrand« in etwa 1500 km Höhe.

(s. Abb. 1)

Die Dichte der Luft ist etwa 800mal geringer als die des Wassers (Dichte = Masse pro Volumen).

(Wasser besitzt die Dichte 1000 g/Liter, Luft dagegen 1,293 g/Liter). Die gesamte Masse der Atmosphäre jedoch beträgt noch nicht einmal ein Millionstel der Masse der Erde!

Was ist nun eigentlich Luft?

Die Luft besteht aus einem Gasgemisch. Daran sind etwa 78 Raumeinheiten (Volumenprozente) Stickstoff, 21 % Sauerstoff, 0,9 % Argon, 0,03 % Kohlendioxyd, geringe Spuren von Neon, Helium, Krypton, Xenon, Radon, Ozon und Wasserstoff, insgesamt 0,07 %, beteiligt. Diese 100 % gelten jedoch nur für die absolut trockene Luft. In Bodennähe ist in der Luft immer Wasserdampf in wechselnder Menge beteiligt (maximal bis zu 4 %). Was wiegt nun schwerer, trockene Luft oder

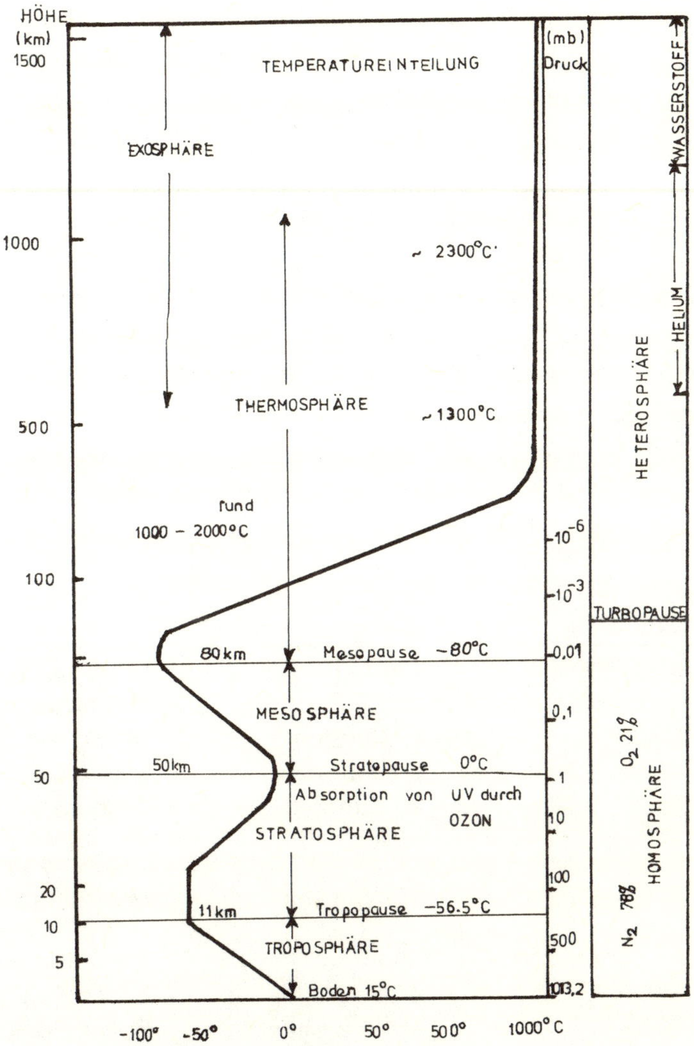

Abb. 1: Aufbau der Atmosphäre
Auf der linken Seite sind die thermischen Einteilungen (nach der ICAO-Standardatmosphäre) eingetragen, daneben die Druckabnahme mit der Höhe. Weiterhin erfolgt die Einteilung nach Zusammensetzung und nach dem chemischen Zustand der atmosphärischen Gaspartikel.

Wasserdampf? Das Molekulargewicht für trockene Luft wurde mit 21 Gramm bestimmt, das des Wasserdampfes nur mit 18 g. Diese Tatsache bewirkt das Phänomen der Verdunstung einer Wasserfläche.
Trockene Luft ist schwerer als Wasserdampf. Feuchte Luft, also eine Mischung von Luft und Wasserdampf, wiegt weniger als trockene Luft! Wäre dies nicht so, dann würde in kürzester Zeit – selbstverständlich ohne Feuchteabtransport – das Gebiet oberhalb einer Wasserfläche mit Feuchte gesättigt.

FUNKTIONSSCHWELLEN DER ATMOSPHÄRE

Pro Stunde »trinkt« ein Mensch bei normaler Atmung etwa 20 Liter Sauerstoff. Diese Menge steht ihm in Bodennähe auch stets zur Verfügung. Mit zunehmender Höhe wird der absolute Sauerstoffgehalt – wie die reale Menge der anderen Gase auch – weniger. Zwischen 2000 m und 3000 m Höhe, der sogenannten *Reaktionsschwelle,* stellen sich infolge des Sauerstoffmangels Müdigkeit oder sogar Erschöpfungszustände ein. Das hängt natürlich von der körperlichen Verfassung des Menschen ab. Durch schnelleres Atmen wird dieser Mangel an Sauerstoff meist ausgeglichen. Funktionsstörungen im menschlichen Organismus können sich in 4000 m bis 5000 m, beim Erreichen der *Störungsschwelle,* oft derart auswirken, daß z. B. Segelflieger, die ohne Sauerstoffmasken in Leewellen fliegen, unfähig sind, klare und logische Entschlüsse zu fassen.
Zwischen 6000 m und 8000 m, der *kritischen Schwelle,* hat die Luftdichte etwa die Hälfte des Bodenwertes erreicht, folglich ist auch der Gehalt an Sauerstoff um die Hälfte zurückgegangen. Gesundheitsschädigungen (Lähmungserscheinungen) können die Folge sein. Längere Zeit kann sich auch ein auf Sauerstoffarmut trainierter Mensch in diesen Höhen nicht aufhalten, weshalb diese Schwelle in Abhängigkeit von der Zeit auch *Todesschwelle* genannt wird.
Tabelle 1 zeigt die Auswirkung der Zeit auf den menschlichen Organismus bei Sauerstoffabnahme mit der Höhe. (s. Tabelle 1)

Höhe in Metern ca.	Zeit bis zum Auftreten	Typische Symptome
1500	unbegrenzt	in einzelnen Fällen kann die Sehfähigkeit bei Nacht beeinträchtigt werden
3000	4 Stunden	Müdigkeit, Trägheit
4500	2 Stunden	Müdigkeit, Schläfrigkeit, Kopfschmerzen, schlechte Urteilsfähigkeit
5500	30 Minuten und weniger	nachlassende Aufmerksamkeit, Beeinträchtigung der Sehfähigkeit, Gedächtnisstörungen, dabei trügerisches Gefühl des Wohlbefindens
6000	15 Minuten	Muskeln geraten außer Kontrolle, Gedächtnisverlust, Verlust der Urteilsfähigkeit und des Zeitgefühls, Erregungsausbrüche
6500 bis 7000	Minuten	krampfartige Zuckungen, Bewußtlosigkeit
8000	4 bis 6 Minuten	Bewußtlosigkeit
9000	1 bis 2 Minuten	Bewußtlosigkeit
11000 bis 12000	30 Sekunden oder weniger	Bewußtlosigkeit
15000	10 bis 12 Sekunden	Bewußtlosigkeit

Tabelle 1: Auswirkung der Zeit auf den menschlichen Organismus bei Sauerstoffabnahme mit der Höhe (nach Lockheed Field Service Digest, Issue 47).

DIE TROPOSPHÄRE

Die Zone, in der sich das Wettergeschehen hauptsächlich abspielt, wird *Troposphäre genannt.* Sie wird auch als Umwälzungszone bezeichnet. Umwälzungszone deshalb, weil die ständige Luftdurchmischung bewirkt, daß sich die Bestandteile der Luft nicht entsprechend ihres Gewichtes vertikal ablagern. Mit anderen Worten: Ohne Durchmischung würden die schweren Gase nahe der Erdoberfläche lagern, während sich die leichteren Gase in größeren Höhen befänden.

In dieser Troposphäre, deren Grenzschicht zur Stratosphäre, die *Tropopause,* im Mittel in unseren Breiten bei 11 km Höhe liegt, sind nahezu 3/4 des gesamten »Luftmeeres« und der gesamte Wasserdampf enthalten. Deshalb spielen sich hier alle Wettergeschehen, für die Wasserdampf benötigt wird, ab, wodurch sie zur *»Wettersphäre«* avanciert. (Wasserdampf wird zur Wolkenbildung und für Niederschlag benötigt!)

Vergleicht man die Höhe der Wettersphäre einmal mit dem Erdradius, so würde sie auf einem Globus von 127 cm Durchmesser nur eine Schicht von 1 mm ausmachen. Dieses Beispiel zeigt überdeutlich, wie klein die vertikalen Abmessungen unserer Atmosphäre gegenüber den horizontalen der Erdoberfläche sind.

Innerhalb der Troposphäre, zwischen Boden und etwa 1500 m Höhe, liegt die sogenannte Grundschicht, in der die Temperatur- und Strömungsverhältnisse sehr stark vom Erdboden her beeinflußt und beeinträchtigt werden. Diese Schicht wird auch *Peplosphäre* genannt, weil dieser feuchtkühle »Mantel« (griechisch: peplos = Mantel) häufig von einer Temperaturumkehrschicht (Inversion) begrenzt wird, die sich dann oft als Obergrenze einer Dunst- oder Wolkenschicht zeigt.

Im Gebirge tritt diese Fläche häufig als Grenzschicht von Baum- oder Pflanzenbewuchs auf.

WÄRMEHAUSHALT UND STRAHLUNG

Die fortdauernde Strahlung der Sonne bedingt in unserer Atmosphäre alle Wettervorgänge – Wind, Wolken, Niederschlag – und alle Umwandlungen an Energie, die zusammenhängend mit ihnen geschehen. Selbstverständlich spielen hier noch die Erdrotation im 24-Stunden-Rhythmus und der jährliche Umlauf der Erde um die Sonne eine große Rolle.

STRAHLUNG

Jeder Körper strahlt entsprechend seiner Temperatur elektromagnetische Wellen aus.

Die Sonne mit ihrer hohen Temperatur von 6000 Grad Kelvin strahlt in einem Wellenbereich von 0,3 bis 3 mümeter (1 mümeter = 1/1000 mm), die Erde mit ihrer Temperatur von etwa 300 Grad Kelvin zwischen 3 und 80 mümeter. Man unterscheidet hier bereits zwischen kurzwelliger Sonnenstrahlung und langwelliger Wärmestrahlung der Erde, denn die Erde wandelt die kurzwellige Sonnenstrahlung in Wärme um und strahlt langwellig zurück.

Das menschliche Auge kann nur einen geringen Wellenbereich erblicken. Der Maximalwert liegt natürlich im sichtbaren Bereich des Lichts. Dieser Wellenbereich umfaßt Werte von 0,36 bis 0,76 mümeter und hat die blaugrüne Farbe zu eigen.

Er liegt zwischen den ultravioletten und den Wärmestrahlen. In diesem Licht sind nicht alle Wellen gleichmäßig verteilt; die kürzesten von ihnen, die violetten und blauen, sind am stärksten vertreten. Gerade sie jedoch werden von den obersten Luftschichten nicht unbehindert hindurchgelassen, sondern über den ganzen Himmel verstreut. Dies zerstreute Licht wirkt blau – und wir freuen uns am »Himmelsblau«. Am Mittag, wenn die Sonne am höchsten steht, erscheint uns der Himmel am blauesten. Wenn die Sonne im Zenith steht, ist nämlich der Weg der Strahlen zur Erde am kürzesten! Die Luftmoleküle, die die Größenordnung des blauen Spektrums aufweisen, lenken umso mehr blaues Licht aus dem weißen heraus, je mehr Moleküle zwischen Sonne und Betrachter vorhanden sind. Je höher man fliegt, umso dunkler im blau ist der »Himmel« (Flug in 12 km = 40 000 ft Höhe: Himmel blauschwarz — »Astronautenhimmel«!).

Die Strahlen der unter- oder aufgehenden Sonne müssen durch größere Schichtdicken strahlen und haben den zweiunddreißigfachen Weg zurückzulegen. Vom Blau bleibt nichts mehr übrig, kaum noch vom Orange; fast nur noch die roten Strahlen erreichen uns: Die Sonne erscheint als gelbrote Scheibe und ihre Helligkeit beträgt nur noch den vierhundertsten Teil der Mittagshelligkeit. Die Erklärung: Beim Durchdringen der mächtigeren Schichtdicken abends und morgens ist die *diffuse Streuung* des blauen Anteils des Sonnenlichts besonders stark, so daß überwiegend der rote Anteil, der direkt zu sehen ist, übrig bleibt. Unser lebensnotwendiger Heizofen, Marke »Sonne«, schickt andauernd einen Strahlungsstrom in den Weltraum. Der der Sonne zugewandte Erdteil empfängt nur einen Bruchteil der Gesamtstrahlung (weniger als 1/Milliardstel!). An der Oberfläche der Atmospäre in mittlerer Entfernung zur Sonne beträgt dieser Wert etwa 2 cal/ cm^2 und Minute. Diesen Wert bezeichnet man als *Solarkonstante.* Mit dieser Wärmemenge könnte man im Laufe eines Jahres eine Eisschicht von 10 m Mächtigkeit schmelzen.

Wenn uns die Sonne auch einmal nicht scheint: Ihre Energie kommt uns dennoch zugute, wenn auch manchmal nur als zerstreutes Himmelslicht. Die Sonnenstrahlen erlangen auf ihrem langen Weg durch die Atmosphäre Änderungen und Abschwächungen, die der Fachmann *»Extinktion«* nennt.

Die *diffuse Zerstreuung,* der erste physikalische Vorgang, ist uns durch die Entstehung der Himmelsfarbe bereits bekannt. Die restlichen beiden Vorgänge heißen *Reflexion* und *Absorption.*

Reflexion findet an festen und flüssigen Luftbeimengungen (Wolkentröpfchen, Dunstkernen) und auch an der Erdoberfläche — vor allem bei tiefstehender Sonne — statt. Die Strahlen werden bei der Reflexion lediglich in eine andere Richtung gelenkt.

Das Verhältnis von reflektierter Strahlung zur Gesamtstrahlung wird als *Albedo* bezeichnet. Von der gesamten Strahlung werden 34 % von den Luftmolekülen, von Wolken und der Erdoberfläche reflektiert, ohne einen Beitrag zur Erwärmung der Luft und der Erde geleistet zu haben. Etwa ²/₃ der Strahlung werden wärmewirksam.

Auf der Erde selbst reflektiert frischgefallener Schnee die Sonnenstrahlen am stärksten: Er wirft 75 bis 85 % ungenützt zurück, fast ebensoviel wie Wasserwolken von einigen Kilometern Mächtigkeit. Trockener Dünensand reflektiert knapp 40 %, sandiger Rasen 15 bis 20 %, Heide und Gestrüpp cirka 10 %, Wasser knapp 10 %. Am wenigsten jedoch reflektiert der Wald.

Bei der *Absorption* wird Strahlungsenergie in Wärmeenergie umgewandelt. Die Ozonschicht in der Stratosphäre schluckt nahezu restlos die ultraviolette Strahlung. Den Großteil der kurzwelligen Strahlung schlukken die Wolken, der Dunst und speziell die Erdoberfläche und wandeln ihn in Wärme um. Die langwellige Wärmestrahlung der Erde wird vom Wasserdampf, Wasser und Kohlendioxyd absorbiert. Dieser Effekt wird als *Glashauseffekt der Atmosphäre* bezeichnet.

Einen Großteil der langwelligen Erdstrahlung absorbiert der Wasserdampf in der Luft. Ohne diesen ginge die warme Erdstrahlung in den Weltenraum verloren. In einer sternklaren Nacht wird deshalb die Abkühlung wesentlich stärker sein als bei einer vorhandenen Wolkendecke, die ja hohem Wasserdampfgehalt entspricht.

Der Wasserdampf absorbiert und kann nun selbst wieder Strahlung abgeben (= *Emission*). Als Gegenstrahlung kommt diese wieder zur Erde zurück.

Als Glashauswirkung wird dieses Phänomen deshalb bezeichnet, weil ebenso wie in einem gläsernen Treibhaus die einfallende Sonnenstrahlung gut ein-, die langwellige Erdstrahlung aber vom Glasdach absorbiert und nicht durchgelassen wird. Folglich weist die Temperatur im Glashaus und auch unter der Wolkendecke höhere Werte auf. (Abb. 2 und Abb. 3.)

Reine, trockene Luft durchdringen die Sonnenstrahlen, ohne sie zu erwärmen, weil der »Empfänger Luft« nicht auf diese Wellen eingestellt ist. Die Erde hat die Sonnenstrahlen verschluckt, daraus Wärme fabriziert und einen Teil dieser Wärme an die Luft abgegeben.

Direkte *Wärmeleitung* bewirkt nur eine Erwärmung der alleruntersten Luftschichten, die unmittelbar Kontakt mit dem Erdboden aufweisen. Luft ist ja als guter Isolator bekannt und somit ein schlechter Wärmeleiter.

Für die Temperaturübertragung an der Erdoberfläche sind neben der Wärmeleitung noch folgende Vorgänge zu betrachten:

a) die *Wärmestrahlung* des Erdbodens, die meist infolge Absorption durch den Wasserdampf in der Luft in den untersten Schichten gehalten wird. Deutlich wird das dadurch, daß z. B. in Strahlungsnächten der Erdboden tiefere Meßwerte aufweist als höher gelegene Temperaturmeßstellen. Bei Sonneneinstrahlung tagsüber hat der Erdboden dagegen höhere Wärmegrade zu verzeichnen als die darüber befindlichen Meßinstrumente.

b) *Turbulenz* bedeutet Wind, der nach Richtung und Geschwindigkeit schwankt. Es folgt dadurch ein Vertikalaustausch von Luftquanten. Dies führt zu Wärmeaustausch und ist in der Wirkung gleich der Konvektion.

c) *Konvektion,* unter der man in unregelmäßiger Folge das Auf- und Absteigen von größeren Luftballen be-

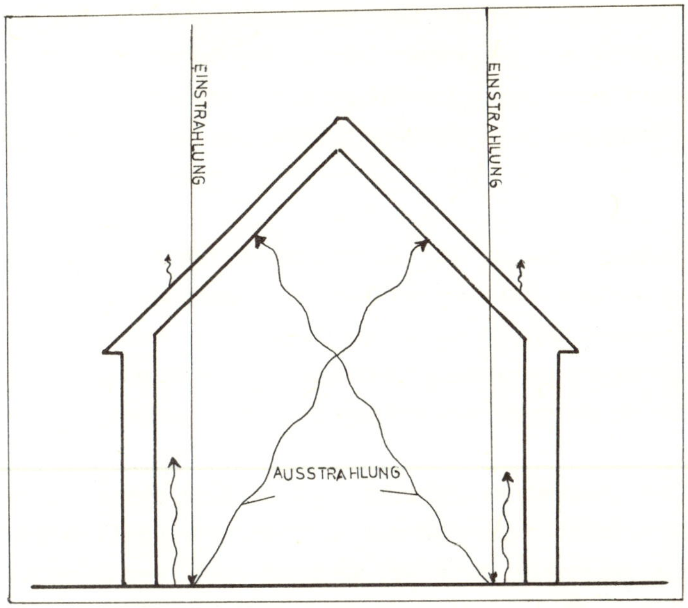

Abb. 2: Glashauswirkung der Atmosphäre
Die einfallenden Sonnenstrahlen werden in das gläserne Treibhaus sehr gut eingelassen, die Gegenstrahlung jedoch dringt aus dem Glashaus kaum nach draußen: Die Temperatur weist im Treibhaus folglich höhere Wärmegrade auf als die äußere Umgebung!

Bei vorhandener Wolkendecke übernimmt diese (= hoher Wasserdampfgehalt) die Funktion des Glashauses, so daß die einfallende Strahlung gut ein-, die Ausstrahlung jedoch wegen der vorhandenen Bewölkung nicht in den Weltenraum hinausgelassen wird.

Abb. 3:

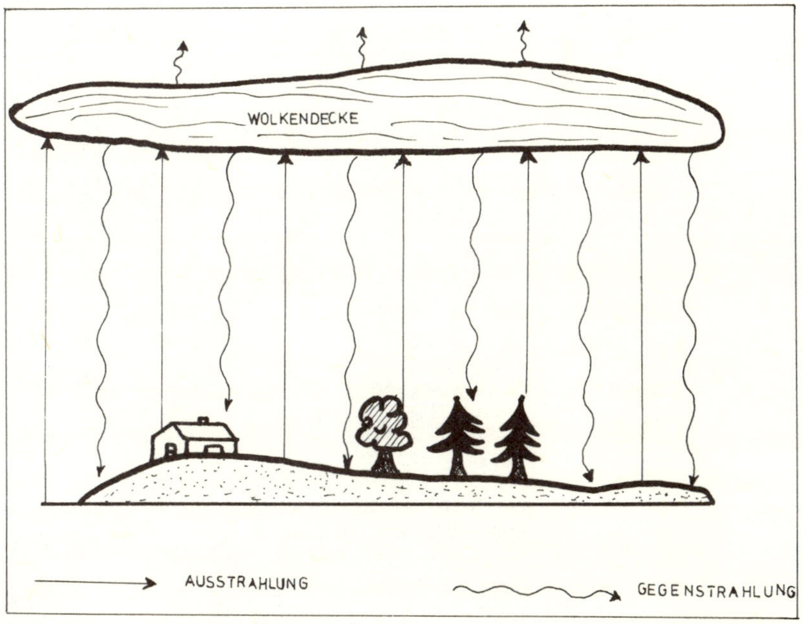

zeichnet, ist von so großer Bedeutung, daß sie Thema eines getrennten Kapitels sein wird.

d) Wärmeverlust am Boden tritt noch durch *Verdunstung* auf. Sie kann bedeutend sein, wenn man sich vor Augen führt, daß ein Laubbaum im Sommer zur größten Hitze einige Tonnen Wasser (bis zu 4 Tonnen!) verdunstet. Viel Wärmeenergie ist nötig, um diese Menge zu verdunsten. Dieser Wärmeverlust durch Verdunstung wird jedoch bei aufsteigender Bewegung und bei Erreichen der Kondensation in der Höhe wieder ausgeglichen.

Noch ein Wort zum *Tagesgang der Temperatur.*

Die *Tiefsttemperatur* liegt kurz nach Sonnenaufgang, wenn sich die nächtliche Ausstrahlung der Erde und die atmosphärische Einstrahlung das Gleichgewicht halten.

Die *Höchsttemperatur* stellt sich etwa ein bis zwei Stunden nach dem Sonnenhöchststand ein, wenn die bodennahe Luft auf dem Umweg über die Heizplatte Boden erwärmt wurde.

Daß die *Temperaturschwankung* von vielen Faktoren abhängt, leuchtet ein, wenn man nur an soviele Werte wie Jahreszeit und somit Sonnenstand, Bewölkungsart und -mächtigkeit, Bodenbeschaffenheit (Wasser, Schnee, Eis, Sand usw.) und geographische Breite denkt. Ihr größter Betrag stellt sich über Land ein, während er durch den schlechten Wärmeleiter Wasser über See am kleinsten ist.

Den *mittleren Tagesgang* der Temperatur – getrennt für meernahe Gebiete und kontinental beeinflußte Zonen – in den einzelnen Monaten zeigen die Abbildungen 4 bis 7.

Um sich ein Bild davon machen zu können, welche Wärmegrade im Tagesverlauf noch zu erwarten sind, wurde versucht, in der Tabelle 2 (S. 14) den Temperaturanstieg in Grad Celsius bei Strahlungswetter von den angegebenen Zeiten bis zur Tageshöchsttemperatur im Durchschnitt zu ermitteln. Diese Werte gelten bevorzugt für inlandige Gebiete und bergiges Gelände. Temperaturänderungen durch Bewölkung oder Nebel sind nicht eingerechnet.

Weiterhin wird der Temperaturanstieg noch von der Unterlage (Oberflächenbeschaffenheit, Bodenbedekkung, Bodenform) und vom Einfallswinkel der Sonne

MEZ	JAN	FEB	MRZ	APR	MAI	JUN	JUL	AUG	SEP	OKT	NOV	DEZ
04						16						
05					15	16	17	16				
06				14	14	14	13	14	14			
07		10	12	11	11	11	11	12	13	12		
08	9	9	9	8	8	8	8	9	10	10	10	9
09	8	7	6	6	6	6	6	7	8	7	7	7
10	4	4	4	4	5	4	4	4	6	5	4	4
11	2	2	2	3	3	3	3	3	4	3	3	2
12	1	1	1	2	2	2	2	2	3	2	1	1
13		<1	<1	1	1	1	1	1	2	<1	<1	
14				<1	<1	<1	<1	<1	<1			
15						<1	<1	<1				
16						<1						

Tabelle 2: Temperaturanstieg in Grad Celsius bei Strahlungswetter von den ausgegebenen Zeiten bis zur Tageshöchsttemperatur.

Beispiel: Temperatur im Juni um 06 Uhr 15° C, Temperaturanstieg 14° C, Tageshöchsttemperatur etwa 29° C!

geprägt. Positiv wirken sich hier Fels, trockener Lehm und Sand, trockener Torf und Moorboden, Niederwald, eine konvexe Bodenform und steiler Sonneneinfallswinkel aus. Vermindernd, also negativ auf den Temperaturanstieg wirken Bewölkung, Nebel, hohe Bodenfeuchte, Wasserflächen, nasser Boden, Schneedecken (besonders Neuschnee), Wald und Gras – infolge der Assimilation – eine konkave Bodenform, Turbulenz (also Wärmeabtransport), Seewind und auch Konvektion aus.

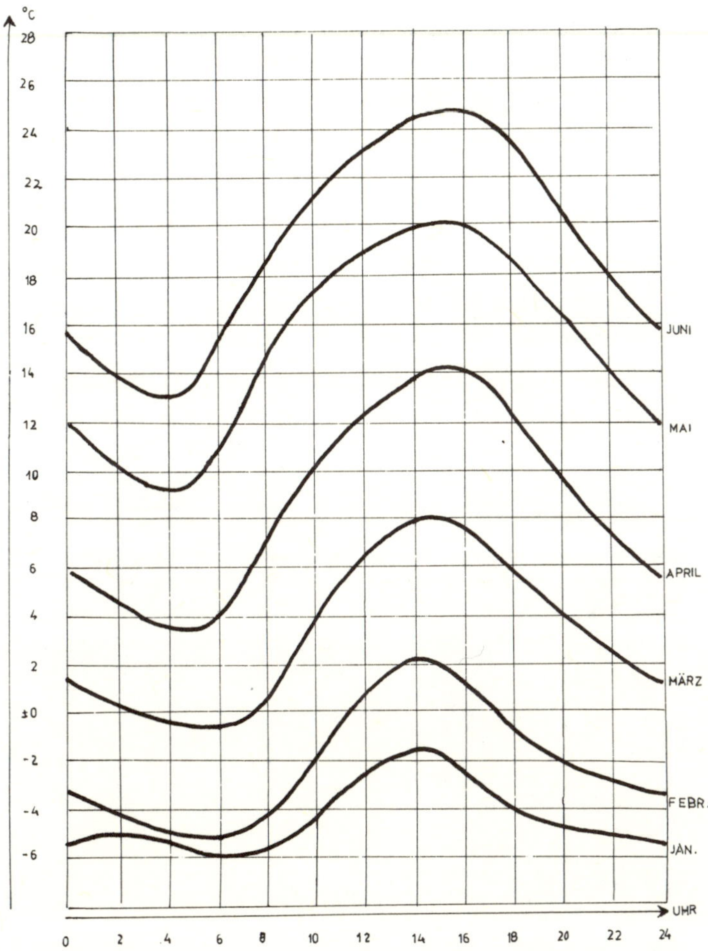

Abb. 4: Durchschnittlicher Tagesgang der Lufttemperatur an heiteren Tagen für **maritim** beeinflußte Gebiete Mitteleuropas, hier Januar bis Juni.

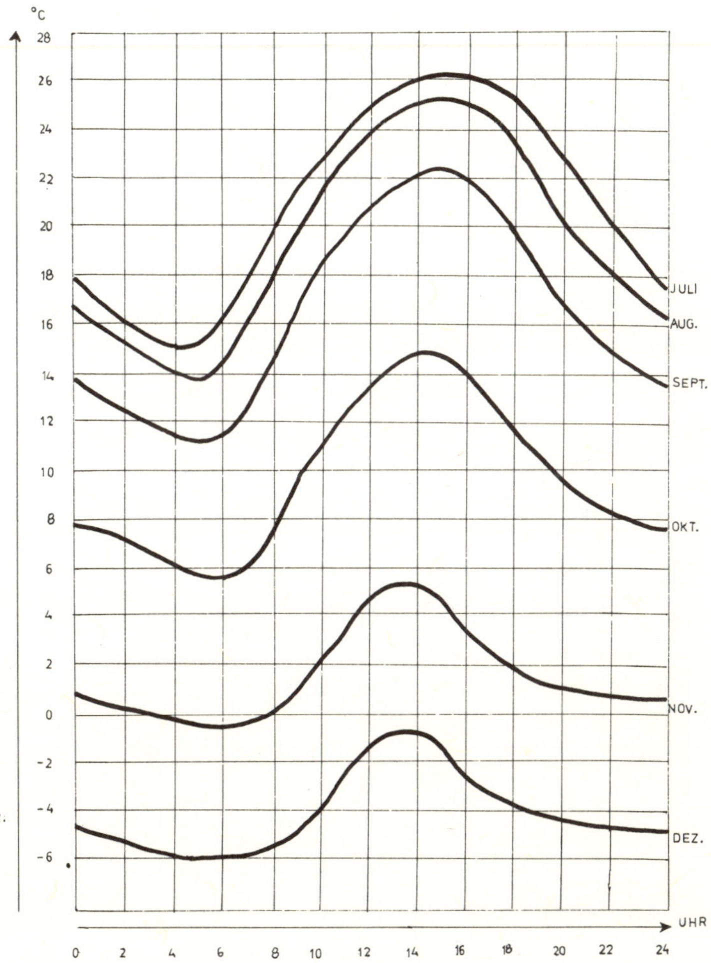

Abb. 5: Durchschnittlicher Tagesgang der Lufttemperatur an heiteren Tagen für **maritim** beeinflußte Gebiete Mitteleuropas, hier Juli bis Dezember.

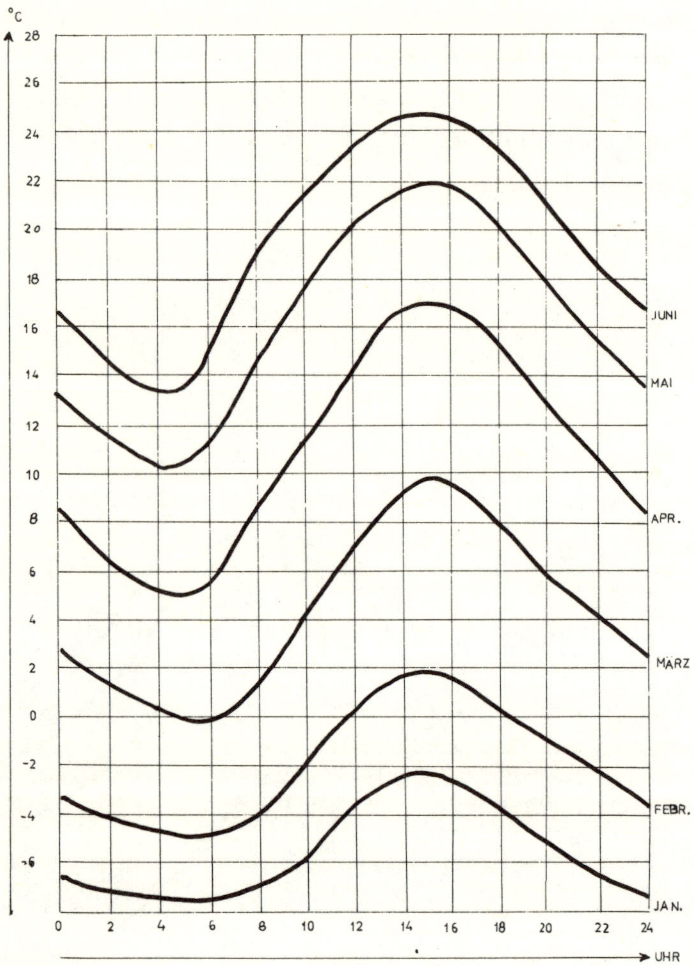

Abb. 6: Durchschnittlicher Tagesgang der Lufttemperatur an heiteren Tagen für **kontinentale** Gebiete Mitteleuropas, hier Januar bis Juni.

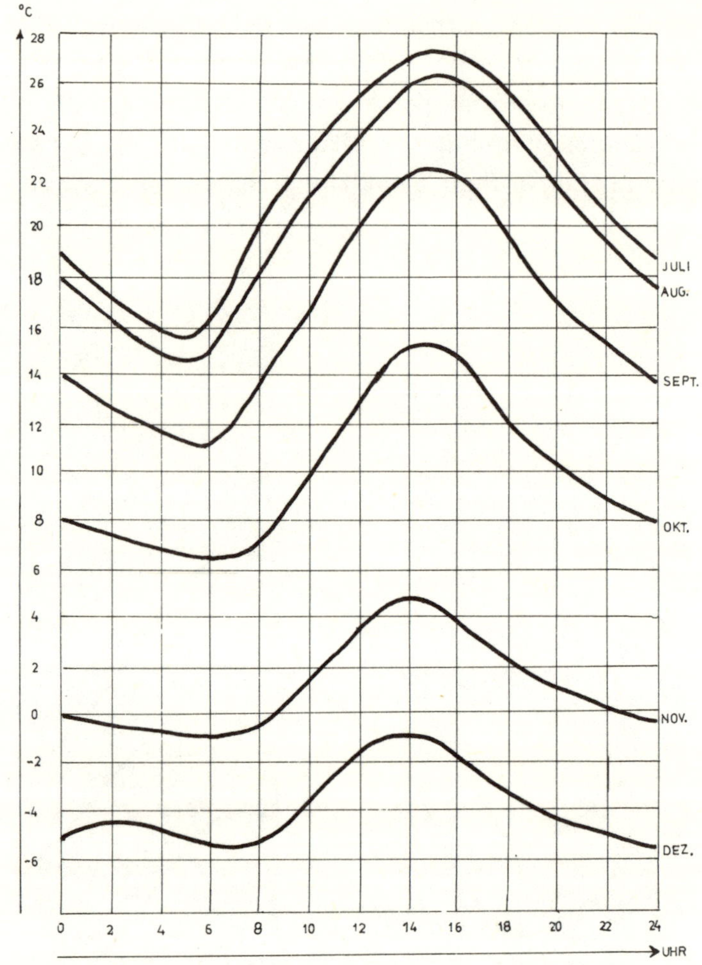

Abb. 7: Durchschnittlicher Tagesgang der Lufttemperatur an heiteren Tagen für **kontinentale** Gebiete Mitteleuropas, hier Juli bis Dezember.

II. STABILITÄT UND LABILITÄT

GLEICHGEWICHTSZUSTÄNDE DER ATMOSPHÄRE

Aus der Mechanik wollen wir uns drei Gleichgewichtszustände vor Augen halten, die auch den gasförmigen Körpern (Luft!) zu eigen sind.

Wird in einer Schale eine Kugel aus ihrer Ruhelage gebracht, so ist sie immer bestrebt, in diese zurückzukehren. Diesen Zustand nennt man *stabil* (s. Abb. 8 a). Genügt ein kleiner Anstoß, der zu einer laufenden Entfernung aus der Ruhelage führt, so herrscht *Labilität* vor. Unsere Kugel wird nie mehr in ihre Ausgangslage zurückkehren (s. Abb. 8 b).

Zwischen diesen beiden Zuständen gibt es einen Übergang, bei dem (in unserem Beispiel) die Kugel in jeder Lage, in die sie gebracht wird, verharren kann. Dies bezeichnet man als *Indifferenz* oder indifferentes Gleichgewicht. Abb. 8 c veranschaulicht diesen Zustand.

Auch für den statischen Zustand der Atmosphäre gelten diese drei Geichgewichte, die denen der Mechanik (siehe Kugelbeispiele) in ihren Wirkungen voll entsprechen.

Zum besseren Verständnis betrachten wir in der Folge immer ein isoliertes Luftquantum.

Indifferentes Gleichgewicht eines isolierten Luftteilchens herrscht vor, wenn es – aus seiner Lage verschoben – in der neuen Lage immer die gleiche Temperatur und somit auch Dichte hat, wie die es umgebende Luft. Deshalb verharrt es in jeder Lage.

Im *stabilen Gleichgewicht* befindet sich das isolierte Luftquantum, wenn nach seiner Verschiebung Kräfte versuchen, es in die Ausgangslage zurückzubeordern. Das Luftteilchen ist gegenüber seiner Umgebungsluft kälter, somit schwerer und dichter: Es kehrt in seine Grundposition zurück.

Ein isoliertes Luftteilchen befindet sich im *labilen Gleichgewicht*, wenn – nach Verschiebung aus seiner Ausgangslage – änderungsfördernde Kräfte versuchen, es noch weiter von dieser zu entfernen. Dieses Luftquantum weist gegenüber seiner Umgebungsluft höhere Temperaturwerte auf, ist somit wärmer, leichter und weniger dicht und kann weiter aufsteigen.

Um die für Segelflieger so begehrten Quellwolken in ihrer Entstehung verfolgen zu können, müssen wir uns jedoch erst den Begriff der *adiabatischen* Vorgänge näher betrachten. Dehnt sich ein Gas aus, so muß es Arbeit leisten. Zur Arbeit wird Energie benötigt. Woher

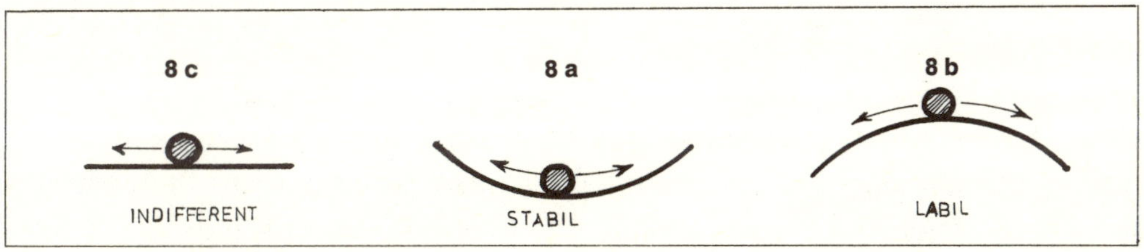

Abb. 8a bis c: Wird in einer Schale eine Kugel aus ihrer Ruhelage gebracht, so ist sie immer bestrebt, in diese zurückzukehren: Stabiler Zustand **(8a).**
Genügt ein kleiner Anstoß, der zu einer laufenden Entfernung aus der Ruhelage führt, herrscht labiler Zustand vor **(8b).**
Kann die Kugel in jeder Lage, in die sie gebracht wird, verharren, so liegt Indifferenz vor **(8c).**

sonst kann diese Energie bezogen werden, wenn nicht aus der eigenen Wärmeenergie?! Das Gas (Luft) kühlt sich also folglich ab.

Wir sehen also: Bei *Ausdehnung (= Expansion)* kühlt sich ein Gas ab. Demnach tritt beim Gegenteil – der *Kompression (Verdichtung)* eine Erwärmung ein. Werden nun diese Temperaturänderungen des Gases nur durch Expansion oder Kompression hervorgerufen, ohne daß eine Wärmeabgabe an die Umgebung oder eine Wärmezufuhr aus der Umgebung erfolgt, so spricht man von *»Adiabatischen Vorgängen«*.

Adiabatische Vorgänge treten in der Atmosphäre auf: Es kommt zur Ausdehnung von Luft (somit zur Abkühlung), wenn Luft aufsteigt, wenn Luft von höherem Luftdruck zu tieferem Druck strömt oder wenn der Luftdruck fällt. Diese Vorgänge, von denen nur der erste von Bedeutung ist, nennt man *adiabatische Abkühlung*. Demgegenüber spricht man von *adiabatischer Erwärmung* bei absinkender Luft, bei Druckanstieg und bei Strömen von Luft von tiefem zu hohem Luftdruck, wobei auch hier nur der erste Prozeß bedeutungsvoll erscheint.

Diese adiabatischen Abkühlungen und Erwärmungen bilden in der Atmosphäre *die* Ursachen für Wolkenbildung und -auflösung.

Der adiabatische Temperaturgradient

Der Luftdruck in der Atmosphäre nimmt in der Vertikalen ab und zwar exponentiell, d. h. erst schnell und dann immer langsamer (s. Abb. 1). Der Grund dafür ist die Zusammendrückbarkeit (= Kompressibilität) des Gasgemisches Luft und die Erdanziehungskraft.

Ein Luftteilchen, das aufwärts bewegt wird, erfährt infolge seiner Expansion (Ausdehnung erfordert Arbeit, Arbeit verbraucht Energie aus der vorhandenen eigenen Wärmeenergie, Verbrauch von Wärme ergibt Abkühlung!) eine adiabatische Temperaturabnahme. Dieser Betrag der Temperaturverminderung mit der Höhe wird in der Luftfahrt als *»adiabatischer Temperaturgradient«* bezeichnet. Solange keine Wolkenbildung, sprich: keine Sättigung der Luft mit Feuchtigkeit, erfolgt, also die aufsteigende Luft trocken ist, spricht man auch vom *»trocken-adiabatischen Temperaturgradienten«*. Sein Wert pro 100 Meter Höhenunterschied beträgt ein Grad Celsius (1° C).

Im aerologischen Diagrammpapier nach Stüve, dem Tempblatt, wie es die praktische Meteorologie nennt, entspricht diesem Gradienten die sogenannte *Trockenadiabate*. Aber dazu später noch.

Bei einsetzender Wolkenbildung wird bekanntlich durch Kondensation des Wasserdampfes latente (= verborgene) Wärme frei. Ein bis dahin trockenes Luftquantum kühlte sich bisher mit 1° C pro 100 Meter Höhenänderung ab. Vom Kondensationsniveau ab erfährt es nunmehr einen Temperaturzuschlag durch die freiwerdende Kondensationswärme, so daß der *»feuchtadiabatische Temperaturgradient«* kleiner als der trockenadiabatische ist.

Diese Erkenntnis nun auf die drei Gleichgewichtszustände *ungesättigter* Luft angewandt, bedeutet:

a) *Trockenindifferentes* Gleichgewicht besitzt ein isoliertes Luftteilchen, wenn seine Temperaturabnahme in der Vertikalen 1° C pro 100 m beträgt.
b) Ein isoliertes Luftteilchen befindet sich im *trockenstabilen* Gleichgewicht, wenn die Temperaturabnahme mit der Höhe kleiner als 1° C pro 100 m ist.
c) Ein isoliertes Luftquantum befindet sich im *trockenlabilen* Gleichgewichtszustand, wenn seine Temperatur mit der Höhe um mehr als 1° C pro 100 m abnimmt.

Betrachtet man nun diese drei Gleichgewichtszustände bei *gesättigter* Luftmasse (Wolkenluft), so muß gelten:

a) Im *feuchtindifferenten* Gleichgewicht befindet sich ein isoliertes Luftteilchen, wenn seine Temperaturabnahme mit der Höhe gleich der feuchtadiabatischen ist.

b) Ein isoliertes Luftquantum befindet sich im *feuchtstabilen* Gleichgewicht, wenn sein Temperaturgradient kleiner als der feuchtadiabatische ist.

c) Ein isoliertes Luftteilchen befindet sich schließlich im *feuchtlabilen* Gleichgewicht, wenn sein Temperaturgradient größer als der feuchtadiabatische ist.

Um diese – zugegeben – schwierigen Denkprozesse anschaulich zu machen, werden in der Meteorologie thermodynamische Diagramme benützt, im Deutschen Wetterdienst das »Stüve-Diagramm«, in England das »Tephigramm« und in den USA das »Skew-T-Diagramm«.

Abb. 9 zeigt einen Ausschnitt des Stüve-Arbeitspapiers mit seinen vielen Linien und Kurven. Wir wollen diese praktische Hilfe – besonders für Segelflieger – einmal näher betrachten, ohne jedoch voll in die wissenschaftliche Genauigkeit einzusteigen.

Das Stüve-Diagramm, hier kurz Temp-Blatt genannt, besitzt ein rechtwinkeliges Koordinatensystem. Auf der Abszisse (Horizontale) ist die Temperatur im linearen Maßstab aufgetragen, die Ordinate (Senkrechte) enthält die Druckeinteilung im potentiellen Maßstab. Sie stellt also eine mit zunehmender Höhe kleiner werdende Druckabnahme dar, wie es in der Natur ja ähnlich vorkommt.

Die Linien gleicher Temperatur (= *Isothermen*) sind als senkrechte, im gleichen Abstand verlaufende, grüne Geraden von – 80° C bis 40° C von ein zu einem Grad eingedruckt.

Horizontal verlaufen die grünen Geraden, die Linien gleichen Druckes (= *Isobaren*) darstellen. Ihr Abstand nimmt mit der Höhe zu, d. h. der Druck nimmt ab. Sie sind in 10-Millibar-Intervallen von 1050 mb bis 250 mb gezeichnet.

Als rot ausgezogene Kurvenschar befinden sich im Stüve-Diagramm die Feuchtadiabaten, die von rechts unten nach links oben verlaufen.

Jede Feuchtadiabate nähert sich der Trockenadiabate, einer um 45 Grad geneigten, grün ausgezogenen Linie, assymptotisch (d. h. sie schneiden sich im absoluten Nullpunkt bei – 273° C). Die Feuchtadiabaten sind die Vorgangskurven für gesättigte Luft oder Wolkenluft. Sie geben an, wie sich die Temperatur gesättigter Luft (und somit der Taupunkt) ändert, wenn sich der Druck ändert.

Die Trockenadiabaten geben demgegenüber Temperaturänderungen ungesättigter Luft wieder, wenn sich der Druck ändert. (Gelangt ein Teilchen aufwärts, nimmt der Druck ja ab!) Zur Bestimmung des Kondensationsniveaus (KKN) und des Feuchtegehalts der Luft befindet sich im Tempblatt noch eine Kurvenschar, die rot gestrichelt steil – nahezu geradlinig – von rechts unten nach links oben verläuft und etwa einen 80°-Winkel zur Abszisse bildet: Die Linien des *Sättigungs-Mischungsverhältnisses.* Mit Hilfe dieser Linien kann man das KKN bestimmen.

Mehrfach wurde bereits darauf hingewiesen, daß sich aufsteigende Luft, die ungesättigt ist, um 1° Celsius pro 100 m abkühlt.

Das Mischungsverhältnis der feuchten Luft bleibt konstant, aber der Taupunkt (= die Temperatur, die erreicht werden muß, damit Kondensation eintritt!) nimmt um 0,2° C / 100 m ab.

Beides zusammen ergibt demnach eine Änderung der Taupunktsdifferenz (= Temperatur abzüglich Taupunkt) von 0,8° C pro 100 m oder 1° C pro 125 m Höhenänderung.

Deshalb muß diese Differenz in einer bestimmten Höhe Null werden. Diese Höhe bedeutet dann aber Wasserdampfsättigung oder 100 Prozent Feuchtigkeit. Ab dieser Höhe kondensiert bei weiterem Aufsteigen der überschüssige Wasserdampf zu Wolkentröpfchen. Diese Höhe wird als Kondensationsniveau bezeichnet.

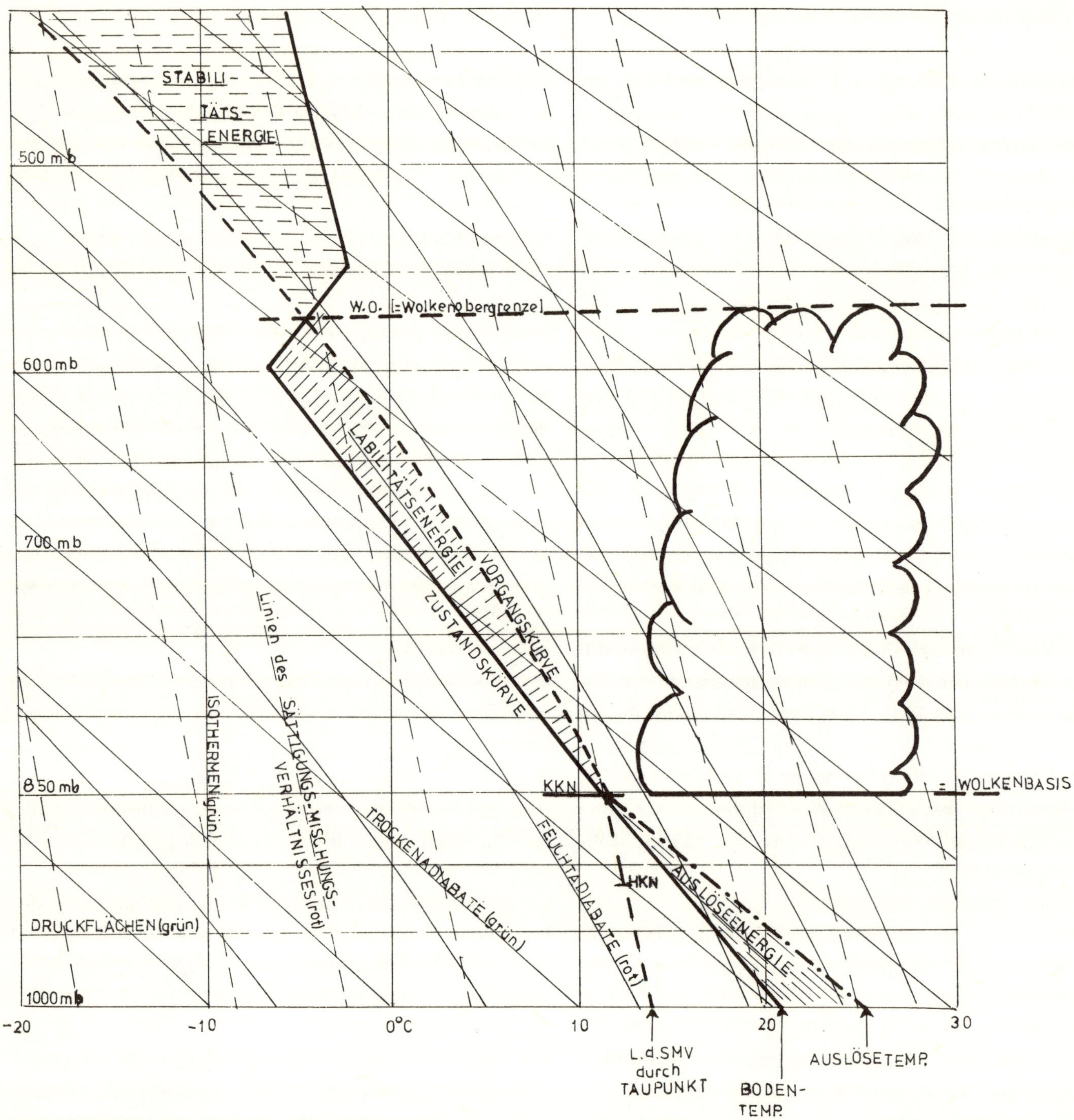

Abb. 9: Ausschnitt aus dem Arbeitspapier »Temp-Blatt« (Stüve-Diagramm) des Deutschen Wetterdienstes.

Hierin werden zwei Unterschiede gemacht:

a) Das *Hebungskondensationsniveau* (HKN) wird bei erzwungener Hebung (z. B. Stau am Gebirge!) erreicht, während

b) das *Konvektionskondensationsniveau* (KKN), auch Cumuluskondensationsniveau bezeichnet, bei freiem thermischen Aufsteigen erreicht wird.

Hier liegt nun der große Vorteil eben für Segelflieger, daß man beide Niveaus graphisch ermitteln kann. Das HKN ergibt sich als Schnittpunkt der Trockenadiabaten durch die Bodentemperatur mit der Linie des Sättigungs-Mischungsverhältnisses (SMV) durch den Taupunkt. Unser Temp-Beispiel in *Abb. 9* zeigt diesen Vorgang.

Folgende Ausgangswerte wurden angenommen:
Bodendruck = 1000 mb, Bodentemperatur = 21° C, Bodentaupunkt = 14° C. Die Trockenadiabate durch den Bodendruckwert von 1000 mb und der Temperatur 21 Grad und die Linie des SMV durch den Bodentaupunkt 14 Grad, schneiden sich etwa in der Druckhöhe von 910 mb. Hier liegt das HKN. In diesem Niveau weist das gehobene Luftteilchen nunmehr eine Temperatur von nur etwa 12° C auf. Diese bestimmte Höhe ist die Mindesthöhe für den Beginn von Wolkenbildung.

Als Faustregel zur Bestimmung der Quellwolkenhöhe H gilt die sogenannte Hennig'sche Formel:
Höhe der Quellwolkenbasis H = 125 mal (Temperatur minus Taupunkt).

Das Cumuluskondensationsniveau wird ähnlich bestimmt. Hier bringt man jedoch nicht die Trockenadiabate durch die Bodentemperatur, sondern aus den gemessenen Aufstiegswerten einer Radiosonde den gezeichneten Temperaturverlauf zum Schnittpunkt mit der Linie des SMV durch den Taupunkt. Im Temp-Beispiel von Abb. 9 schneidet sich das SMV mit der Zustandskurve im KKN bei der Druckhöhe von etwa 850 mb, die also gleichzeitig die Höhe der Quellwolkenbasis darstellt.

Geht man nun auf der Trockenadiabate, die durch das KKN verläuft, zurück zum Bodendruck von 1000 mb, so wird die Temperatur, die am Schnittpunkt der Trockenadiabate mit dem Bodendruck abgelesen wird, die sogenannte *Auslöstemperatur* sein. Das bedeutet, daß die Temperatur in Bodennähe bis zu diesem Wärmegrad ansteigen muß, damit ein Kondensieren, also Quellwolkenbildung, überhaupt erreicht werden kann.

Meist wird das KKN höher liegen als das HKN, was davon herrührt, daß in der Praxis die wirkliche Temperaturabnahme in der Vertikalen meist kleiner ist als die adiabatische Temperaturabnahme. An dieser Stelle haben wir grundsätzlich noch zwei Kurven zu unterscheiden: Die *Zustands- und die Vorgangskurven!*

Mehrmals täglich werden an verschiedenen Orten (s. Abb. 10) sogenannte Radiosonden (als Ballonaufstieg) in die Atmosphäre gesandt. Sie funken Meßwerte über Druck, Temperatur, Feuchte und Windverhältnisse zur Erde. Der gemessene Temperaturverlauf dieses aerologischen Radiosondenaufstiegs wird als *Zustandskurve* bezeichnet.

Die adiabatischen Auf- und Abwärtsbewegungen eines isolierten Luftteilchens, dargestellt durch die Trocken- oder Feuchtadiabaten, auf der das Teilchen liegt, bezeichnet man als *Vorgangskurve.*

Nun kommt es darauf an, wie sich die Temperatur eines adiabatisch auf- und abbewegten Luftteilchens gegenüber den durch die Zustandskurve vorgegebenen gemessenen Werten der umgebenden, ruhenden Luft verhält. Unser Temp-Beispiel in Abb. 9 zeigt, wie man mit Hilfe des Stüve-Diagrammpapiers für den thermischen Segelflug »lebenswichtige« Informationen beziehen kann. Die Untersuchungen über Stabilität oder Labilität laufen im Endeffekt auf die Frage hin, ob ein in der Atmosphäre gehobenes oder gesenktes Luftquantum nach der Vertikaländerung leichter oder schwerer als die Umgebungsluft ist. Durch seinen Dichteunterschied erfährt es einen mehr oder weniger großen Auf- oder

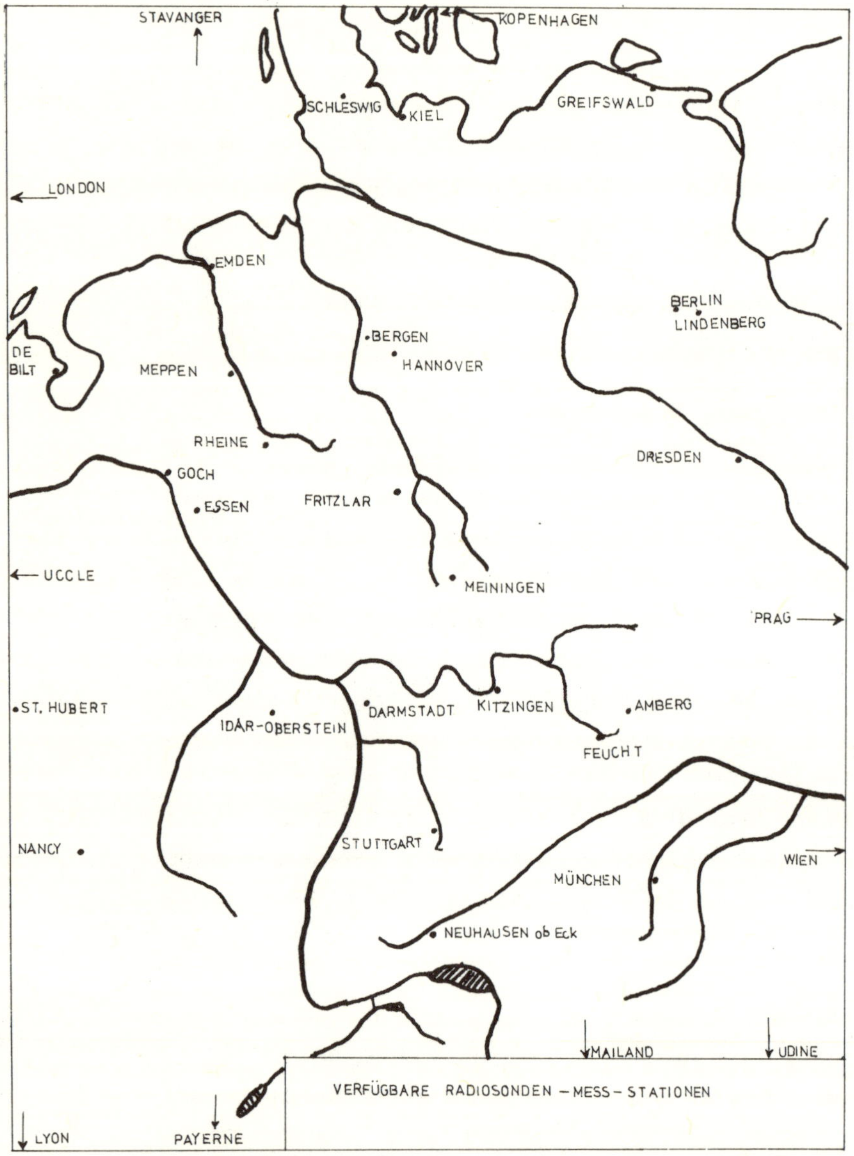

Abb. 10: Radiosondenstationsnetz in Deutschland und angrenzendem Ausland, Stand Anfang 1975. Täglich um 01, 07, 13 und 19 Uhr MEZ werden Messungen durch Ballonaufstiege vorgenommen, die Temperatur, Feuchte, Luftdruck, Windrichtung und Windgeschwindigkeit betreffen.

Abtrieb. Diesen Auf- und Abtrieb kann man auch als *Labilitäts-* bzw. *Stabilitätsenergie* benennen. Die Flächen zwischen Vorgangs- und Zustandskurve geben somit in etwa auch ein optisches Maß für Stabilität oder Instabilität (= Labilität).

Herrscht indifferentes Gleichgewicht vor, so fallen Zustands- und Vorgangskurve zusammen: Es bildet sich keine Fläche aus. Es ist also kein Auftrieb oder Abtrieb vorhanden, was unserem Beispiel über Indifferenz entspricht, wenn wir uns an die Kugel auf der Ebene erinnern *(s. Abb. 8c)*. In *Abb. 9* zeigt die Fläche, die von der Zustands- und der Vorgangskurve vom Boden bis zum KKN gebildet wird, die Energie, die benötigt wird, damit es zur thermischen Auslösung kommen kann. Deshalb wird sie als *Auslöseenergie* in der Segelflugmeteorologie geführt.

Durch den Verlauf der Vorgangskurve rechts der Zustandskurve ab KKN bis Wolkenobergrenze (W.O.) herrscht Labilität vor. Diese begrenzte Fläche gilt als *Labilitätsenergie* und veranschaulicht die Energie, die für einen Auftrieb zur Verfügung steht. Demgegenüber spricht man von *Stabilitätsenergie*, wenn die Fläche von Wolkenobergrenze, Zustands- und Vorgangskurve gebildet wird, wobei die Zustandskurve dann rechts der Vorgangskurve verläuft und somit das Maß des Abtriebs kennzeichnet. In der Frage der Wolkenobergrenze wurde jetzt ein wenig vorgegriffen. Betrachtet man Abb. 9, so muß man sich die Frage stellen, wo denn die Obergrenze der Quellbewölkung zu suchen ist, da die Untergrenze durch das KKN (oder bei erzwungenem Aufstieg durch das HKN) bereits bekannt ist. In Abb. 9 herrscht starke Labilität vor, so daß ein vom KKN angestoßenes Teilchen entlang der Feuchtadiabate immer weiter aufsteigt, da es immer wärmer als seine Umgebung ist. Oftmals ist erst die Grenzschicht der Troposphäre, in der sich ja unser Wettergeschehen abspielt, die Tropopause, die oberste Begrenzung. Dies trifft besonders auf hochsommerliche Gewitterwolken zu. In Abb. 9 sieht man deutlich, daß bei etwa 600 mb die Umgebungsluft wärmer wird als das aufsteigende Teilchen entlang der Feuchtadiabate.

Es wird also an einem Punkt die gleiche Temperatur aufweisen und somit seinen Auftrieb verlieren, da keine zusätzliche Wärmeenergie bezogen werden kann. An dieser deutlichen Sperrschicht (= *Inversion*) wird in diesem Falle die Obergrenze des Cumulus zu finden sein.

Unter einer Inversion versteht man eine Temperaturzunahme, statt der allgemeinen Abnahme, mit der Höhe. Bereits Temperaturgleichheit (= *Isothermie*) wirkt als Sperrschicht. Aus den Betrachtungen über die Stabilitätskriterien für aufsteigende Luftteilchen geht hervor, daß eine Inversion immer eine stabile Luftschichtung aufweist (s. Abb. 11).

Inversionen stellen Sperrschichten für aufsteigende Luft dar, auch für feuchtadiabatisch aufsteigende Luftvolumina.

In der Natur kommen nun verschiedene Arten von Sperrschichten vor:

BODENINVERSION (s. Abb. 11)

In klaren Nächten kühlt sich die Erdoberfläche durch Ausstrahlung ab, umso mehr, je länger die Nacht andauert. Die bodennahen Luftschichten nehmen die Temperatur der »Unterlage Boden« an. Bei besonders in Strahlungsnächten geringer Luftbewegung reicht die Abkühlung nicht bis in höhere Luftschichten. Luft ist ja ein schlechter Wärmeleiter! Demzufolge ist die Inversion um so schärfer ausgeprägt, je ruhiger die Luft ist, da keine turbulente Durchmischung der Luft erfolgen kann.

AUFGLEITINVERSION (s. Abb. 12)

Diese findet sich nur in der Höhe, wird also auch Höheninversion (s. Abb. 11) genannt).

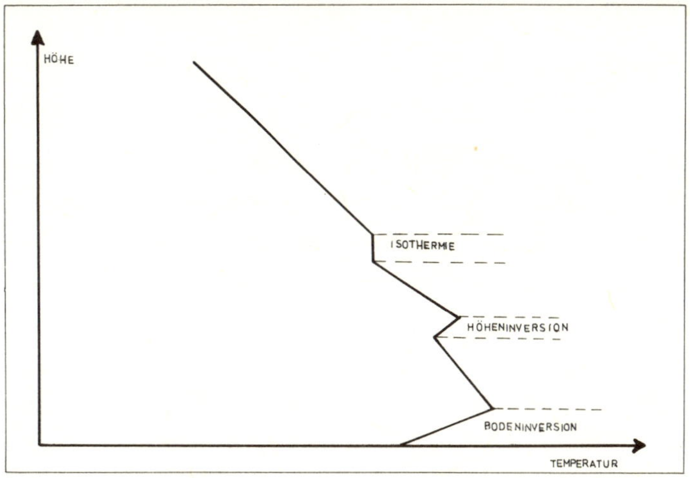

Abb. 11: Mögliche Inversionsarten, wie sie im aerologischen Stüve-Diagrammpapier vorzufinden sind.
Abb. 11 oben: Bodeninversion:
Bei Ausstrahlung kühlen sich die bodennahen Luftschichten ab, denn sie nehmen die Temperatur der »Unterlage Boden« an.

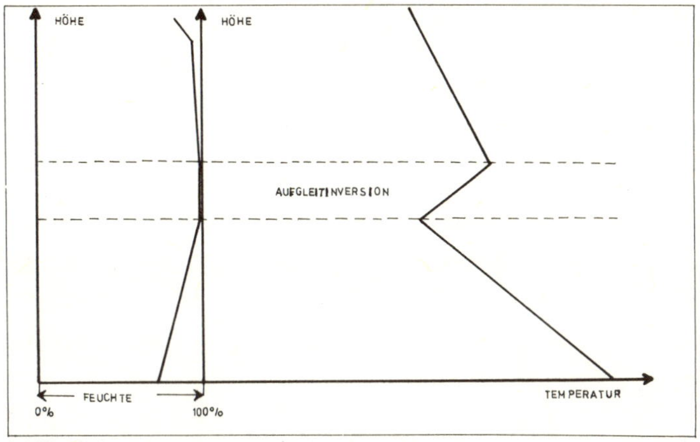

Abb. 12: Aufgleitinversion:
Als Höheninversion ist in der Zustandskurve der Feuchtigkeit zugleich mit dieser Aufgleitsperrschicht hohe Feuchtigkeit zu erkennen.
Abb. 13 Absinkinversion:
Da absinkende Luft erwärmt wird und sich somit immer weiter von ihrem Taupunkt entfernt, weist die Luftfeuchte oberhalb dieser Inversion ihren geringsten Wert auf.

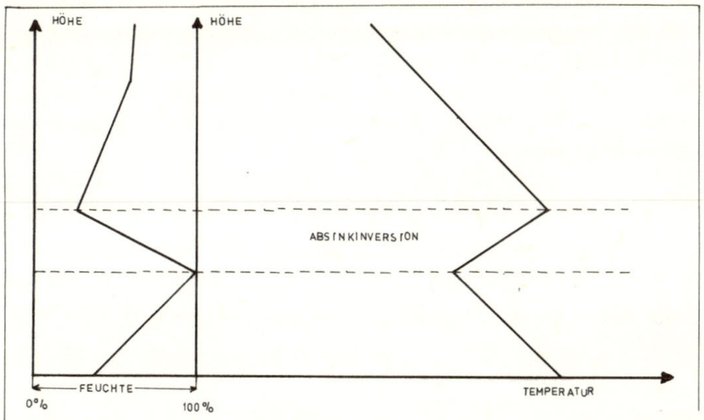

Wenn Warmluft dank ihrer geringeren spezifischen Dichte auf der dichteren Kaltluft aufgleitet, so wird sie anfangs trocken-adiabatisch angehoben, solange die Luft noch nicht mit Feuchte gesättigt ist. Dabei kühlt sie sich ab und wird aufgrund ihres bestimmten Feuchtegehaltes in einem bestimmten Höhenniveau ihren Sättigungspunkt (= ihren Taupunkt) erreichen. Von diesem Punkte an erfolgt eine weitere feuchtadiabatische Hebung. In der Zustandskurve der Feuchtigkeit wird eine Radiosonde also gleichzeitig mit dieser Aufgleitsperrschicht hohe Feuchtewerte feststellen.

ABSINKINVERSION (s. Abb. 13)

Wenn Luft aus großen Höhen absinkt, erwärmt sie sich mit 1° C pro 100 m. Dabei wird sie immer trockener, da sie sich immer mehr von »ihrem« Taupunkt entfernt. Folglich weist die relative Luftfeuchte oberhalb der Sperrschicht ihren niedrigsten Wert auf. Unterhalb der Schicht kann sich Feuchtigkeit ansammeln und unter Umständen Bewölkung aufweisen. Dies wird besonders bei winterlichen Hochdrucklagen immer wieder festgestellt, wenn sich unterhalb dieser Absinkinversion hochnebelartige Wolken oft zäh halten und lange die Sonne nicht durchscheinen lassen.

Im Rahmen der Stabilitätsbetrachtungen stehen nun noch Prozesse zur Diskussion, die eine stabilisierende oder labilisierende Wirkung in der Atmosphäre hervorrufen. Diese Vorgänge sind auch für den Segelflieger nicht unwichtig zu wissen.

Stabilisierend (= thermikhemmend) wirken all jene Vorgänge, die den Temperaturunterschied (= Gradient) zwischen der Unter- und Obergrenze einer Luftschicht veringern; alle, die ihn vergrößern, wirken *labilisierend.*

Eine Verringerung der Temperaturdifferenz und somit *Stabilisierung* erfolgt durch:

a) Abkühlung in Bodennähe (= Wärmeverlust der bodennahen Luftschicht an einen kälteren Untergrund),
b) Erwärmung in der Höhe (= Warmluftzufuhr in der Höhe, erkennbar am Rechtsdrehen der Höhenwinde, oder durch absinkende Luftmassen),
c) Abkühlung in Bodennähe und Erwärmung in der Höhe.

Die Temperaturdifferenz vergrößern und somit *Labilisierung* bewirken die umgekehrten Vorgänge, nämlich:

a) Erwärmung in Bodennähe (= Wärmegewinn der bodennahen Schichten durch den wärmeren Untergrund, Wärmeströmung oder -leitung und Konvektion, Heranschaffung warmer Luft in Bodennähe),
b) Abkühlung in der Höhe (= durch Kaltluftzufuhr in der Höhe, erkennbar am Linksdrehen des Windes mit der Höhe, durch Hebung oder durch Ausstrahlung an Dunst- oder Wolkenobergrenzen),
c) Erwärmung in Bodennähe und Abkühlung in der Höhe.

III. DYNAMISCHE UND THERMISCHE KONVEKTION

DYNAMISCHE KONVEKTION
(= dynamische Turbulenz)

Durch Reibung bewegter Luft an der rauhen Erdoberfläche oder durch Scherung zwischen Luftschichten mit verschiedener Richtung oder Geschwindigkeit entsteht dynamische Konvektion, besser bekannt unter dem Namen *Turbulenz.*

Abb. 14a zeigt eine ungestörte Strömung (= laminarer Strömungsverlauf), während Abb. 14b die Entstehung der Turbulenz, hervorgerufen durch ein Hindernis, verdeutlicht.

Ist die Strömung schwach und gleichmäßig, so fließt die Luft ungestört über oder um ein Hindernis. Jedoch in unmittelbarer Nähe des Hindernisses werden die Stromfäden durch Wirbel gestört. Solche Turbulenzwirbel bestehen aus Luftteilchen (= Luftquanten), die sowohl horizontal als auch vertikal aus der laminaren Bewegungsrichtung angestoßen wurden.

Eine eindeutige Definition der Turbulenz ist schwierig. Die Beschreibung ihrer Eigenschaften führt zu einem besseren Bild:

a) *Turbulenz ist dreidimensional*
Im Gegensatz zur ungestörten (laminaren) Strömung versteht man unter Turbulenz die Unstetigkeit einer Strömung in allen drei Bewegungsrichtungen und in der Geschwindigkeit.

b) *Turbulenz ist zufällig*
Zufällig in der Art, daß die Bewegung eines einzelnen Luftquantums nicht vorausberechnet werden kann.

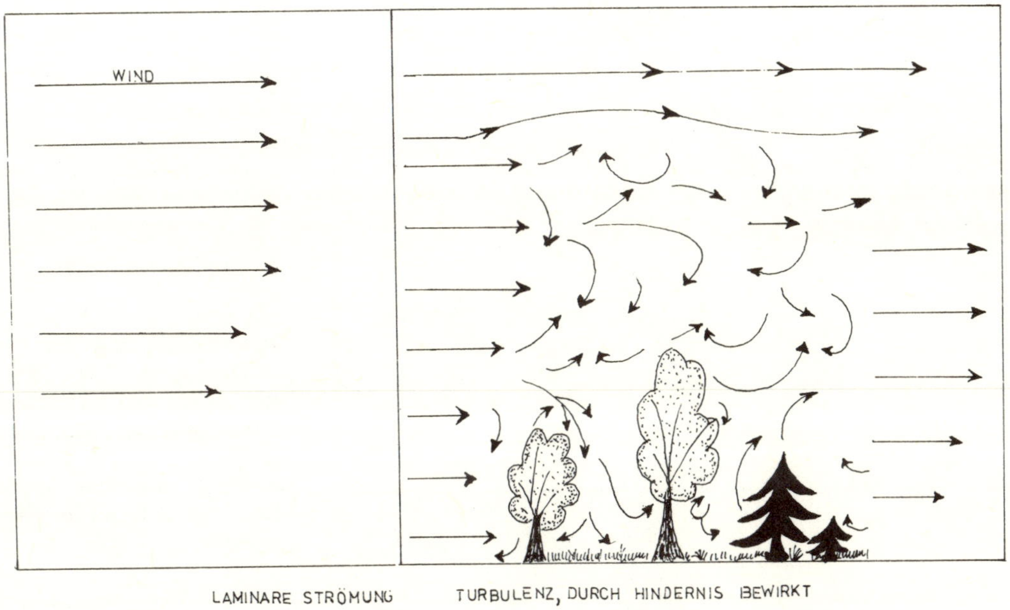

Abb. 14a und b: Ungestörte Stromfäden kennzeichnen den **laminaren** Strömungsverlauf **(14a).**
In unmittelbarer Nähe des Hindernisses werden die Stromfäden durch Wirbel gestört, die sowohl horizontal als auch vertikal aus der laminaren Bewegungsrichtung angestoßen wurden **(14b).**

c) *Turbulenz ist wirbelhaft*
   Wobei sich die Turbulenz nicht ausschließlich aus Wirbeln zusammensetzt, sondern diese ein Beiprodukt der Turbulenz sein können.
d) *Turbulenz ist nicht linear*
e) *Turbulenz vermischt und transportiert*
   Ersichtlich u. a. bei der Auflösung von Dunstfeldern nach Einsetzen der konvektiven Blasenthermik (siehe dort!) bei Erreichen des Kondensationsniveaus. Die sichttrübenden Elemente werden dann durch die Turbulenz nach oben abtransportiert.
f) *Turbulenz verteilt Energie*
   Dies z. B. im Falle einer labil geschichteten Luftmasse, in der mit Hilfe der Turbulenz ein Impulsaustausch innerhalb dieser Luftschicht stattfindet.

Die eben aufgeführten Eigenschaften gelten für die Turbulenz im eigentlichen Sinne, die in der Fachliteratur als *Mikroturbulenz* – im Gegensatz zur großräumigen Makroturbulenz – bezeichnet wird.
Eine Übersicht über die Einstufung der verschiedenen Turbulenzarten nach charakteristischer Größe und Zeit gibt Abb. 15.
Tabelle 3 (siehe Seite 26/27) zeigt ebenfalls in anderer Form die horizontale und vertikale Erstreckung, die mittlere Andauer des jeweiligen Bewegungsvorgangs, also eine durchschnittliche Lebensdauer von z. B. einer Quellwolke bis hin zum Tiefwirbel selbst. Man unterscheidet zwischen Mikro-Einteilung (= Mikro-Scale), die eine Erstreckung bis zu 1000 m erreicht, eines Meso-Scales (zwischen 1 und 500 km) und dem

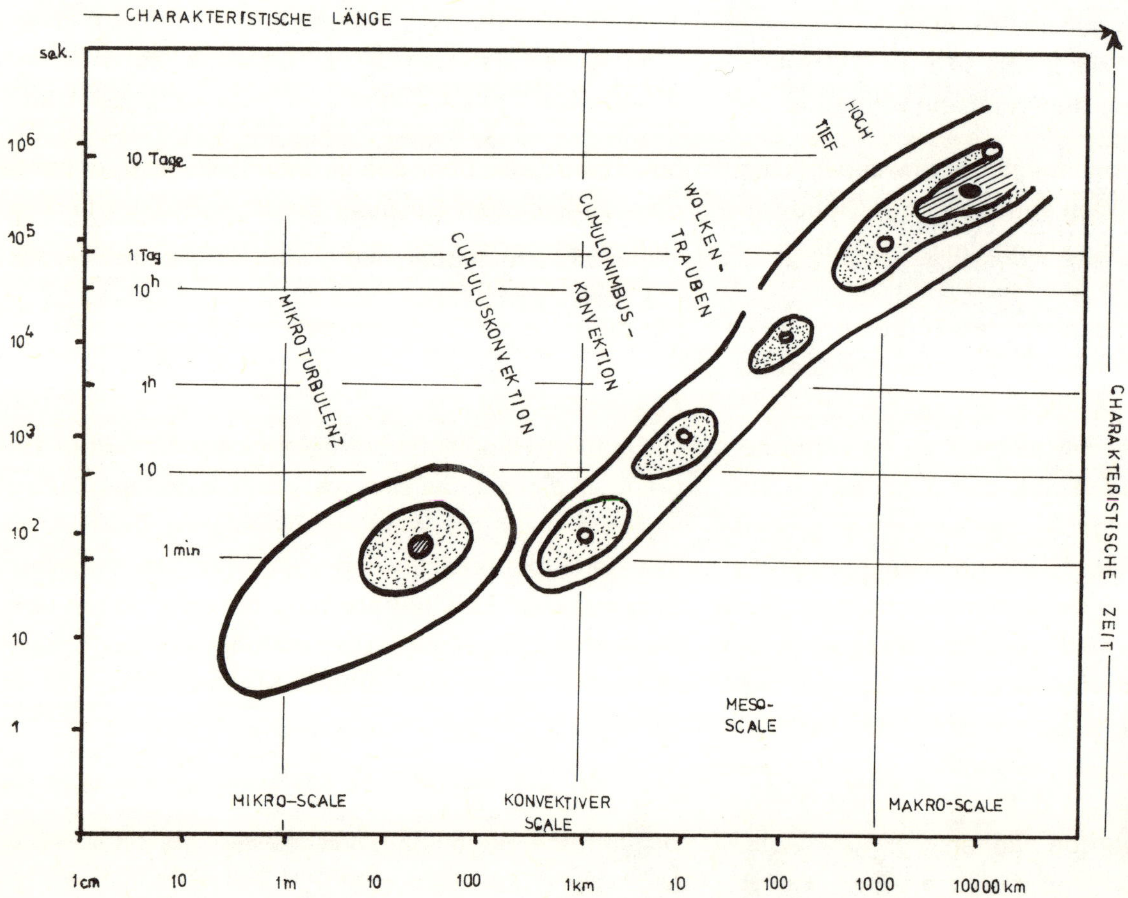

Abb. 15: Schematische Darstellung der Turbulenzvorgänge in verschiedenen Größenbereichen. Es läßt sich hier ein erster orientierender Überblick über das »Chaos« Turbulenz gewinnen.

Tabelle 3: Räumliche Ausdehnung und Andauer der verschiedenen Turbulenzerscheinungen in Scale-Einteilungen.

Bewegungsform	Horizontale Erstreckung	Vertikale Erstreckung	Charakter. Länge	Dauer
Mechanische Turbulenz	kleiner 20 m	kleiner 20 m	10 m	kleiner 30 sec
kleinräumige thermische Turb.	kleiner 10 m	kleiner 20 m	10 m	kleiner 30 sec
Thermik	10 bis 50 m	20 bis 500 m	250 m	2 bis 10 min
Schwache Quellwolken	50 bis 500 m	500 m bis 2 km	1 km	10 bis 30 min
mäßige Quellwolken	500 m bis 2 km	2 bis 5 km	2,5 km	20 min bis 1 Stunde
starke Quellwolkenbildung	1 bis 20 km	3 bis 12 km	8 km	30 min bis 3 Stunden
Wolkentraube	20 bis 200 km	3 bis 15 km	100 km	3 bis 18 Stunden
Tief / Hoch	500 bis 3000 km	3 bis 12 km	1500 km	1 bis 3 Tage

Makro-Scale (größer als 500 km). Alle Turbulenzphänomene der Grenzschicht (ca. 1 km Vertikalerstreckung) gehören also zum Mikro-Scale. Die großen Konvektionszellen, z. B. Cumulonimben und Gewitterwolkenzusammenballungen (= Wolkentraube oder Cloud Cluster) können nicht mehr als kleinräumig angesehen werden und gehören also in den Meso-Bereich.

Da nur vertikale Bewegungen der Turbulenz im Hinblick auf adiabatische Prozesse interessieren, betrachten wir hier nur Auf- und Abbewegungen.

Nimmt der Wind an Geschwindigkeit zu, so vergrößern sich die vertikalen Stöße aus der ungestörten Strömungsrichtung. Die Folge ist, daß ein immer größerer Höhenbereich von diesen unregelmäßigen Vertikalbewegungen erfaßt wird. Da sich im Durchschnitt gleich viele Luftteilchen auf- und abwärts bewegen, erfolgt eine völlige Durchmischung der Bodenreibungsschicht. Durch diese dynamische Konvektion oder Turbulenz erfolgt in der Atmosphäre wesentlich schneller eine Wärmeleitung der Luft, so daß auch größere Höhenschichten mit erfaßt werden können.

Die Turbulenz und als Folge mit ihr die Höhe der Bodenreibungsschicht (auch Turbulenzschicht genannt) nimmt verständlicherweise mit der Zunahme der Rauhigkeit der Erdoberfläche größere Beträge an. Turbulenz wird also über See geringer sein als über bergigem, zerklüftetem Gelände. Sie ist auch über flachem Gebiet schwächer als über hoch bewachsenem oder bebautem Gelände.

Für die Höhe der Turbulenzschicht gilt folgendes:

Ebenes Gelände

Die mittlere Hügelhöhe beträgt maximal 50 m über Talgrund. In diesem Fall erstreckt sich die Reibungsturbulenz, die ja von der Windgeschwindigkeit, der Rauhigkeit der Erdoberfläche und vom Grad der statischen Stabilität bzw. Labilität abhängt, bis etwa 500 m über die mittlere Hügelhöhe. Überschreitet der Bodenwind 20 kt, dann reicht die Turbulenz bis auf cirka 1000 m hinauf.

Hügelland

Die mittlere Hügelhöhe beträgt hier maximal 500 m über Grund. Die Reibungsturbulenz reicht nahezu regelmäßig bis 1000 m Höhe, wenn die Windgeschwindigkeit in Kammhöhe nicht unter 15 kt absinkt. Trifft man in Hügelhöhe mehr als 20 kt Windgeschwindigkeit an, dann erstreckt sich die Reibungsturbulenz bis auf etwa 1500 m Höhe.

Der Größenbereich der entstehenden Wirbelkörper liegt zwischen 1 mm und 20 m, wobei die charakteristische Größe mit 10 m Durchmesser angegeben werden kann.

Größere Wirbelkörper zerfallen in Bodennähe in kleinere. Ein Flugzeug reagiert auf den Größenbereich, der seiner eigenen Abmessung entspricht.

Je stärker die statische Labilität ist, desto weniger werden Vertikalbewegungen gehemmt, ja, sie werden noch gefördert, und desto größere Strecken können angestoßene Turbulenzteilchen zurücklegen.

Deshalb geht die kleinräumige dynamische Konvektion bei überadiabatischem (= labilem) Temperaturgradienten in eine großräumige thermische Konvektion über und greift auf den gesamten zur Verfügung stehenden Bereich der labilen Luftschichtung über.

Abb. 16: Die kleinste Form der Konvektion, die zellulare Konvektion ist nur in dünnen labilen Luftschichten möglich. Eine ihrer Eigenschaften sind die stationären Zellen. Entstehen kann zellulare Konvektion z. B. an der Oberseite einer ausstrahlenden nächtlichen Dunstschicht. Die Größe der Konvektionszellen hängt dann vom Abstand zwischen Dunstobergrenze und der darüberliegenden Inversion ab.

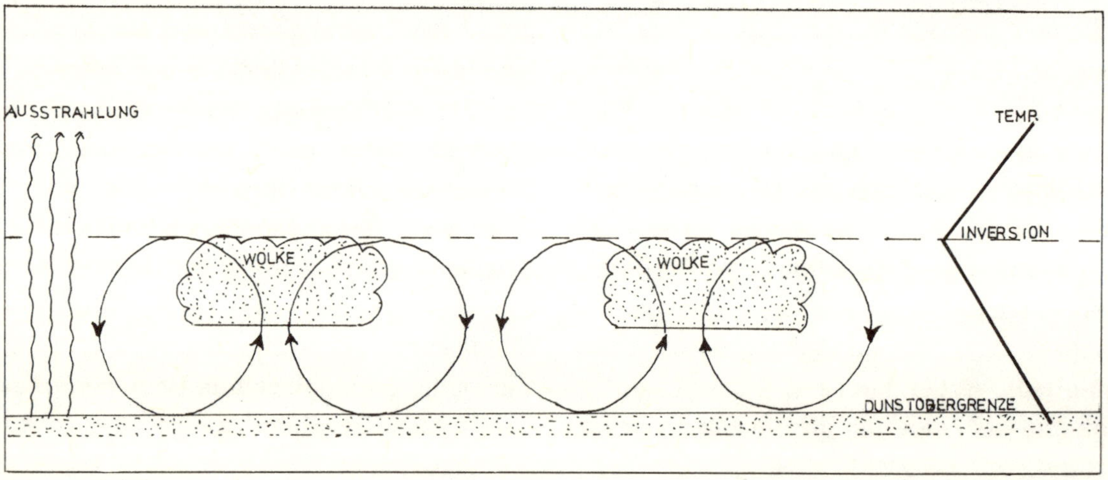

THERMISCHE KONVEKTION
(= thermische Turbulenz)

Wie bereits erwähnt, geht bei zunehmender Labilität die kleinräumige dynamische Konvektion in die großräumige thermische Konvektion über, da die Austauschwege der Luftquanten jetzt den gesamten labilen Luftraum erfassen. Es entsteht eine vertikale Zirkulation in Form von Konvektionszellen mit einem inneren aufsteigenden Luftstrom, der sich an der Obergrenze seitwärts ausbreitet und in ein wesentlich langsameres Absinken übergeht. Diese Zirkulationsströmung schließt sich am Boden durch ein Zusammenfließen der absinkenden Luft. Dieser Wärmefluß in labilen Schichten wird als *Konvektion* bezeichnet.

STATIONÄRE ZELLULARE KONVEKTION

Die kleinste Form dieser Konvektion ist die stationäre zellulare Konvektion, die nur in dünnen labilen Luftschichten möglich ist. Eine ihrer Eigenschaften sind die stationären Konvektionszellen. Entstehen kann solche Konvektion z. B. an der Oberseite einer ausstrahlenden nächtlichen Dunstschicht. Die Größe der Konvektionszellen hängt dann vom Abstand zwischen Dunstobergrenze und der darüberliegenden Inversion ab. Charakteristische Wolken dieser Zellularkonvektion (siehe Abb. 16) sind dünne, durchscheinende Schichthaufenwolken (Stratocumulus, Altocumulus, Cirrocumulus). Das Bewölkungsbild zeigt sich dem Betrachter dann in Form von bienenwabenähnlichem Gebilde. Der Durchmesser einer einzelnen, meist sechseckigen Zelle weist etwa das $2^1/_2$- bis $3^1/_2$fache der labilen Schichtdicke auf. Wird die Mächtigkeit der labilen Schicht zu groß, so geht die stationäre in eine nichtstationäre Zirkulation über. Das Aufsteigen der unten erwärmten Luftmassen geschieht dann in Form von größeren Thermikblasen.

In vertikal mächtigen labilen Luftschichten kann die nichtstationäre Konvektion durch die Bodenthermik – die im Anschluß betracht wird – oder durch die *Höhenthermik* entstehen. Dies geschieht meist durch Heranschaffung höhenkalter Luft (= Kaltluftadvektion), die ja bekanntlich eine labilisierende Wirkung ergibt.

Bei Höhenthermik entstehen Konvektionswolken (Cumulus oder Cumulonimbus) mit hoher Basis. Zeitweilig treten auch Gewitter in der Höhe auf. Meist aber zeigt sich dieser Wettervorgang durch Ausbildung von türmchen- oder flockenförmiger Bewölkung, den castellanus- oder floccus-Wolken (s. Wolken!).

BODENTHERMIK

Energielieferant und somit Hauptursache für die thermische Konvektion ist die Sonneneinstrahlung. Demzufolge richtet sich die über den Umweg »Heizplatte Erdboden« durch Strahlung zugeführte Wärmemenge nach dem Sonnenstand, somit der Jahreszeit und der Bodenbeschaffenheit (= Größe der Wärmeaufnahmefähigkeit). Folgende Aufstellung (nach Gold) gibt die Wärmemengen in cal/cm² an, die bei wolkenlosem Himmel in der Zeit zwischen Sonnenaufgang und Sonnenhöchststand im jeweiligen Monat zur Verfügung stehen.

Monat	J	F	M	A	M	J	J	A	S	O	N	D
Wärmemenge in cal/cm²	40	70	100	140	175	180	165	150	115	80	40	30

Zur Erklärung: Eine Kalorie benötigt man, um 1 Gramm Wasser von 14,5 auf 15,5 Grad Celsius zu erwärmen. In einem Stück Zucker von 5 Gramm »verzehren« wir etwa 185 Kalorien oder – einige Stunden Sonnenschein.

Die Kraft der Sonne, eine bodennahe isotherme Schicht durch Einstrahlung in einen trockenadiabatischen Zustand umzuwandeln, zeigt nachstehende Aufführung, bei der jedoch gewisse Einschränkungen zu machen sind.

Über feuchtem Untergrund gelten die angegebenen Werte nicht für die ersten Stunden nach Sonnenaufgang. Hier sollte man die Zahlenwerte links von *A* um $^1/_3$ und zwischen *A* und *B* um $^1/_5$ reduzieren.

Weiterhin wäre zu berücksichtigen, daß z. B. die Temperatur an sonnenzugeneigten Hängen relativ rasch ansteigt.

Dem Einfluß von Nebel oder einer geschlossenen Wolkendecke kann wie folgt begegnet werden:

a) *dünne Wolkenschicht* (ca. 150 m Dicke):
   $^2/_3$ bis $^4/_5$ der angegebenen Werte,
b) *dickere Schichten* (300 m und mehr):
   $^2/_5$ bis $^3/_4$ der angegebenen Werte,
c) *flacher Nebel:* ca. $^2/_3$ der Werte und
d) *hochreichender Nebel:*
   $^2/_5$ bis $^3/_5$ der angegebenen Werte.

Folgende Werte wurden von Millibarwerten in Meter umgesetzt, wobei die sogenannte »Barometrische Höhenstufe« angewandt wurde; d. h. für je ein Millibar (mb) Druckänderung wurde als bodennaher Äquivalentwert 8 Meter zugrunde gelegt.

Tabelle 4: Ungefähre Dicke der bodennahen Schicht (in Metern), die bei Sonneneinstrahlung in einen trockenadiabatischen Zustand umgewandelt wird.

Stunden seit Sonnenaufgang	1	2	3	4	5	6	7	8	9	Max.
				A		B				
Januar	130	230	330	400	445					490
Februar	145	265	370	455	510	585				650
März	160	295	415	505	585	655	720			775
April	175	320	450	555	640	715	785	850		920
Mai	185	335	480	575	665	745	815	880	945	1015
A										
Juni	185	335	480	585	675	755	825	895	955	1040
Juli	185	335	480	585	675	755	825	890	945	1000
August	175	330	455	560	650	730	795	865	920	955
September	170	305	435	530	610	680	745	800		835
A										
Oktober	155	280	395	480	555	615	680			695
November	135	250	345	425	490					490
Dezember	120	225	320	395						425
				A	B					

Thermik besteht in vertikalen Luftströmungen, mit deren Hilfe die Atmosphäre die am Boden aus Strahlungsenergie entstandene Wärme nach oben abtransportiert, also der Vorgang, der in der Wetterkunde als Konvektion bezeichnet wird. Es ist nun eine Binsenweisheit, daß dieser Mechanismus am stärksten funktioniert und somit die beste Thermik ergibt, je intensiver die Einstrahlung der Sonne und somit die Warmluftproduktion am Boden ist, jedoch auch je kälter die zu erwärmende Luft ist.

AUSLÖSUNG DER BODENTHERMIK

Durch die Erwärmung – besser gesagt Aufheizung – der bodennahen Luftschichten vom Erdboden aus, entsteht Labilisierung dieser Luftschichten, die viele hundert oder gar tausend Meter Mächtigkeit erreichen kann. Wie bereits öfter angeführt, besteht in diesem Falle, der hochreichenden labilen Luftschichten, der Konvektionsstrom nunmehr aus Warmluftblasen, die sich in unregelmäßigen zeitlichen Abständen (10 bis 30 Minuten) vom Boden lösen und aufsteigen. Die räumliche Verteilung dieser Thermikblasen hängt stark von der Beschaffenheit der Erdoberfläche ab, so wie die entstehenden Blasen von der *Überhitzung der bodennahen Luftschicht* abhängig sind. Folglich trifft man die Blasen dort an, wo die Überhitzungen gegenüber der Umgebung am deutlichsten zum Vorschein kommen: Über Sand, Steinflächen, Getreidefeldern, Städten, an Fluß- und Seeufern nebst Küsten.

Dagegen sind kühlere Erdoberflächen meist thermikfrei und häufig mit absinkender Luft verbunden, wie Wasserflächen, Sümpfe und feuchte Wiesen (s. Abb. 17).

DIE ENTSTEHUNG EINER WARMLUFTBLASE

Ausgangspunkt ist ein Warmluftkissen, wie es *Abb. 18a* zeigt. Durch die Erwärmung der Bodenluft werden die

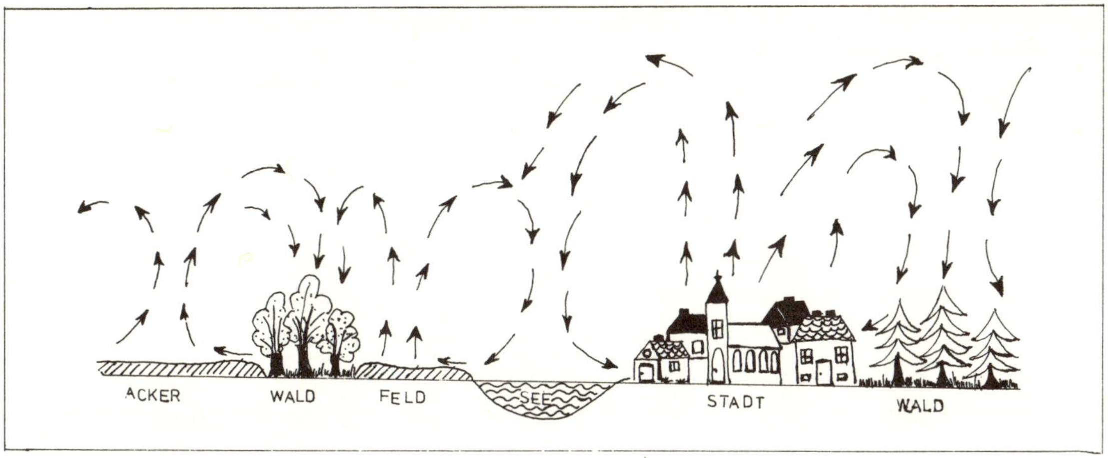

Abb. 17: Einfluß des Geländes auf die Bodenthermik mit den daraus resultierenden Zirkulationsrädern.

Linien gleicher Temperatur T_0 bis T_3 und somit auch die Linien gleichen Druckes P_0 bis P_3 angehoben. Durch das entstandene Druckgefälle in der Höhe über dem Warmluftkissen, folgt ein Abfließen der Luft in Richtung des Gefälles. Dadurch entsteht am Erdboden im Mittelpunkt des Warmluftkissens ebenfalls Druckfall.

Abb. 18a bis c: Ausgangspunkt der Warmluftblase (= Thermikblase) ist ein Warmluftkissen **(18a).** links

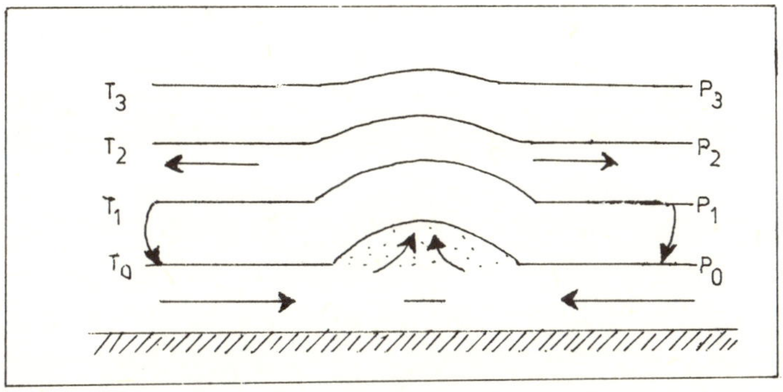

Durch aufsteigende Strömung der Luft im Zentrum und Absinken an den Rädern entsteht eine geschlossene Zirkulationsströmung **(18b).** unten

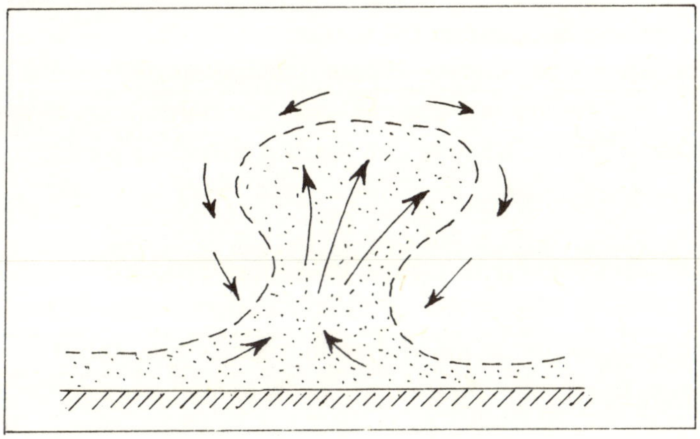

Die Warmluftblase ist wärmer als die umgebende Luft und steigt mit zunehmender Geschwindigkeit mit einer kugelkappenähnlichen Oberfläche auf, zieht hinter sich eine Schleppe durchwirbelnder Luft nach, die durch den Sog der aufsteigenden Blase entsteht **18c).** unten

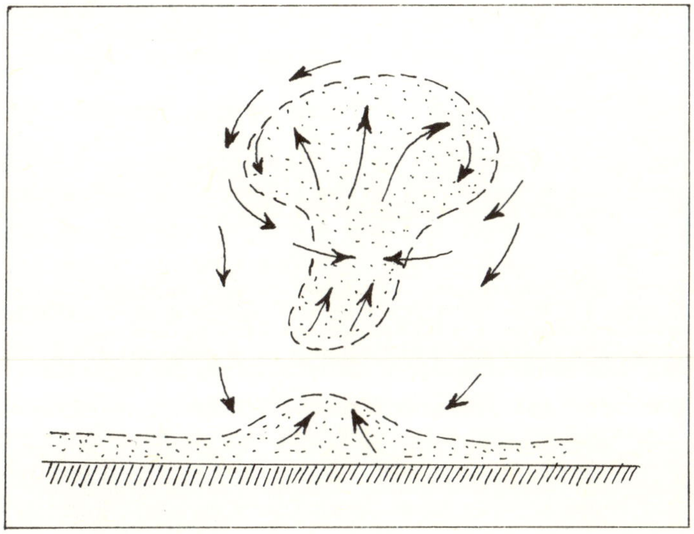

Somit ergibt sich ein Zusammenfließen der Luft von außen nach innen. Das Zirkulationsrad wird geschlossen durch die aufsteigende Luftströmung im Zentrum und das Absinken an den Rändern (s. Abb. 18b). Allmählich wird das Warmluftkissen immer mehr abgeschnürt und es entwickelt sich eine Blase (s. Abb. 18c). Diese Warmluftblase (man kann auch von einer Thermikblase sprechen) wird vertikal beschleunigt und steigt mit zunehmendem Auftrieb hoch, da sie wärmer ist als die Umgebungsluft. Es genügt jedoch auch, daß Luftblasen feuchter sind. Da feuchte Luft leichter als trockene ist, steigt sie ebenfalls empor. Das bedeutet, daß u. U. Thermik auch an flachen, sandigen Flußläufen zu finden ist.

Sicher kann man den Auftrieb dieser Thermikblase berechnen. Der Zusammenhang lautet wie folgt:

$$\text{Auftrieb} = g \cdot \frac{T - T^a}{T^a},$$

wobei g = Erdbeschleunigung, T = Temperatur der Thermikblase und T^a = die absolute Temperatur der Umgebungsluft bedeuten.

Unsere betrachtete Warmluftblase steigt hoch, wobei sie eine kugelkappenähnliche Oberfläche aufweist. Hinter sich her zieht sie eine Schleppe von durchwirbelnder Luft, die der Sog der aufsteigenden Warmluftblase verursacht.

Durch dieses Saugen wird von unten weitere wärmere Luft heraufgezogen, jedoch von seitwärts auch trockenere und kühlere Luft. Diese Luftkörper mischen sich und werden deshalb etwas schwerer sein als die vorauseilende Kappe der Warmluft. Darum folgt die Schleppe der emporschießenden Warmluftblase etwas langsamer. Das Einbeziehen von Außenluft wird als *Entrainment* bezeichnet. Solange die aufsteigende Blase wärmer als die Umgebungsluft ist, wird ihre Aufwärtsbewegung anhalten. Da sie aber während des Aufsteigens unter geringeren Druck gelangt, kühlt sie sich adiabatisch um 1° pro 100 m Höhenunterschied ab. Mit zunehmender Höhe nähert sich dieses aufsteigende Luftpaket seinem Taupunkt, der ja nur um etwa 0,2° pro 100 m abnimmt, so daß sich eine Feuchtezunahme ergibt. Sind Temperatur und Taupunkt gleich groß, so ist das bereits bekannte Konvektionskondensationsniveau (= KKN), oder Cumuluskondensationsniveau, erreicht. Von diesem Niveau ab wird die aufsteigende Thermikblase durch die eintretende Kondensation als Wolke sichtbar. Es erfordert eine weitere feuchtlabile Schichtung der Atmosphäre, damit ein fortlaufendes Aufsteigen erfolgen kann. Durch die bei der Kondensation freiwerdenden Wärme erfährt das Teilchen weiteren Auftrieb gegenüber dem ungesättigten Aufstieg. Das bedeutet nichts anderes, als daß die Steigwerte vom KKN an größer werden.

Das Steigen wird beendet sein, wenn die Temperatur der Blase oder Wolke gleich ist der Temperatur der umgebenden Luft. Das heißt, es ist in einem stabilen, zumindest indifferenten Bereich angekommen. Es werden selbstverständlich noch Schwingungen um seine Ruhelage ausgeführt werden. Diese werden umso kleiner sein, je stabiler die Atmosphäre dann geschichtet ist.

Nimmt man eine Vertikalgeschwindigkeit von 2 m/s an, so ergeben sich noch folgende Schwingungsamplituden um die Gleichgewichtslage, die jedoch vom Temperaturgradienten abhängen:

Temperaturgradient in °C pro 100 m:	1.0	0.75	0.5	0.0 (Isothermie)	−2.0 (Inversion)
Maximale Schwingungshöhe in Metern:	unendlich	224	156	112	66

Ist der Aufwindstrom größer als 2 m/s, so ergibt sich entsprechend dem Werte ein Vielfaches.

Um diese maximale Schwingungshöhe wird also ein Luftteilchen um seine theoretische Obergrenze hinaustreiben, ehe es wieder zurückfällt.

Zurück zu unserem aufsteigenden Teilchen!
Der Auftrieb der ersten Thermikblase geht durch den Stirnwiderstand und durch das Entrainment bald verloren. Die Lebensdauer dieser ersten Blase und ihre erreichte Höhe wird gering sein. Man rechnet, daß die Steighöhe in etwa dem 1- bis 2fachen ihres Anfangsdurchmessers entspricht. Der Durchmesser dieser Thermikblase (auch *Thermal* bezeichnet) ist erfahrungsgemäß etwa 1/2 bis 1/3 so groß wie ihre Höhe über Grund.
Das Aufsteigen weiterer Warmluftblasen aus der *überhitzten Bodenschicht* wird durch die Schleppe stark begünstigt, denn in ihrem Sog können sich diese leichter vom Erdboden lösen und müssen auch den Stirnwiderstand nicht mehr brechen und überwinden. Folglich können die neu entstandenen Blasen zu den vorangehenden aufschließen, größere bilden, welche eine mächtigere Vertikalerstreckung und längere Lebensdauer aufweisen. Die Aufstiegsgeschwindigkeit der gesamten Blase ist etwa halb so groß wie die Geschwindigkeit in ihrem Zentrum. Das bedeutet, daß das stärkste Steigen im Inneren des Thermals zu finden ist, aber auch, daß die Blase ihr Innerstes regelrecht nach außen stülpt. Man kann dies am besten mit einem Rauchwirbelring über einer erhitzten Herdplatte nachvollziehen.
An der Stirnkante vergrößert sich die Mischzone, die dann die ganze Blase erfaßt, wenn der Durchmesser etwa das 1 1/2fache der Anfangsgröße erreicht hat. (s. Abb. 19).

OROGRAPHISCHE THERMIKABLÖSUNG

Es kann auch zur Thermikablösung kommen, wenn eine überhitzte Bodengrenzschicht gegen ein Hindernis bewegt wird. Diese überhitzte Schicht wird dabei gezwungen, aufzusteigen. Da sie dann aber wärmer ist und somit geringere Dichte aufweist als ihre Umgebung, erhält sie Auftrieb, der in den freien thermischen Aufstieg übergehen kann, wie es Abb. 20 zeigt.
Auch Hänge, die der Sonne zugewandt, sind bevorzugt thermikauslösende Gebiete. An diesen Hängen bildet

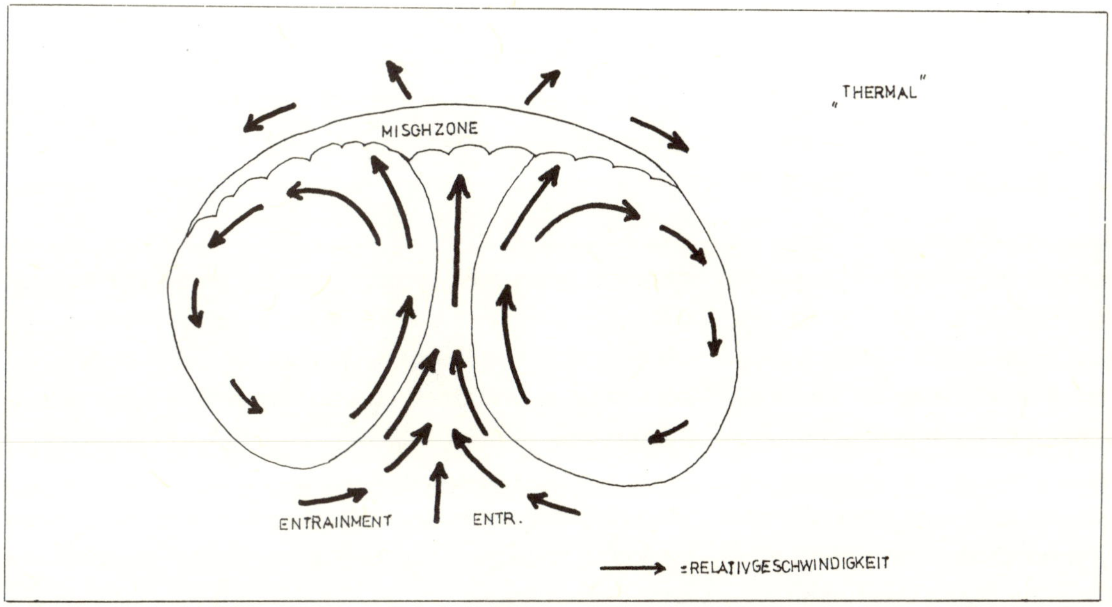

Abb. 19: Aufbau einer Thermikblase (= Thermal), wobei die Pfeile Relativgeschwindigkeiten angeben. Klar ersichtlich ist hier durch die Pfeillängen, daß die Blase ihr Innerstes regelrecht nach außen stülpt. Es muß also im Zentrum das stärkste Steigen vorherrschen!

Abb. 20: Orographische Thermikablösung, wobei der Wald als auslösendes Hindernis für die vom Wind dagegen bewegte, überhitzte Bodenluftschicht wirkt.

Abb. 21: Hangaufwind in überhitzter Hangzone mit Schlotströmung und der daraus möglichen resultierenden Zirkulation. Die Vertikalerstreckung der Schlotströmung nimmt keine großen Ausmaße an.

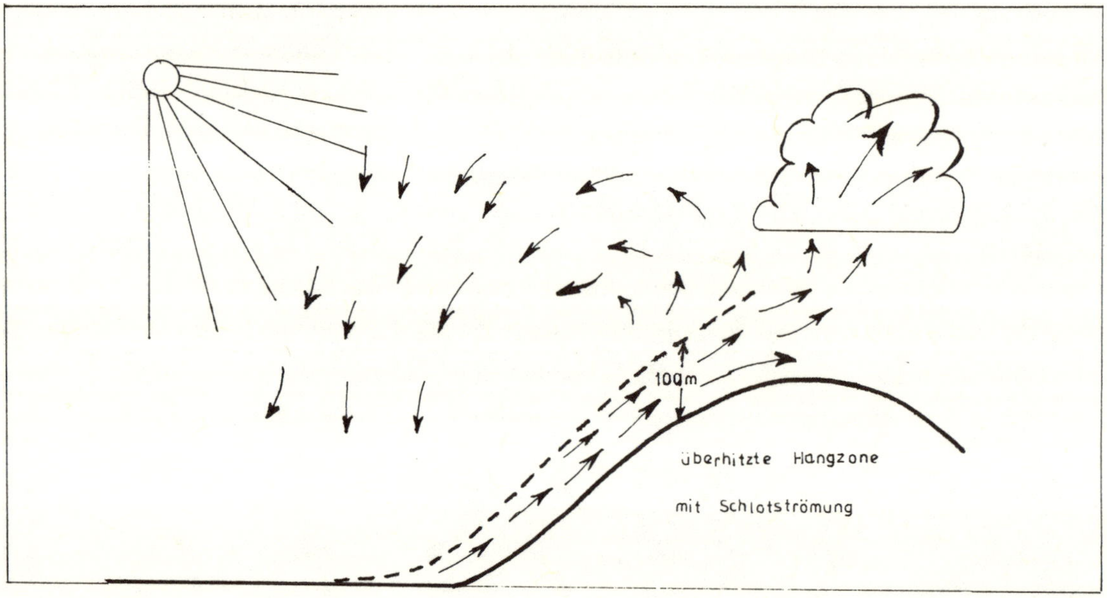

sich ebenfalls eine überhitzte thermische Grenzschicht aus, deren Mächtigkeit von der Talsohle zum Gipfel hin zunimmt. Die Dicke dieser Schicht beträgt jedoch nur knapp hundert Meter. Da die überhitzte Hangluft nicht mehr im Gleichgewicht mit der kühleren Luft im Tale steht, muß sie als Hangaufwind in einer schmalen Zone (30 bis 50 m) wie in einem Kaminschlot aufsteigen. Der Hangaufwind (s. Abb. 21) setzt sich dann oberhalb des Hügelkammes im freien thermischen Aufwind fort, häufig ersichtlich durch Bildung von Cumuluswolken.

Wenn man hart am Hang kreist, können diese schmalen Aufwindzonen ausgenützt werden, um an der Kammhöhe den Anschluß am freien Aufwind zu erhalten.

Oft wird man von Segelfliegern im Meteorologie-Unterricht gefragt, wie denn so ein Thermikschlauch auszufliegen sei.

Als »großer Theoretiker vor dem Herrn« mußte ich mir die entsprechende Antwort auch erst von Spitzenleistungssegelfliegern sagen lassen. Ihre Empfehlung lautet wie folgt:

²/₃ der Wolkenhöhe muß nach dem Erdboden (= Ablösungsthermik) und erst das letzte Drittel nach dem »Bart« der Wolke geflogen werden. Je stärker der Aufwind, desto enger muß man kreisen (siehe Abb. 23a und b).

Schwache Thermik muß durch Kurven in der Richtung der angehobenen Fläche abgetastet werden.

Bei starker und eng begrenzter Thermik ist *entgegengesetzt* steil einzukurven!

AUSLÖSUNGSZEITPUNKT DER THERMIK

Wir haben beim Stüve-Diagramm bereits über die Auslösetemperatur gesprochen. Die bodennahe Luft muß mindestens diesen Temperaturwert erreichen, ehe gezeichnete Thermik, also Quellwolkenbildung, einsetzt. An einem Temperaturregistriergerät (= *Thermograph*) kann man den Zeitpunkt der Auslösung gut demonstrieren. Hat die Temperaturaufzeichnung in den ersten Strahlungsstunden der Sonne einen steilen Anstieg zu vermelden, so wird sie in Nähe der Auslösetemperatur abflachen. Mit einsetzender Durchmischung – hervorgerufen durch örtlich bereits erfolgte Ablösungen und somit auf- und absteigenden Luftkörpern – nimmt der Kurvenverlauf ein leichtes Zittern in die Registrierung auf: Der Zeitpunkt der Auslösung, die Auslösetemperatur ist erreicht. Durch weitere Einstrahlung über die Auslösetemperatur hinaus wird die untere Luftschicht einen höheren trockenadiabatischen Gradienten erhalten und damit stellt sich das Kondensationsniveau in größeren Höhen ein. Mit anderen Worten: Mit weiterer Einstrahlung steigt die Basis der Quellwolke an (siehe Abb. 22).

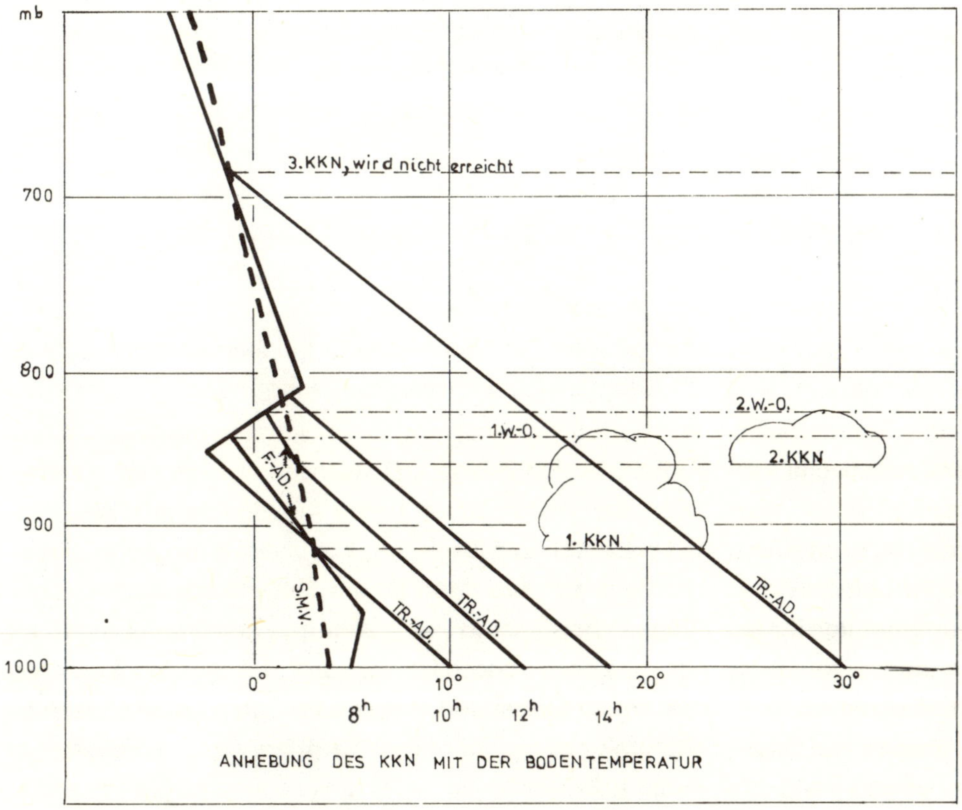

Abb. 22: Anhebung des Kondensationsniveaus (= Quellwolkenbasis) mit zunehmender Einstrahlung und somit weiterem Anstieg der Bodentemperatur. Das dritte mögliche Niveau wird mangels Erwärmung an diesem Tag nicht erreicht.

BLAUTHERMIK

Sehr häufig wird Thermik zu beobachten sein, ohne daß es zu Quellbewölkung kommt. Daran kann mangelnde Feuchte die Schuld tragen oder ein zu hohes Kondensationsniveau, das mit den Tageshöchstwerten der Temperatur nicht erlangt werden kann. Thermik aber ist mitten im »Blauen« vorhanden. Ihre Bezeichnung als Blauthermik oder ungezeichnete Thermik spricht das Fehlen von Konvektionbewölkung (= Cumulus-Wolken) bereits an. Sind die Windverhältnisse schwach, so kann sich bei entsprechender Einstrahlung großflächige Blauthermik zum Fliegen anbieten.

EINFLUSS DES WINDES AUF DIE THERMIK

Windgeschwindigkeiten von 20 Knoten oder mehr zerreißen die Thermikströme und machen sie schlecht ausfliegbar. Der Grund liegt darin, daß durch die Reibung der Luft am Boden eine turbulente Luftströmung entsteht. Durch diese Windunruhe erfolgen auch häufigere, mitunter jedoch kleinere Ablösungen von Warmluft, die gegenüber der umgebenden Luft nur geringen Temperaturüberschuß aufweisen. Die Wirkung der Reibung wird ja bekanntlich mit der Höhe geringer und zum anderen lehrt die Erfahrung, daß bei turbulenten und starkwindigen Situationen oberhalb der Reibungswirkung wieder nutzbare und ausfliegbare thermische Verhältnisse angetroffen werden können.

Dies könnte darin begründet sein, daß sich oberhalb dieser Turbulenzzone mehrere warme Turbulenzkörper zu größeren Warmluftblasen aneinandergefügt haben. Sie können keine großen Steigwerte liefern, da sie ja nur geringe Temperaturüberschüsse besitzen.

Bleibt man bei Streckenflügen also über dem Einflußbereich der Turbulenzzone (zirka oberhalb 1000 bis 1500 m), so findet man (selbst bei Starkwindlagen) brauchbare Thermik vor.

Man darf sich nur nicht verleiten lassen, lange Gleitflüge zu unternehmen, um seine Reisegeschwindigkeit zu erhöhen. Dieses Vorhaben würde mit Sicherheit dazu beitragen, daß man wieder in den Einfluß der Turbulenzzone gerät und kämpfen muß, sie ohne Außenlandung wieder zu verlasssen.

THERMIKDAUER

Oft wird man gefragt, wie lange die Thermik anhält. Dies ist eine heikle Frage, auf die ich – ich gebe es ehrlich zu – keine 100prozentige Antwort weiß.

Als Erfahrungswert läßt sich hier nur anführen, daß die Thermik spätestens 2 Stunden vor Sonnenuntergang abklingt, da sich der Erdboden oberflächig bereits wieder abkühlt. Diese Zeitangabe gilt aber auch nur dann, wenn in der Wetterentwicklung keine anderen Faktoren labilisierend oder stabilisierend wirken, z. B. keine Front naht oder es nicht zu Überentwicklungen in Form von Schauern oder Gewittern kommt. Nimmt der Temperaturgradient mit der Höhe stark ab, so klingt erfahrungsgemäß die Thermik früh ab.

Im Rahmen der Thermikdauer müssen wir noch auf das Phänomen »Umkehrthermik« eingehen.

UMKEHRTHERMIK

Diese Thermik, die Wärmeenergie loslöst, die tagsüber gespeichert wurde, ist im Bergland und in den Alpen häufig zu finden. Mit sinkendem Sonnenstand tritt eine Abkühlung der höheren Bergflanken ein. Die kalten Hangabwinde lösen dabei die Wärmeenergie vom Hang

ab. Bei flach verlaufenden Hängen kann bereits am späten Nachmittag in Hangmitte die Ablösung erfolgen, so daß kleine Warmluftpakete, die durch die kältere, abfließende Luft abgehoben werden, zu geringen Steigwerten an den Talflanken führen können. Man muß jedoch durch den Baumbewuchs mit Verwirbelungen rechnen. Am Abend schließlich erreichen die kalten Luftströme das Tal und sorgen dafür, daß die hier tagsüber gespeicherten Wärmeenergien zum Aufsteigen in Talmitte gezwungen werden (*siehe Abb. 24 b*). Gerade feuchte Talauen haben eine enorme Speicherfähigkeit von Wärmeenergie.
Man darf sich jedoch keine Supersteigwerte vorstellen, sondern muß zufrieden sein, einen durchschnittlichen »Nullschieber« vorzufinden, der über 20 bis 30 Minuten Fliegen ohne Höhenverlust erlaubt. Selbstverständlich trifft man örtlich 2- bis 3 m/s-Steigen an.

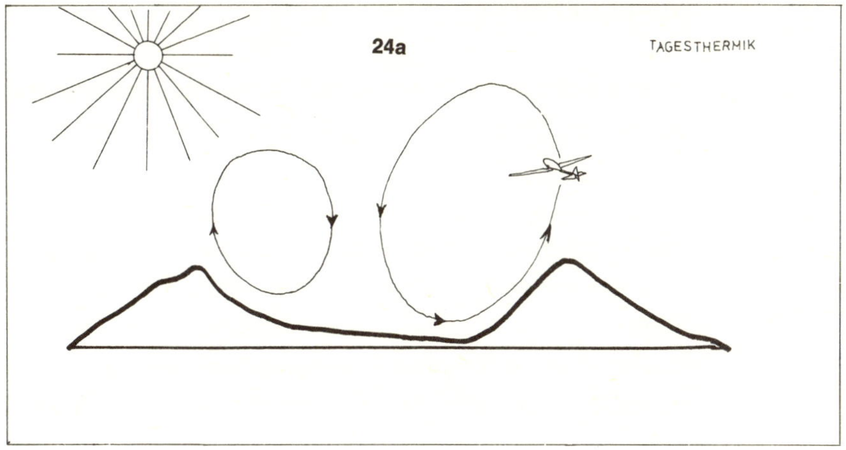

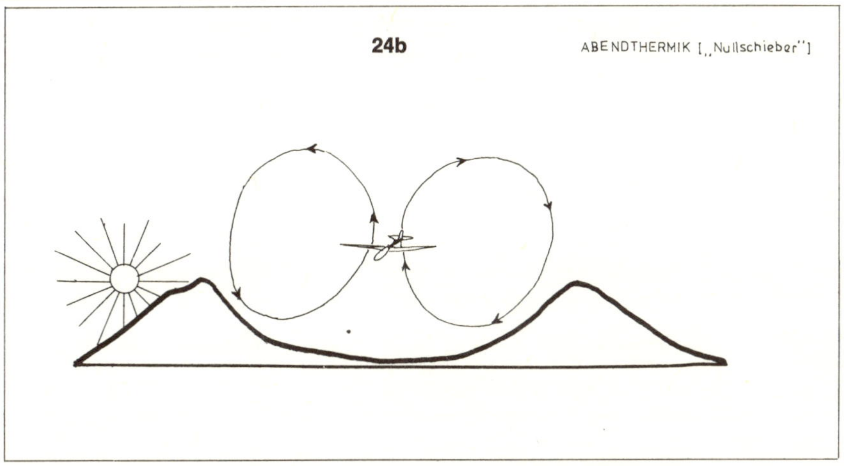

Abb. 24a und b: Am Tag steigt die Luft bei Sonneneinstrahlung vom Tal zur Bergspitze und fördert ein Fliegen über dem Kamm **(24a).**

Gegen Abend strömt die Luft von der Bergspitze zum Tal und kann in Talmitte Aufwindfelder bilden, die häufig ein Fliegen ohne Höhenverlust erlauben **(24b).**

THERMIKBESONDERHEITEN IM GEBIRGE

Im Gebirge entsteht Thermik früher und intensiver als in der Ebene. Strahlt die Sonne die Oberfläche der Erde rechtwinkelig an, so wirkt sie am stärksten (*siehe Abb. 23 a*). Durch die steilen Hänge ist diese Situation im Gebirge oft gegeben, während im Flachland der Einstrahlungswinkel häufig nur bei 40 Grad liegt (siehe Abb. 23 b, S. 38).
Die Thermik entwickelt sich also von der Bergspitze her am Hang herab, wo ein flacher Aufwindstrom oberhalb der vorhandenen Talinversion aufsteigt. Mit weiterer Einstrahlung, also zunehmender Tageszeit, kräftigt sich dieser Aufwindstrom und greift schließlich auch bis zum Talboden über und beseitigt die Sperrschicht. Wer bereits per Flugzeugschlepp die Frühthermik, die oberhalb der Talinversion entsteht, ansteuert, kann bei einem möglichen Streckenflug 1 bis 2 Stunden Vorsprung gewinnen, ehe die Thermik bis zum Talboden reicht, was meist gegen 10 Uhr der Fall ist.
Wir haben bereits bei der Umkehrthermik gesehen (s. Abb. 24 b), daß durch die Abkühlung der Berge abends in Talmitte Aufwindströme vorzufinden sind.
Tagsüber ist das anders. Es weht dann der Wind vom Tal zum Berg. Man fliegt also tagsüber an den sonnen-

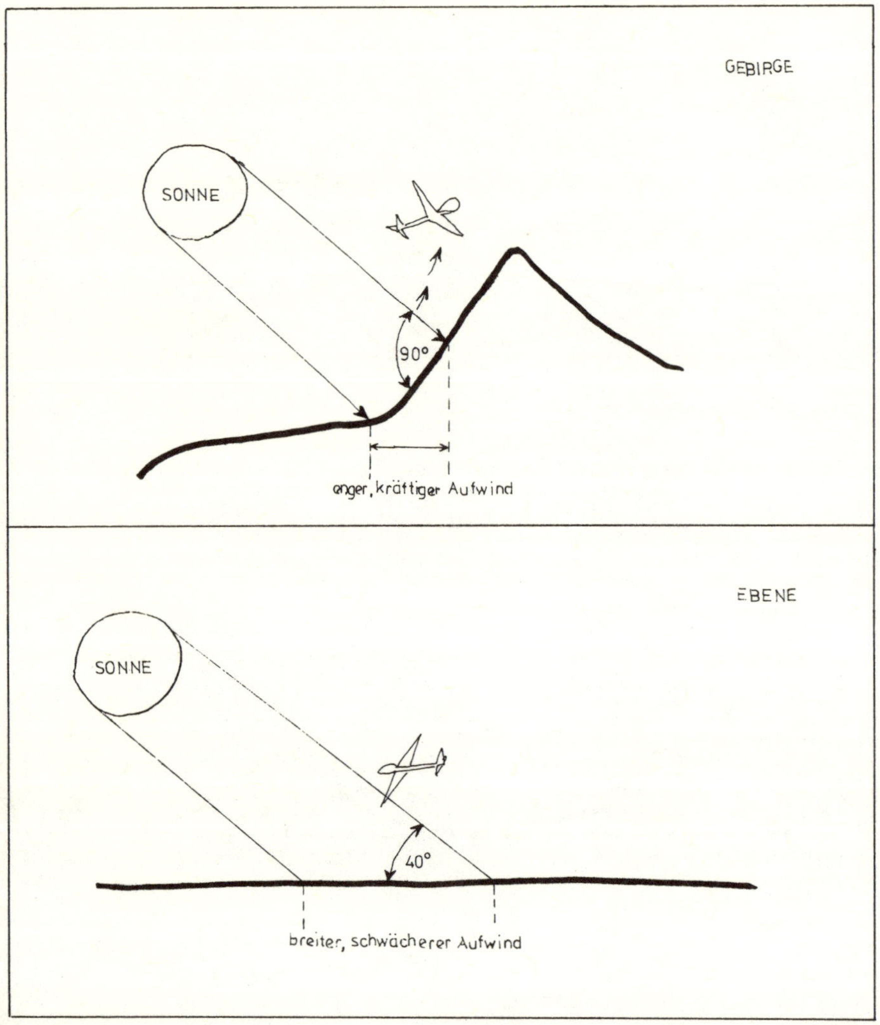

Abb. 23a und b: Strahlt die Sonne die Oberfläche nahezu rechtwinkelig an, so wirkt sie am stärksten, bildet jedoch gleichzeitig schmale, aber kräftige Aufwindschläuche **(23a).** links oben
Bei flachem Einfallswinkel werden zwar breitere, dafür aber schwächere Aufwindkamine vorgefunden **(23b).** links unten

beschienenen Hängen entlang (s. Abb. 24 a) und meidet die Abwinde über Talmitte.

Ebenso wie im Flachland sind Unstetigkeitsstellen im Landschaftsprofil bevorzugte Stellen, an denen sich die Thermik ablöst und die Warmluftströme aufwärts steigen. Bereits ein Wechsel im Bewuchs *(s. Abb. 25)* kann Anlaß zu Thermikablösung sein. Unterschiedliche Bodenbeschaffenheit – Wald zu Fels, Grasflächen zu Niedrighölzern (siehe Abb. 25) – begünstigen die Ablösungen.

Ein Wort noch zur Wolkenuntergrenze im Gebirge. Die Basis ist bei guten Lagen meist erheblich höher als in der Ebene und kann Werte von 3500 bis 4000 m NN haben, im Engadin sogar bis 5000 m.

STUFENTHERMIK

Eine Besonderheit, die man noch im Gebirge beobachten kann, ist Thermik in Stufen. Oft in unmittelbarer

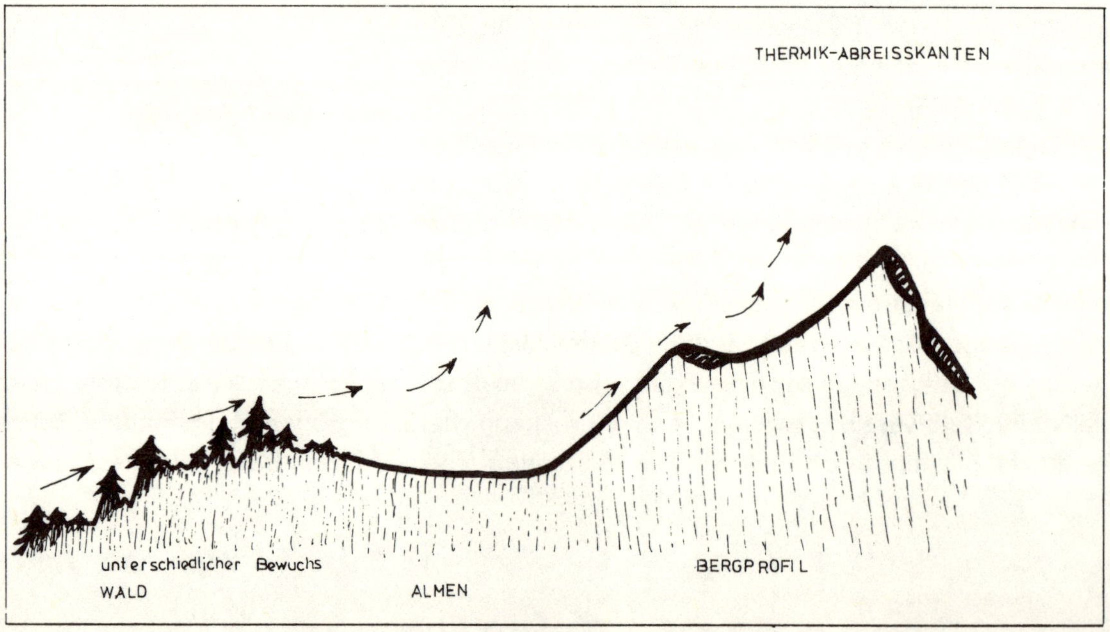

Abb. 25: Unstetigkeitsstellen im Landschaftsprofil sind bevorzugte Thermik-Ablösegebiete. Bereits ein Wechsel in der Vegetation kann zur Ablösung führen.

Nähe findet man Quellwolken, deren Untergrenzen bis zu 500 und 600 m verschieden hoch liegen. Man kann also zeitweise über den Wolken fliegen. Typischer Ort dieses Phänomens ist der Arlberg, doch sind in den Alpen auch noch mehrere solche Stellen vorzufinden, an denen Luftströmungen aus verschieden temperierten Gegenden zuammentreffen (z. B. nahe des Alpenhauptkammes).

Die Erklärung dieser »Stufenthermik« ist sehr einfach. Die Quellwolken mit unterschiedlichen Basishöhen beziehen ihre Energie aus verschiedenartigen Luftkörpern. Am Arlberg ist es so, daß die feuchte Bodenseeluft aus der Nähe ein niedrigeres Kondensationsniveau aufweist, als die aus dem Inntal herangeführte Luft, die infolge des weiteren Weges trockener ankommt und somit Quellwolken erst in größerer Höhe bildet (siehe Abb. 26).

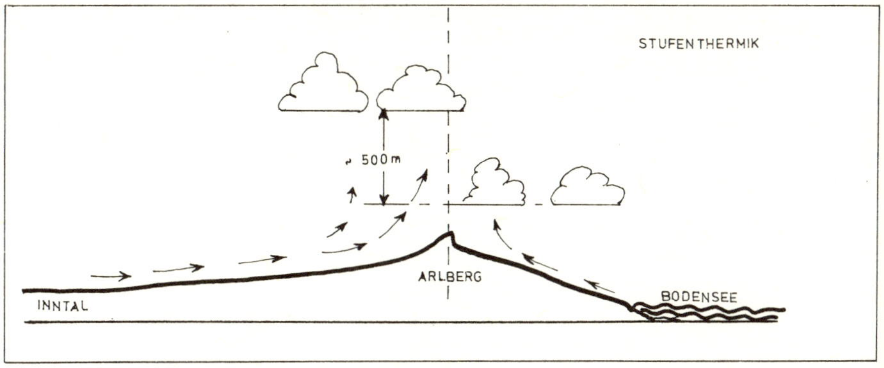

Abb. 26: Stufenthermik:
Quellwolken mit unterschiedlichen Basishöhen beziehen ihre Energien aus verschieden temperierten Luftkörpern.

Abb. 27 Zustandskurve eines Cumulus im Stüve-Diagramm.

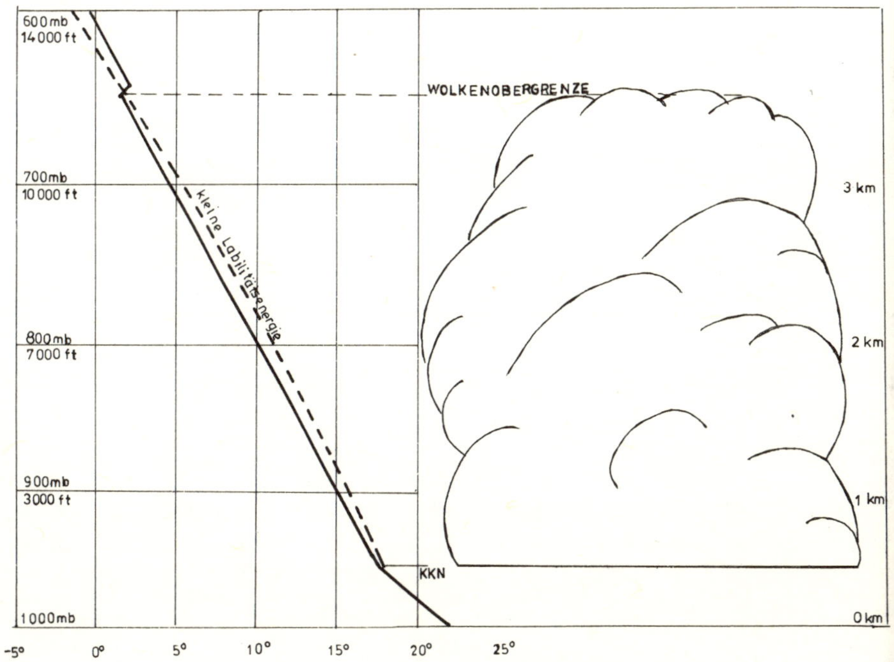

QUELLWOLKENBILDUNG

Die Wolke, die durch Bodenthermik (und auch Höhenthermik) infolge dieser starken Aufwärtsbewegung des Wärmestromes bei entsprechend vorhandener Luftfeuchte entsteht, wird als Haufenwolke oder *Cumulus* (= lateinisch: Haufen) bezeichnet. Im Temp-Blatt sieht sie aus, wie es Abb. 27 verdeutlicht.

Diese Wolke besteht nicht aus einer einzelnen Thermikblase, sondern aus immer wieder neuen Blasen und Schleppen.

Gehen wir einmal dem Bildungsprozeß dieser Cumuluswolke nach, so erleben wir folgendes:

Zuerst wird sie wie ein kleiner Wattebausch am Himmel stehen und vom Fachmann als *humilis* bezeichnet werden, dem Laien als abgeflachter, niedriger Schönwettercumulus bekannt.

Er besteht aus lauter winzig-kleinen Wassertröpfchen, deren Radius sich zwischen einem Hundertstel und einem Zehntausendstel Zentimeter bewegt. Die entsprechende aerologische Schichtung dieser flachen Quellwolke zeigt Abb. 28.

Abb. 28: Zustandskurve einer Schönwetter-Quellwolke im Temp-Blatt.

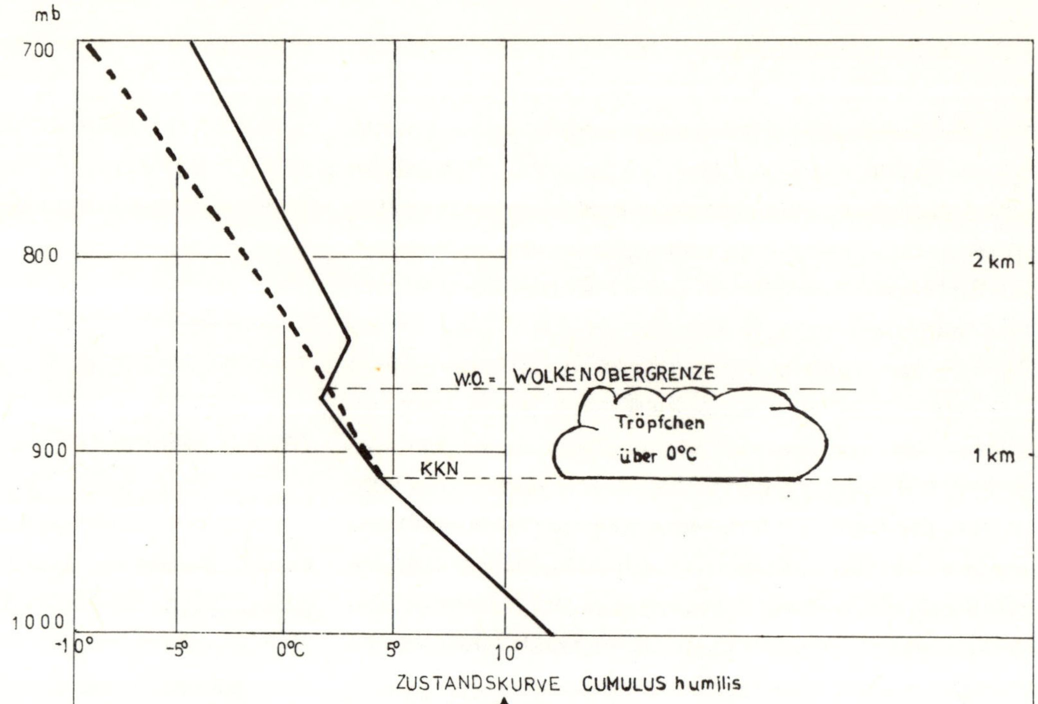

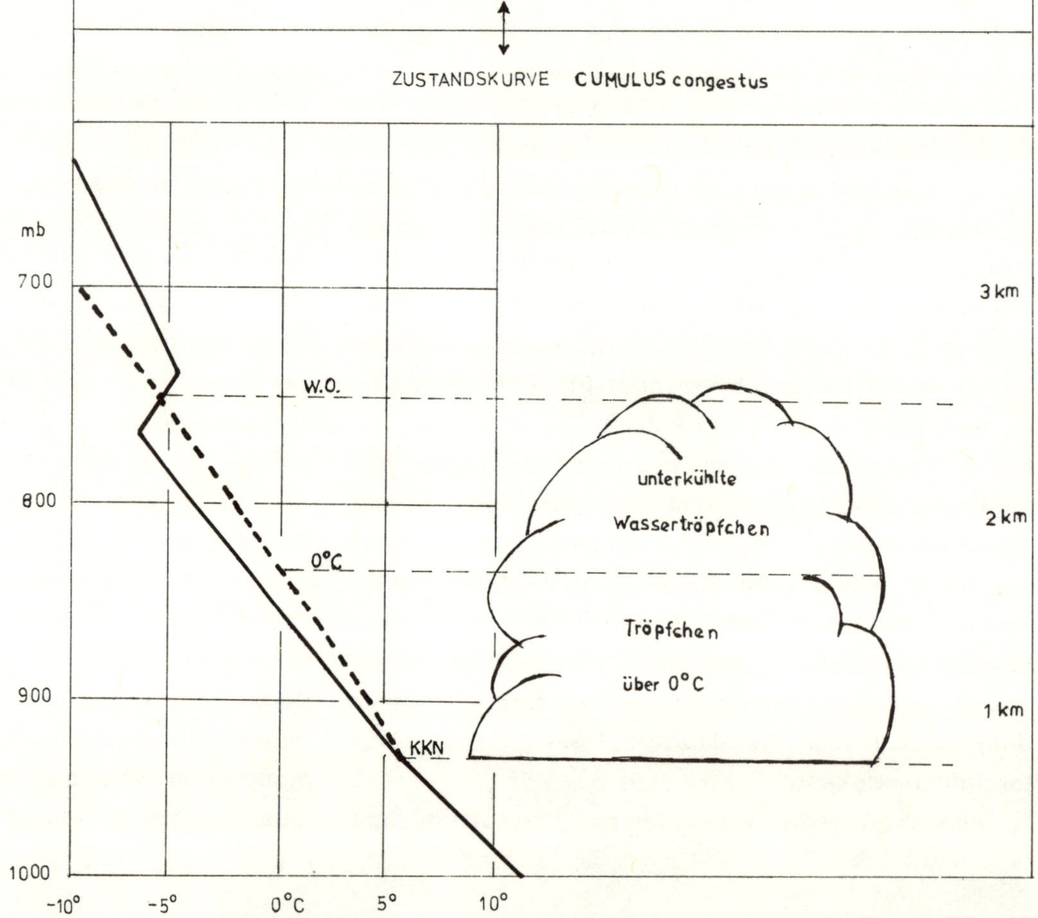

Abb. 29: Zustandskurve einer Quellwolke im Temp-Blatt, die im oberen Teil bereits aus unterkühlten Wassertröpfchen besteht.

KONDENSATIONSKERNE

Daß es überhaupt zur Wolkenbildung kommen konnte, verdanken wir neben der ausreichenden Wasserdampfmenge vor allem den *Kondensationskernen.* Um Wolkenbildung ohne Kondensationskerne zu erleben, müßte in der Atmosphäre eine Feuchteübersättigung von mehreren hundert Prozent erfolgen; dies kommt aber in der Natur nicht vor. Aber in der Atmosphäre schweben Salz- und Säurekerne, die durch Verbrennungsprozesse, Versprühen von Meerwasser (Meeresgischt) dahingelangten. Diese Kerne haben nun eine wasseranziehende (= hygroskopische) Wirkung. Wenn die Feuchte der Luft (z. B. durch Abkühlung) ansteigt, dann beginnen diese Kerne durch Kondensation des Wasserdampfes zu wachsen. Durch dies Wachstum der Kerne wird mit zunehmender Feuchte ein Tröpfchen entstehen, viele dieser vorhandenen Kern-Tröpfchen verursachen eine Trübung der Sicht, wie es ja tatsächlich unter der Wolkenbasis zu beobachten ist.

Nimmt die Quellwolke eine mächtigere vertikale und horizontale Erstreckung an, so wird sie zu einem *Cumulus mediocris* (= mittelgroß) und weiter zu einem blumenkohlähnlichen Gebilde (Cumulus *congestus* = zusammengeballt). Mindestens der obere Teil der Wolke ragt über die Nullgradgrenze hinaus und besteht somit auch aus unterkühlten Wassertröpfchen (siehe Abbildung 29).

Es herrscht hier bei eventuellem Wolkenflug Vereisungsgefahr. Viele Flugberichte sprechen von stärkerer Vereisung im *congestus* als im Folgestadium dieser Wolke, dem *Cumulonimbus* (= Gewitterwolke), dessen Aufbau im Temp-Blatt Abb. 30 zeigt. Erklärlich ist dies aus der Tatsache, daß im *congestus* die Menge des unterkühlten Wassers größer ist als im Cumulonimbus (= Cb), in dem bereits Schnee-, Eis- und Graupelteile Bestand der Wolke sind.

Wasser gefriert also nicht sofort bei Erreichen der Nullgradgrenze, sondern kann bis zu einem Temperaturbereich von minus 40 Grad als unterkühltes Wasser auftreten, das dann jedoch nahezu schlagartig gefriert, wenn Fremdkörper (z. B. Flugzeug!) in diesen unterkühlten Wasserkörper gelangen.

CUMULONIMBUS

Überschreitet die Gipfelhöhe des Cumulus den minus 10-Grad-Bereich, so können die unterkühlten Wassertröpfchen zu Eiskristallen gefrieren. Die Umwandlung vom Cumulus zur Gewitterwolke (Cumulonimbus) beginnt. Durch die Eiskristalle in den oberen, noch runden Quellformen, verliert die Quellwolke ihre scharf (s. Fotos Nr. 3 bis 8) abgegrenzten Ränder und wird zum Cumulonimbus *calvus* (= glatt). Quillt dieser Wolkenturm noch in Regionen, die Temperaturen kälter als minus 20 Grad Celsius aufweisen, so nimmt die Menge der Eiskristalle derart zu, daß die Obergrenze der Wolkenmasse ein faseriges, streifiges Aussehen annimmt und wie ein Haar- oder Federbusch aussieht (s. Abb. 30 und Kapitel Wolken!). Wird die Aufwärtsbewegung an einer Inversion (im Sommer z. T. auch erst an der Tropopause) gestoppt, so breitet sich das Oberteil, das im Cirrenniveau liegt (9 bis 15 km), und nur noch aus Eisteilen besteht, in Richtung der oft starken Windzunahme mit der Höhe wie ein Amboß aus. Diese Art von Quellwolke bezeichnet man als Gewitterwolke und der Fachmann nennt sie Cumulonimbus *capillatus incus* (= gewaltige Gewitterwolke mit Amboß).

Diese Wolke gibt die maximale Entwicklung einer Quellwolke wieder.

Neben der Konvektion kann folgender Prozeß ebenfalls Gewitterwolken erzeugen: Durch erzwungene Hebung einer Luftmasse an einem Hindernis wird diese labil und das Hebungskondensationsniveau wird er-

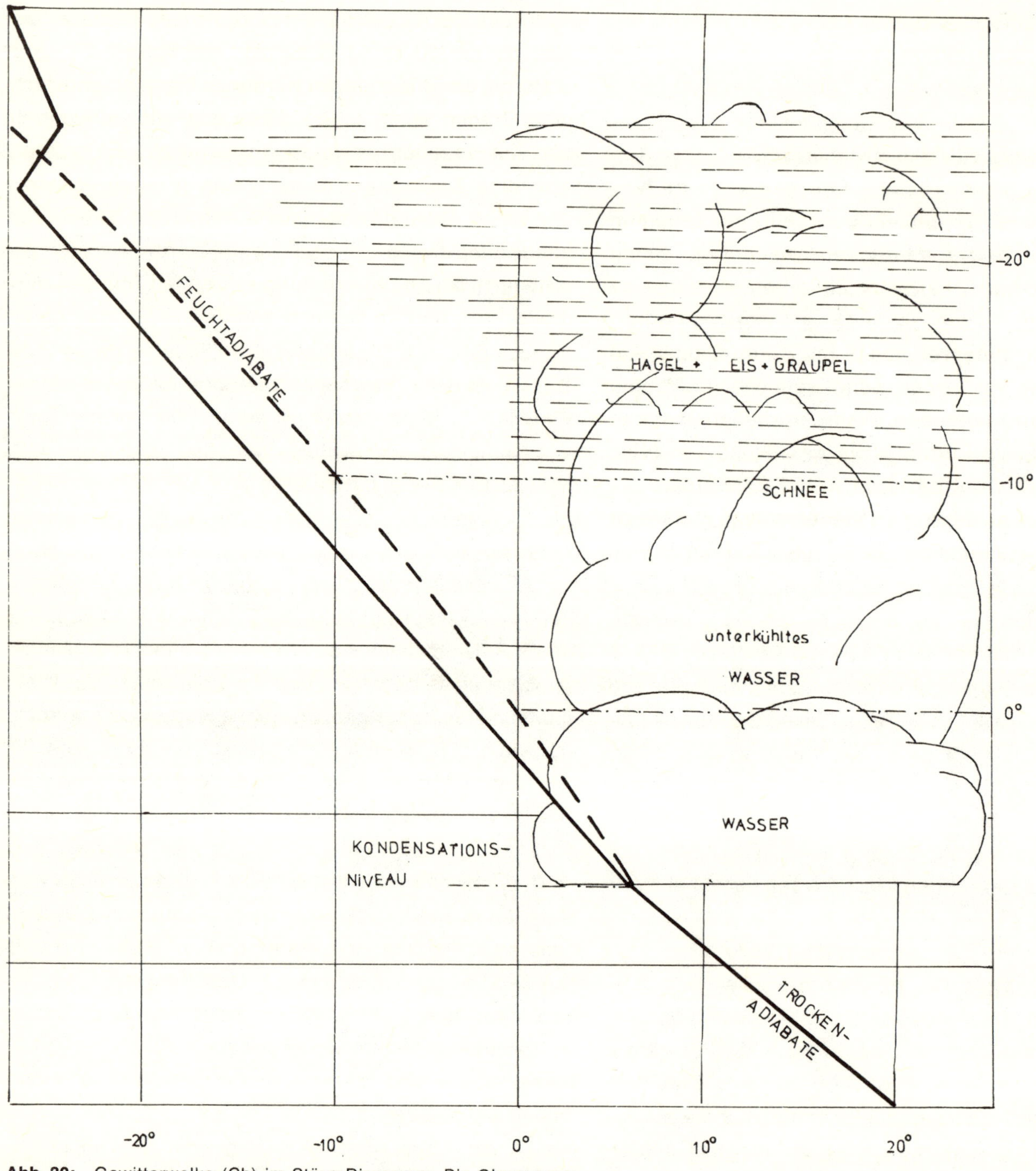

Abb. 30: Gewitterwolke (Cb) im Stüve-Diagramm. Die Obergrenze nimmt ein faseriges, streifiges Aussehen – gleich einem Federbusch – an. Diese »Amboßwolke« gibt die maximale Entwicklung einer Quellwolke wieder.

reicht. Die Weiterentwicklung geht dann wie bei normaler Cumuluskonvektion vor sich.

STRUKTUR EINES CUMULONIMBUS (Cb)

Die Struktur eines Cb besteht aus mehreren Zellen unterschiedlichen Alters. Im *Jugendstadium* oder *Cumulusstadium* (s. Abb. 31 a) einer Zelle besteht diese aus einem einzigen Aufwindschlot (Fachausdruck: updraft) mit einem Durchmesser von 2 bis 8 km. Dieser Aufwindschlot ist von einer Zone seitlicher Luftzufuhr (= entrainment) umgeben. Während dieser Phase erreicht die Zelle in Europa etwa eine Höhe von 9 km. Die Lebensdauer beträgt etwa 10 bis 15 Minuten.

Der Beginn des ausfallenden Niederschlags kennzeichnet das *Reifestadium* der Zelle. Die Obergenze liegt nun etwa bei 11 bis 14 km und die Lebensdauer beträgt 25 bis 30 Minuten. Sobald der Aufwind (= updraft) die große Menge der Niederschlagselemente nicht mehr tragen kann, fallen diese aus und verwandeln den Auf- in einen Abwind (= downdraft). Es entsteht also eine Zweiteilung dieser Zelle in einen Aufwind- und einen Abwindsektor (siehe Abb. 31 b). (Diese Vorgänge sind sicherlich noch komplizierter als hier geschildert!) Diese Umwandlung erfolgt in Höhe der Nullgradgrenze und im Bereich darüber. Die Aufwindstär-

Abb. 31a bis c: Entwicklungsstadien einer Gewitterzelle (nach Braham und Byers). **Abb. 31a** zeigt das Cumulusstadium, bei dem nur Aufwinde vorherrschen, während beim Reifestadium **(Abb. 31b)** bereits eine Unterteilung in Auf- und Abwindsektor besteht, da der Aufwind die schweren Niederschlagspartikel nicht mehr tragen kann: Er wird in einen Abwind umgewandelt. **Abb. 31c** veranschaulicht das Auflösungsstadium, wobei unterhalb von ca. 6 km Höhe sich der Abwind über die gesamte Zelle ausgebreitet hat. Die Wolke regnet sich aus!

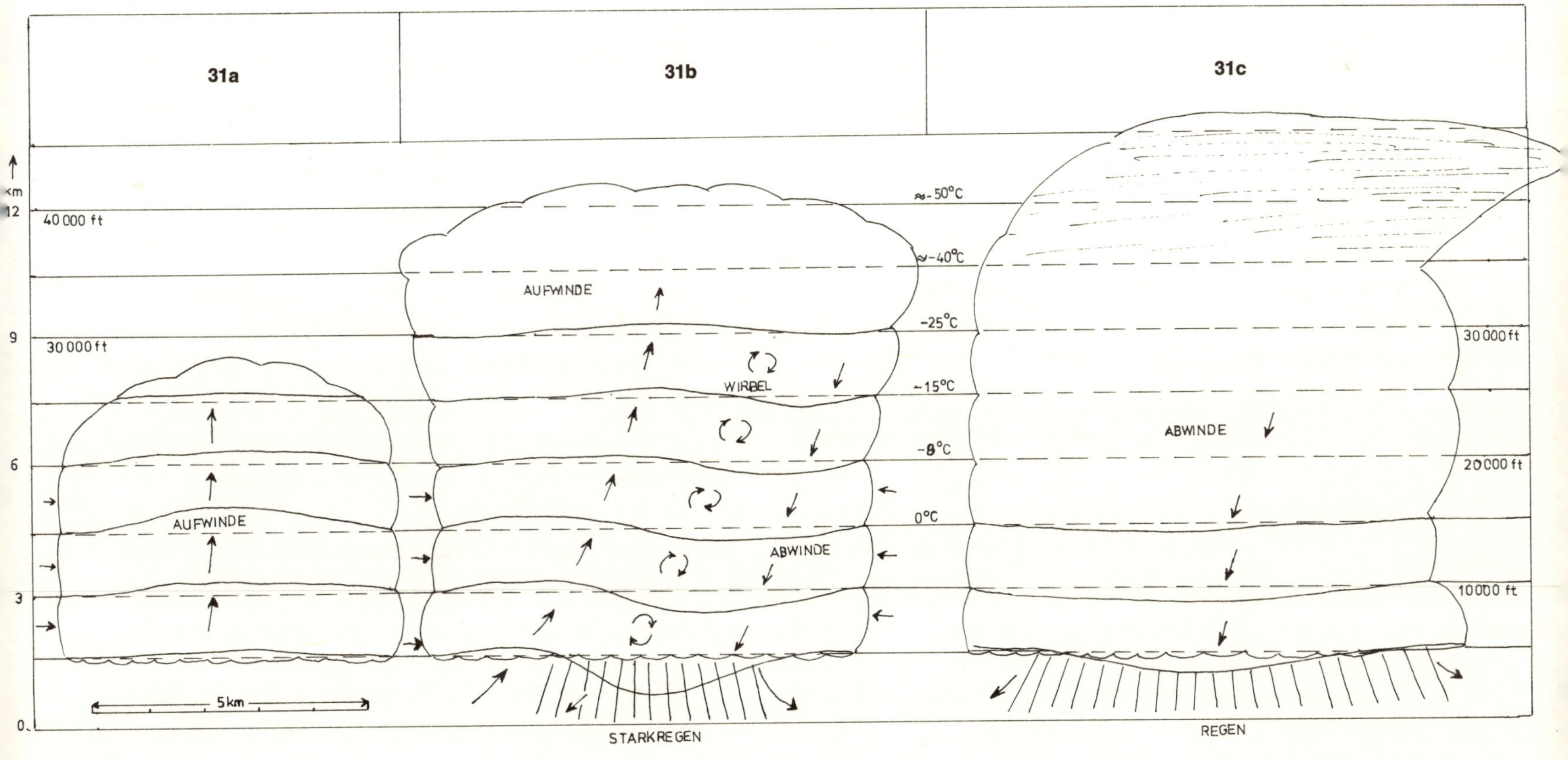

ken liegen oft bei 15 bis 30 m/s, können aber auch 35 bis 40 m/s erreichen. Ihr Maximum findet sich im mittleren und oberen Teil der Wolke. Im Rahmen des von der U.S. Airforce durchgeführten Thunderstorm-project, einer Versuchsreihe, um mit Flugzeugen die Aufwindstärke festzustellen, wurden in Oklahoma Maximalwerte (nach LEE/USA) bis 85 m/s gemessen. Während der Segelflugweltmeisterschaften 1972 in Vrsač/Jugoslawien stellte der DDR-Pilot Voss bei Wolkenflug im Cb eine Vario-Anzeige von 30 m/s fest!

In den Abwinden wurden als Spitzenwerte ca. 25 m/s festgestellt, deren heftigster Bereich im unteren Teil der Wolke und unter der Wolke liegt. Oft sind sie mit Regen, Schnee oder Graupel verbunden. Diesen vertikalen Luftbewegungen sind zusätzliche Wirbel überlagert. Das trifft besonders für den Bereich des Mischniederschlags (Regen, Schnee, Graupel) zwischen Nullgradgrenze und etwa dem minus 20-Grad-Niveau zu.

Das *Auflösungsstadium* einer Zelle ist erreicht, wenn sich der Abwind über den gesamten unteren Zellenteil ausgedehnt hat. Lebensdauer dieser Zelle etwa 30 Minuten. Der Starkniederschlag hat gleichmäßigem leichten Niederschlag Platz gemacht: Die Wolke regnet sich aus (s. Abb. 31 c).

Am 2. August 1967 wurde ein Segelflugzeug unfreiwillig in eine Gewitterwolke hineingezogen. Der Bericht des Piloten nach dem unfreiwilligen Gewitterwolkenflug lautet folgendermaßen:

Wetterlage: Bei flacher Druckverteilung zieht eine Gewitterstörung über dem Bodensee ostwärts.

Vorhersage: Anfangs 1/8 bis 3/8 Cumulusbewölkung, abends verbreitet Gewitter, die örtlich mit Hagelschlag auftreten können. Auslösetemperatur 30 Grad, Tageshöchstwerte bei 35 Grad. Temperaturgradient 0,7 Grad pro 100 m. Schichtung zunehmend feuchtlabil.

»In der Hoffnung, vor Herannahen der Gewitterfront noch einen Dreieckflug über die Runden bringen zu können, startete ich um 10.45 Uhr Ortszeit in Südostbayern. Bereits während des ersten Flugabschnittes sah ich gewaltige, undurchdringliche und lückenlose Wolkenmauern, die bereits zahlreiche Ambosse bildeten. Ich suchte eine schwächere Wolkenstelle, um eventuell unten durchstoßen zu können. Beim Duchstoßen wurde ich jedoch sehr rasch von den Wolkenmassen eingehüllt. Der Verlust der Orientierung war die Folge. Ein Aufwindkern brachte mich auf 5500 m Höhe. Diese Höhe konnte ich jedoch nicht lange halten, denn starke Abwinde warfen mich sehr rasch in die Tiefe. Mehrmals nahm ich im Blindflug Aufwindkerne an und frischte meine Höhe wieder auf. Nach etwa 30 bis 40 Minuten Blindflug traf ich südlich der ersten Gewitterzone auf eine schmale Lücke mit Sonnenlicht und Erdsicht. Da bergiges Gelände zu erkennen war ohne Außenlandemöglichkeit, entschloß ich mich, trotz der bereits starken Vereisung des Flugzeugs, einen Gewitterkern nun bis zur Gipfelhöhe auszukurbeln, um dann mit Nordkurs in flacheres, für Außenlandungen geeigneteres Gelände abzufliegen. Ich stieg bis auf 11000 m Höhe. Da ich bei meinen ganzen Flügen stets Sauerstoff mitführe, war dies möglich.

Die Aufwindgeschwindigkeit betrug im unteren Teil etwa 10 m/s, im oberen Teil etwa 6 m/s. Turbulenz war in allen Höhen vorhanden, ebenso Hagel und Mischniederschlag von Regen und Schnee. In 6000 m Höhe nahm die Wucht und Größe der Hagelkörner beängstigendes Ausmaß an. Die Maschine dürfte nur deshalb nicht schwer beschädigt worden sein, weil die Vereisung einen dicken Schutzpanzer bildete. Die Eisdecke betrug an der Flügelnase mehr als 12 cm, stark zerklüftetes, zerfurchtes Eis. Die Maschine gehorchte der Steuerung nur noch sehr mühsam und ging im anschließenden Gleitflug herunter wie ein Stein mit einer Gleitzahl von etwa 1:8! Als ich mich oberhalb 8000 m befand, blendeten mich immer wieder grelle Blitze. In Gipfelhöhe nahm die Turbulenz derartig zu, daß das Flugzeug fast nicht mehr zu beherrschen war. Ich vermute, daß sich die Aufwindströmung hier an der Tropopauseninversion stark verwirbelte. Ich konnte nur mit Mühe Nordkurs einschlagen. Ein kurz darnach angeschnittener und ausgekurbelter neuer Aufwindkern endete sofort ebenfalls in schwerer Turbulenz. Nach 40 weiteren Minuten kam ich bei Nordkurs wieder aus dem Wolkenmeer heraus. Das Eis aber war erst unterhalb 3000 m abgeflogen. Ehe ich mich nach einem geeigneten Landeplatz umsah, war ich bereits wieder von Wolken umhüllt. Ein Aufwindkern, den ich im Blindflug wieder anschnitt, brachte mich bei 4 bis 5 m/s Steigen zunächst auf etwa 6000 m Höhe. Das Flugzeug hatte bereits wieder ca. 6 cm Eisansatz und alle Metallteile des Seglers elektrisierten bei jeder Berührung, auch Steuerknüppel, Instrumentenbrett, Geräte usw. Ich zuckte von einer Bordwand zur anderen, weil ich wieder irgendein Gestänge berührt hatte. Ich erhielt einen furchtbaren Schlag. Ein blendender Blitzschlag zuckte durch das Flugzeug. Teile der Kabinenvereisung mitsamt dem Wollfaden waren verschwunden. Das reichte mir und ich gedachte, die Wolke auf jeden Fall zu verlassen. Ich flog längere Zeit in Richtung des vorher wolkenlosen Raumes nach Norden durch schwerste Turbulenz, starken Hagel und Mischniederschlag und wurde dabei bis etwa 3000 m herabgeschleudert, ohne wolkenfreien Raum zu erreichen. Ich war daher erleichtert, als ich durch einen starken Aufwind wieder auf 5000 m Höhe klettern konnte, traute aber kaum meinen Augen, denn der Höhenmesser kletterte so schnell nach oben, wie er sonst bei einem 200-km/h-Sturzflug abwärts kletterte. Dies entspräche ca. 60 bis 70 m/s! Eile, die Wolke zu verlassen, war auch deshalb geboten, da mein Sauerstoffvorrat zur Neige ging. Es riß mich auf 9000 m hinauf. In diesem Chaos, in dem das Elektrisieren wieder immer mehr zugenommen hatte, traf mich nun die zweite gewaltige elektrische Entladung. Bis es mir schließlich gelang, endlich ein Wolkenloch zu finden, in dem ich nach unten durchstoßen konnte, traf mich noch eine dritte elektrische Entladung. Ich bin überzeugt, daß jede einzelne hätte tödlich sein können. Das Wolkenloch war etwa 50 km vom Ausgangspunkt entfernt.

Nach der Landung stellte ich fest, daß durch die vordere Rumpfschale mehrere Löcher gebrannt waren. An den Austritten der Seitensteuerseile, der Querruderlager und -antriebe waren deutliche Flammspuren sichtbar. Das Gfk-Laminat war eingebrannt oder angekohlt.

Es war dies eines der schwersten Gewitter, das in dieser Gegend je niederging. Die Leute berichteten später, daß alle Autos auf der Straße stehen bleiben mußten. Die niederstürzenden Wassermassen hätten die Straßen völlig überflutet und teilweise waren sie mit Hagelkörnern besät. Die Wolkenmauer hatte schwefelgelb ausgesehen.«

Soweit die Schilderung des Gewitterwolkenfliegers.

Zu den Gefahren im Cumulonimbus läßt sich nach dieser nervenkitzelnden Pilotenaussage insgesamt das Folgende ausführen:

a) In vielen Gewitterwolken kommt Hagel vor, ohne unbedingt den Erdboden zu erreichen.

b) Vereisung wurde statistisch bei jedem 2. (Motor-) Flug durch einen Cumulonimbus angetroffen, am häufigsten im Temperaturbereich zwischen 0 Grad und −5 Grad Celsius.

c) Das Gebiet der stärksten Blitzeinschläge liegt zwischen dem Temperaturbereich von −5 bis 3 Grad Celsius in einer mittleren Höhe von 1500 bis 3000 m. Ein 2. Maximum der Blitzeinschläge liegt nach vielen Flugberichten oberhalb etwa 7,5 km Höhe.

d) Turbulenz trifft man mehr oder weniger stark im gesamten Bereich dieser Wolke an, wenn auch ein ausgeprägter Spitzenwert im Bereich des Mischniederschlags zu erwähnen ist. Die Bodenwinde unmittelbar und in der Gewitterwolke sind oft sehr heftig und böig, wobei starke Richtungsschwankungen beteiligt sind.

Daß sich Gewitter überhaupt bilden können, muß die labile Schichtdicke in der Atmosphäre mindestens 3000 m mächtig sein, damit sich die Wolke genügend weit in Gebiete mit negativen Temperaturen hineinentwickeln kann (mindestens bis −15° C). Weiterhin muß ein entsprechender Feuchtenachschub von unten her gewährleistet sein, um Prozesse zur Sättigung wirksam werden zu lassen. Die einzelnen Zellen verteilen sich unregelmäßig über das gesamte Gewitter, haben unterschiedliche Entwicklungszustände und sind voneinander durch bis zu 2,5 km meist turbulenzarme, mit Wolken ausgefüllte Zonen getrennt.

AUSDEHNUNGEN UND LEBENSDAUER VON KONVEKTIVEN ERSCHEINUNGEN

Eine Aufstellung über charakteristische Ausdehnungen und Lebensdauer (mittlere Werte) gibt Tabelle 5 als Hilfswert wieder:

Tabelle 5: Mittlere Ausdehnung und Lebensdauer konvektiver Erscheinungen

	horizontale Ausdehnung	vertikale Ausdehnung	Lebensdauer (Zeit)
kleinräumige Thermik	kleiner 10 m	kleiner 20 m	15 sec
Thermik	10 bis 50 m	20 bis 500 m	6 min
Cu humilis	50 bis 500 m	500 bis 2000 m	20 min
Cu congestus	0,5 bis 2 km	2 bis 5 km	40 min
Cumulonimbus	2 bis 20 km	3 bis 12 km	100 min
Gewitterwolkenzusammenballungen	20 bis 200 km	3 bis 20 km	10 Std.

AUFWINDBETRACHTUNGEN

Betrachtet man den Aufwindstrom nahe der Quellwolkenobergrenze, so herrscht in der Praxis nur ein Steigen von annähernd 1 m/s. Das wird durch den Stirnwiderstand hervorgerufen, den die emporstrudelnden Thermikblasen an der Vorderseite und den Rändern vorfinden, weiterhin durch das Gewicht der Wolkentröpfchen und durch die Mischung der Wolkenluft mit der trockeneren Umgebungsluft (= entrainment). Deshalb kondensiert nicht so viel Wasserdampf und es steht weniger freiwerdende Kondensationswärme zur Verfügung. Es verdunsten auch wieder Wolkentröpfchen, wobei Wärme verbraucht wird.

Deshalb weist die Temperatur der aufsteigenden Wolkenluft normalerweise kleinere Werte auf als die Temperatur entlang der Feuchtadiabaten und somit ist auch der Auftrieb weniger stark. Das Maximum der Vertikalgeschwindigkeit findet man in der oberen Hälfte der Quellwolke.

THERMISCHE AUF- UND ABWINDE

Die folgende Aufstellung gibt grobe Anhaltspunkte über Geschwindigkeitswerte bei thermischen Auf- und Abwinden.

Thermische Aufwinde:

a) unter der Wolkenbasis über Land bei Sonnenschein: 1 bis 5 m/s,

b) unter der Wolkenbasis über See bei Sonnenschein: 1 bis 2 m/s,

c) im Cu humilis: bis 3 m/s,

d) im Cb im Aufwindschlot – je nach Entwicklungsstadium: 5 bis 20 m/s,

e) große Cb normal 15 bis 20 m/s, übliche Maxima: 30 bis 40 m/s,

f) in türmchenförmigen Schichtwolken
(castellanus): 3 bis 5 m/s,
Spitzenwerte darin: bis 15 m/s.

Thermische Abwinde:

a) im Regen oder Hagel innerhalb der Wolke: bis 15 m/s,

b) im Starkregen bei Basis von 1500 bis 1800 m unterhalb der Basis: bis 25 m/s,

c) bei kälterer Luft und niedrigerer Untergrenze: bis 10 m/s,

d) in beutelförmig herabhängenden Wolken (= mammatus): 1 bis 3 m/s.

Zum Vergleich:

e) bis zu 30 Sekunden nach Vorbeiflug in der Wirbelschleppe größerer Flugzeuge: bis 20 m/s.

STRUKTUR DER THERMISCHEN AUFWINDE

Die landläufige Vorstellung vom *»Bart«* oder *»Kamin«* gilt – streng genommen – nur für völlig windstilles Wetter. In den untersten Schichten bis etwa 2 km Höhe treffen wir in der Regel mittlere Windgeschwindigkeiten um 10 kt (= ca. 5 m/s) an. Führt man einmal ein Rechenexempel durch, das vorsieht, daß die horizontale Windgeschwindigkeit und auch das meteorologische Steigen (Steigwerte ohne Eigensinken des Flugzeugs) 5 m/s aufweisen, so wird der thermische Aufwindstrom in einem Winkel von 45 Grad zur Horizontalen liegen (s. Abb. 32). Bei starker Strömung liegen diese Aufwindkamine nahezu horizontal, was besonders bei Rückseitenwetterlagen häufiger vorkommt. Man muß also die Aufwinde als mehr oder weniger »schiefe Kamine« ansehen.

Kreist nun ein Segelflugzeug in einem Luftkörper eines Aufwindstroms, so sinkt es – relativ – zum Luftpaket. Dabei durchdriftet das Segelflugzeug den »Thermikbart« von der Luv- zur Leeseite. Der Pilot ist also gezwungen, in gewissen Zeitabständen sein Flugzeug wieder luvseitig zu steuern.

Hat man den Aufwindkern völlig verloren, so wird sich beim Suchen gegen den Wind fast immer Erfolg einstellen. Berücksichtigt man bei diesen Betrachtungen noch stärkeren oder starken Wind, so ergeben sich einige erstaunliche Aspekte: Das vertikale Temperaturprofil gestattet kräftige Aufwinde. Durch die vorhandene Turbulenz kommt es früher und leichter zur Thermikauslösung, doch die Mächtigkeit der Aufwindströme bleibt auf eine flache Schicht begrenzt. Die Aufwind-

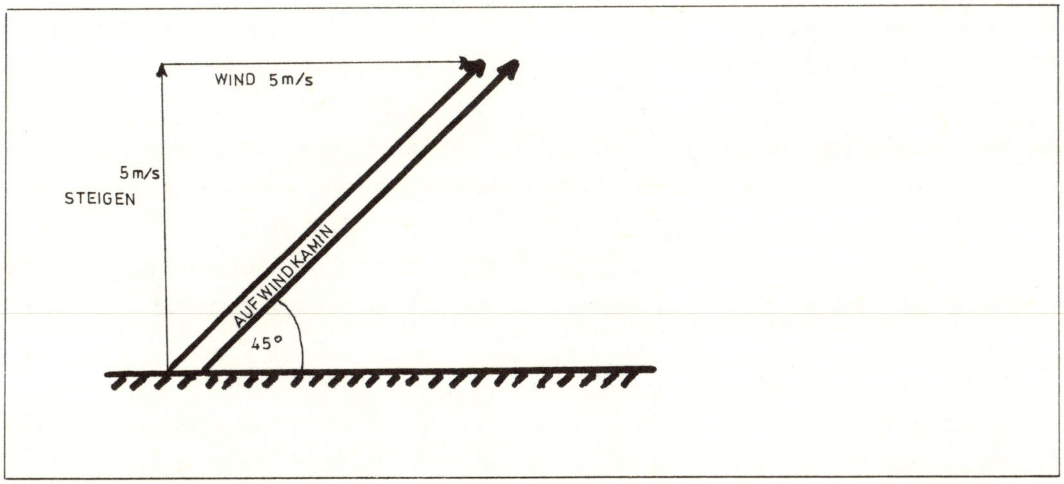

Abb. 32: Bei z. B. 5 m/s Steigen und 5 m/s Horizontalgeschwindigkeit liegt der Aufwindkamin in einem 45-Grad-Winkel. Nur bei völliger Windstille steht er senkrecht.

kerne liegen flach und das darin kreisende Flugzeug durchquert nahezu im 90-Grad-Winkel den Aufwind. Hier muß bei jedem Kreis wieder zur Luvseite windauf verlagert werden.
Ein wesentlicher Unterschied besteht auch darin, ob man den Aufwindschlot mit Gegenwind oder Rückenwind anfliegt. Dieses Problem stellt sich beim Streckenflug, wenn man von Aufwind zu Aufwind gleitet.
Fliegt man mit Unterstützung des Rückenwindes den Aufwind an, so kann man bereits mit dem Kreisen beginnen, ehe man den Kern erreicht hat, da man ja durch das Steiggebiet getrieben wird. Bei Gegenwindanflug zum Aufwind wird der Pilot sicher eine herbe Enttäuschung erleben, wenn er unter der Wolke, also an der »gezeichneten« Stelle, seinen Aufwind sucht.
Bei Gegenwind ist es nötig, bis über den Aufwindkern hinauszufliegen, da man anderenfalls von der Gegenströmung sehr rasch wieder aus dem Aufwindfeld verdrängt wird. Aus diesen erwähnten Tatsachen über schiefe Kamine ergibt sich nun folgende Schlußfolgerung:
Man sucht die Aufwinde überwiegend an der Luvseite der Quellwolke. Liegt die Wolkenbasis tief und der Wind weht kräftig, um so weiter vorne muß man mit der Suche beginnen. Wurde an der guten Seite der Wolke, der Luvseite, die Einmündungsstelle der Aufwindströmung festgestellt, so kann man es als fast sicher annehmen, daß für einen weiteren Flug bei anderen Wolken die Aufwindmündung am gleichen Wolkenort festzustellen sein wird. Eine Ausnahme bilden große Quellwolken, die von mehreren Kaminen »genährt« werden.
Ein weiterer Tip:
Durch Windsprünge kann es vorkommen, daß die Aufwindschlote umknicken; z. B. dann, wenn in den unteren Schichten Ost- und in den höheren Luftschichten Westwinde wehen. Dieses Umknicken der Aufwindschläuche kommt meist vor, wenn zudem die Wolkenuntergrenze verhältnismäßig hoch liegt. Hilfe bietet dann nur die Beobachtung des Bodenwindes und die aufmerksame Verfolgung der Zugrichtung des Wolkenschattens.

DER THERMIKBART (s. Abb. 19)

Wir haben schon festgestellt, daß innerhalb einer Aufwindströmung alles in Bewegung ist. Die wärmsten Teile drängen aufwärts und die durch Vermischung »ermüdeten« Partien weichen seitwärts aus. Der Aufwindstrom hat deshalb einen Kopf, der durch seine harten, ruppigen Stöße auffällt, seinen Kern und seine Randzone, die häufig in starkes Fallen übergeht.
Ein unerfahrener Pilot, der in ein solches »Saufgebiet« gelangt, wird über das große Fallen erschreckt sein, da sich zum meteorologischen Fallen ja noch die Sinkgeschwindigkeit des Flugzeuges addiert.
Die bodennahen Luftschichten nähren den thermischen Aufwind. Dieser vermischt sich an den Randzonen mit der Umgebungsluft (= entrainment). Diese Mischluft ist wärmer als die umgebende Luft und kann somit ebenfalls emporstrudeln. Mit zunehmender Höhe nimmt deshalb auch die gesamte aufsteigende Luftmenge größere Ausmaße an. Die Aufstiegsgeschwindigkeit hängt von der Temperatur des aufsteigenden Luftteilchens und vom herrschenden Temperaturgradienten ab, also von der vertikalen Temperaturverteilung.
Stabile Schichten und somit Inversionen schwächen den Aufwindstrom zumindest ab, bringen ihn aber meist zum Erliegen. Nimmt die Aufwindstärke zu, so verringert sich der Durchmesser des Aufwindkamins (s. auch Abb. 23 a), nimmt sie jedoch ab, so vergrößert sich der Durchmesser (s. Abb. 23 b).
Betrachten wir einmal die Verhältnisse an einer Sperrschicht, so bieten sich drei Möglichkeiten an:

a) Bei besonders kräftig ausgeprägter Sperrschicht (= Inversion) wird der gesamte Aufwindstrom gestoppt.
b) Ist die Inversion nur schwach, verringert sie lediglich die Stärke des Aufwindes. Dies kommt häufig vor!
c) Weist die Sperrschicht mittlere Intensität auf, so werden die meisten Aufwindteile abgebremst. Nur der kräftigste Aufwindteil durchdringt – jedoch geschwächt – die Inversion, bildet sich neu und kann weitersteigen. Die Partien des Aufwindes, deren Steiggeschwindigkeit verbraucht wurden, verbleiben natürlich nicht an ihrem Ort und werden horizontal beiseite geschafft (s. Abb. 33). Ein Aufwindstrom platzt in einer stärkeren Sperrschicht förmlich auseinander und verursacht hierdurch Böigkeit in der geraden Ebene, also horizontale Böigkeit.

Durchstößt der stärkste Aufwind die Inversion mit einer Steiggeschwindigkeit, die kleiner ist als die geringste Sinkgeschwindigkeit des Segelflugzeuges, kann die Sperrschicht nicht durchstiegen werden, auch wenn sich oberhalb der Inversion die schönsten Quellungen ausbilden.

Tritt bereits in der Inversion Wolkenbildung ein, erfolgt trotz der frei werdenden Kondensationswärme keine wesentliche Aufwindvermehrung.

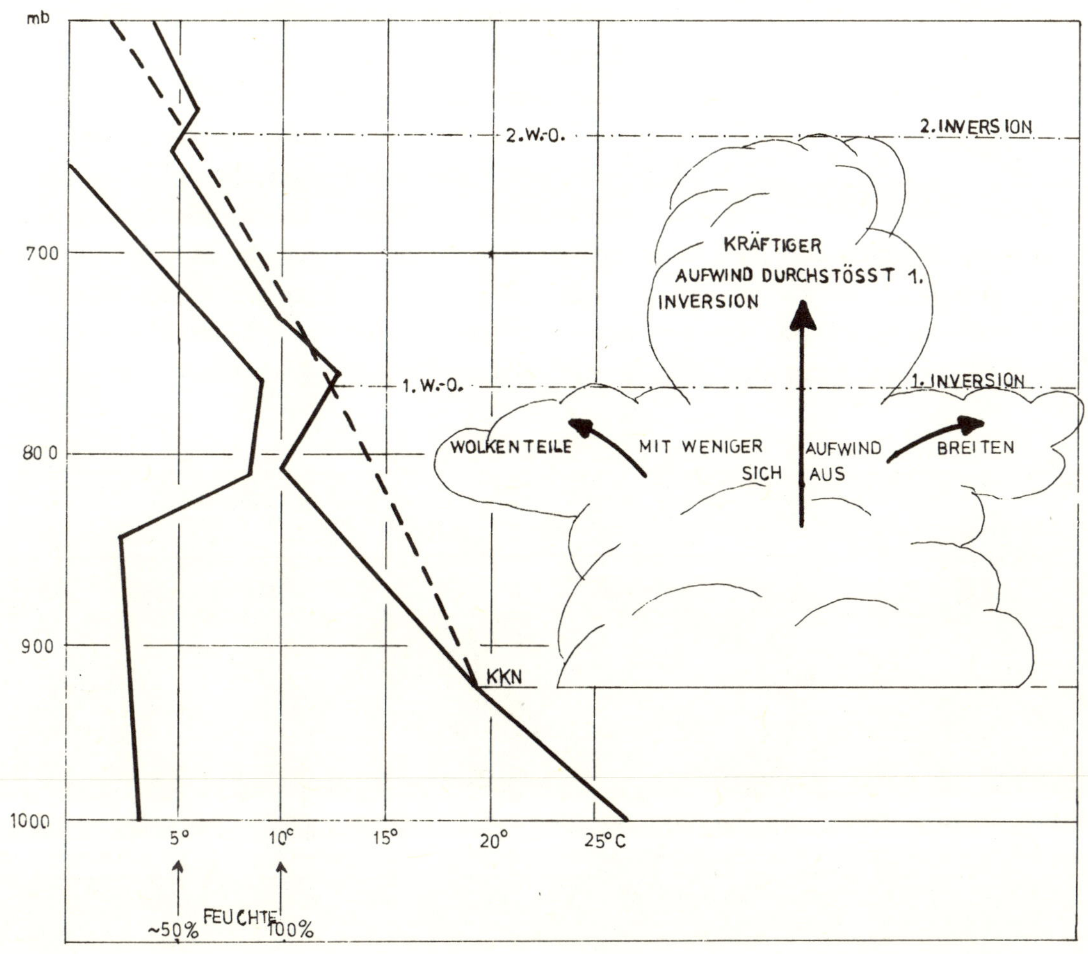

Abb. 33: Nur der kräftigste Aufwindteil durchdringt – jedoch geschwächt – die Inversion, während die verbrauchten Partien horizontal beiseite geschafft werden.

Betrachten wir abschließend einmal einen »mitteleuropäischen Durchschnittsbart« bei stärkster Sonneneinstrahlung:
Ein Gebiet aufsteigender Luft dürfte im Mittel einen Durchmesser von 600 bis 800 m haben. Es gibt auch oft mehrere Stellen, an denen die Luft schneller steigt, besonders bei größeren Quellwolken.
Deshalb darf man sich nicht wundern, wenn ein anderer Segelflieger wenige hundert Meter entfernt kurbelt und mindestens ebenso schnell steigt, obwohl man doch meint, den »Bart« maximal zentriert zu haben.
Die optimale Schräglage für ein Segelflugzeug, um den muß jedesmal der herrschenden Aufwindsituation angepaßt werden.

WOLKENSTRASSEN

Wird eine labile Luftschicht vertikal begrenzt und ist die Windbewegung schwach, so wird diese Luftschicht immer bestrebt sein, geordnete Zellen aufzuweisen. In bestimmten Abständen ruft diese Tatsache aufgereihte Wolkenvielecke in Form von Schönwetterquellwolken hervor.
Der Abstand der einzelnen Zellen ist erfahrungsgemäß etwa das 2,5fache der labilen Schichtdicke.
Beträgt z. B. wie in Abb. 34 die Höhe der labilen Schicht 2 km, so werden Segelflieger nach etwa 5 km Distanz wieder Aufwind vorfinden.
Herrscht jedoch stärkerer Bodenwind vor, so sind über einer ebenen Erdoberfläche parallel zur Windrichtung angeordnete Cumulusstraßen oder -walzen nicht selten, die dann als ausgezeichnete Segelflugstraßen dienen, da der Walzenaufwind von 3 bis 5 m/s unter der Wolke das Flugzeug trägt und der starke Horizontalwind ihm entsprechende Fahrt verleiht. Auch in unseren Breiten können dann Reisegeschwindigkeiten bis etwa 150 km/h erzielt werden.
Neben der Bedingung, daß die labile Schicht in der Höhe markant begrenzt sein muß, damit die guten Aufwinde eine bestimmte Höhe nicht überschreiten können und dadurch gleichzeitig für die Einhaltung des regelmäßigen Abstandes sorgen, ist es jedoch noch erforderlich, daß innerhalb dieser begrenzten Konvektionsschicht die Windstärke ein Maximum aufweisen muß. Anders ausgedrückt: Der Wind muß bis zu einem

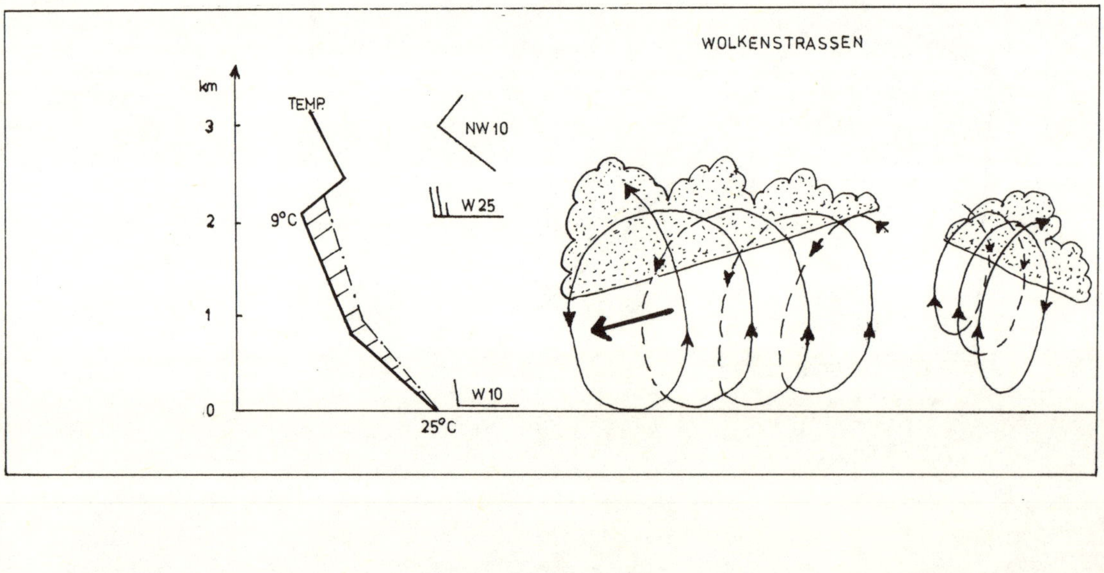

Abb. 34: Wolkenstraßenschema, bei dem die Segelflieger nach etwa 5 km Distanz wieder Aufwind vorfinden, da die Höhe der labilen Schicht etwa 2 km beträgt und der Thermikabstand etwa das Zweieinhalbfache dieser Höhe beträgt (nach Georgii).

bestimmten Niveau zunehmen und dann zur Obergrenze der labilen Schicht wieder an Stärke abnehmen. Die kräftige Sperrschicht ist auch deshalb nötig, damit es nicht zu thermischen Überentwicklungen in Form von Schauern oder Gewittern kommen kann.

WOLKENSCHATTEN

Im Rahmen der thermischen Betrachtungen soll hier auch noch kurz das Problem der thermikhemmenden Wolkenschatten angesprochen werden. Es ist logisch, daß zuviel Quellbewölkung am Himmel dem Segelflug nicht zuträglich ist, da die Einstrahlung vermindert und die Abschirmung wirksam wird (vor allem im bergigen Gelände!).

Als Segelflieger muß man in einem solchen Falle auch wissen, daß bei eventuell vorhandener stärkerer Abdeckung die Aufwindzonen von der »guten Seite der Wolke«, der Luvseite, zur Leeseite wandern und bei stärkerem Bodenwind oft stark wolkenversetzt in einem flachen, nahezu horizontalen Schlauch vorzufinden sind (s. Abb. 35). In diesem Falle sollte im sogenannten unteren Konvektionsraum, etwa 1/4 bis 1/3 der Kondensationshöhe, geflogen werden, um sich den Bodenwindverhältnissen anzupassen.

»INDUSTRIE-BÄRTE«

Eine Besonderheit an thermischen Aufwinden in Industriegebieten ist noch zu vermerken: Die *»Industrie-Bärte«.*

Die Schornsteine und Kamine in stark frequentierten

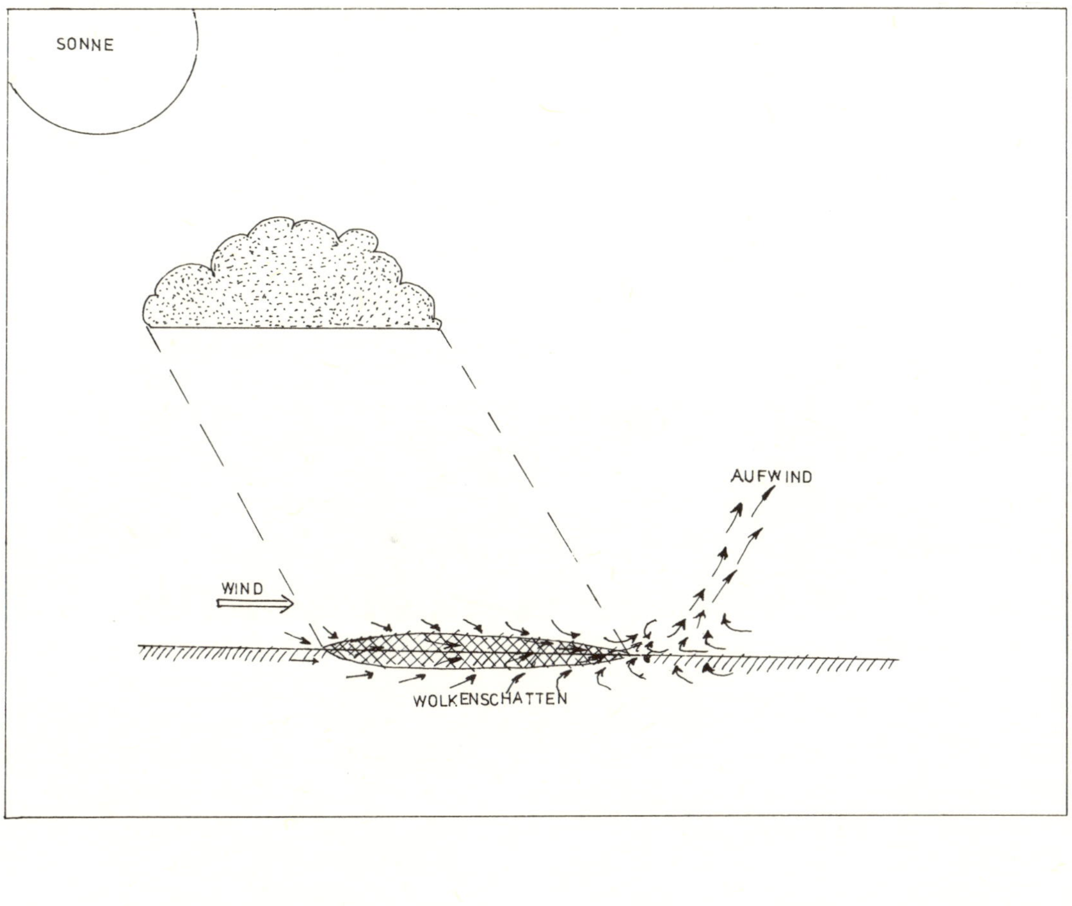

Abb. 35: Durch die Abdeckung und den bodennahen Wind wandert die Zone des Aufwindes von der Luv- zur Leeseite der Wolke.

industrialisierten Gebieten – wie das Ruhrgebiet – rufen durch ihre erheblich warmen Ausstöße denselben Effekt hervor, wie am Boden erhitzte Luft. Diese sogenannten Industrie-Bärte mit nicht unerheblichen Steigwerten machen sich die Segelflieger zwischen Köln und Aachen schon lange zu Nutzen: Es wurden bereits ganze Dreiecke mit Hilfe dieser »Kunst«-Thermikbärte erfolgreich beflogen. Hätte einer dieser Industrie-Bärte Dr. Sigi Baumgartl am 1. Mai 1975 nicht schmählich im Stich gelassen, so wäre sein Vorhaben, ein Zielrückkehrflug von Dinslaken nach Regensburg und wieder zurück zur »Schwarzen Heide«, nach 940 km erfolgreich beendet worden. So aber brachte der erhoffte Schornstein nicht mehr den Aufwind, um die letzten 40 km zu schaffen!

THERMIK-STÄRKEGRADE

Wenn in Segelflugberichten immer von schwacher bis starker Thermik gesprochen wird, so sind das meist subjektive Angaben des einzelnen Fliegers.
Wenn man dazu überginge, die Thermik in Stärkegrade aufgrund der Steigwerte einzuteilen, wie Wallington es vorschlug, so könnten gut vergleichbare Berichte verschiedener Piloten ausgewertet werden.
Schwache Thermik beinhaltet Steigwerte von 1/2 bis 1 m/s, *mäßige Thermik* bringt 1 bis 3 m/s Steigen, und *gute* oder *starke Thermik* ruft Aufwinde von mehr als 3 m/s hervor.

IV. WIND

WINDENTSTEHUNG

Die ungleiche Temperaturverteilung auf unserer Erde – bewirkt durch starke Erwärmung am Äquator und geringe in den Polgegenden, zudem unterschiedliche Land- und Wasserverteilung – führt zu Luftdruckgefällen, die alle Bewegungen der Luft an der Erdoberfläche bewirken. Diese Bewegungen, die Winde, nehmen nun ihrerseits Einfluß auf die Temperaturverteilung, da sie als Transportträger von Wärme, Kälte und Wolkenschichten auftreten.

Diese ganzen Bewegungen werden von der rotierenden Erde »gefördert«, die Atmosphäre steuert durch Verdunstung und Kondensation ihren Teil dazu bei.

Was ist nun Wind?

Wind bedeutet bewegte Luft. Durch Druckgefälle (= Unterschied des Luftdruckes auf einer bestimmten Strecke) wird diese Bewegung hervorgerufen; deshalb, weil ein Luftteilchen vom hohen Druck bestrebt sein wird – ähnlich wie ein Skiläufer zu Tal – zum tieferen Druck zu gelangen. Die Kraft, die auf das bewegte Luftteilchen einwirkt, heißt *Druckgradientkraft.*

Mathematisch läßt sich formelmäßig leicht erklären, daß die Kraft und mit ihr die Geschwindigkeit des Teilchens umso größer, je stärker die Druckgradientkraft ist. Das heißt: Je enger hoher und tiefer Luftdruck aneinandergrenzen!

In den Wetterkarten sieht man in einem solchen Falle, daß die Linien gleichen Luftdruckes (= *Isobaren)* eng beisammenliegen. Nun wird ein Luftteilchen, das vom hohen zum tiefen Druck »abfährt«, nicht genau dem Druckgefälle folgen, sondern sein Weg wird mehr und mehr nach rechts (auf der Nordhalbkugel!) abgelenkt, bis es schließlich nicht mehr senkrecht zu den Isobaren verläuft, sondern parallel zu diesen. Dieses Umlenken bewirkt eine andere Kraft, die jeweils senkrecht zur Bewegungsrichtung des Luftteilchens wirkt und als Folge der rotierenden Erde auftritt. Diese ablenkende Kraft der Erdrotation wird »Coriolis«-Kraft genannt.

Blickt man in Richtung der Strömung, so ist sie auf der Nordhalbkugel nach rechts, auf der Südhälfte unseres Planeten nach links gerichtet. Ihr Betrag hängt von der Winkelgeschwindigkeit der Erdrotation, von der Windgeschwindigkeit (= Geschwindigkeit des bewegten Luftteilchens) und von der geographischen Breite ab. Da sich unser Luftquantum nun unter dem Einfluß der Corioliskraft *parallel* zu den Isobaren bewegt, so halten sich Druckgradientkraft und die ablenkende Kraft der Erdrotation wieder das Gleichgewicht. Unser Teilchen bewegt sich dabei mit gleichbleibender Geschwindigkeit. Es wird nun als *geostrophischer* Wind bezeichnet.

Bei *gekrümmten* Isobaren macht sich noch eine Kraft, die nach außen wirkende *Zentrifugalkraft,* bemerkbar. Die Zentrifugalkraft ist im Tief der Gradientkraft entgegen-, im Hoch ihr gleichgerichtet (s. Abb. 36).

Bei gleichem Isobarenabstand würde sich im Tief eine geringere und im Hoch eine größere Windstärke ergeben. Daß dem nicht so ist, liegt daran, daß der Druckgradient im Hoch wesentlich kleiner, oder anders ausgedrückt: der Abstand der Isobaren wesentlich größer als im Tief ist.

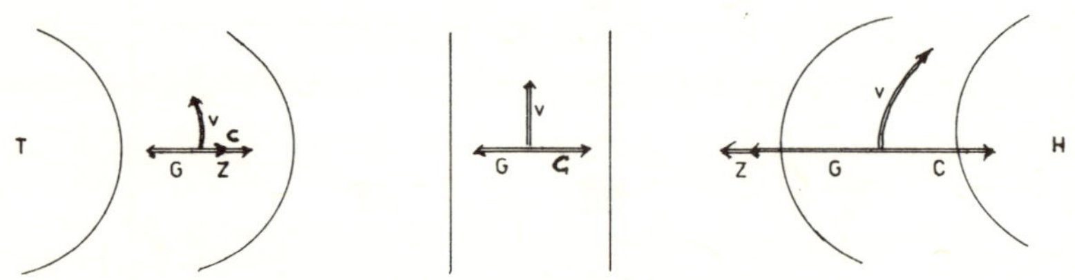

Abb. 36: Auf der Nordhalbkugel ist die Zentrifugalkraft im Tief der Gradientkraft entgegen-, im Hoch ihr gleichgerichtet, während die Corioliskraft (= ablenkende Kraft der Erdrotation) in unseren Breiten senkrecht zur Geschwindigkeit steht, also eine Rechtsablenkung bewirkt.

Diese Windbewegung bei gekrümmtem Isobarenverlauf wird nun nicht mehr als geostrophisch, sondern als *Gradientwind* bezeichnet. Es genügt jedoch bereits ein Blick auf eine Bodenwetterkarte, um festzustellen, daß die Winde keineswegs immer und überall parallel zu den Isobaren wehen. Vielmehr kann man – besonders über Land – häufig ein Eindrehen des Windes in Richtung des tiefen Druckes beobachten.

Daran ist die *Reibung* schuld, die die strömende Luft an der mehr oder weniger stark zerklüfteten Erdoberfläche erfährt. Diese Reibungskraft zwingt nicht nur das bewegte Luftteilchen, also den Wind, zum Einströmen ins Tief, sondern es wirkt der Windgeschwindigkeit noch entgegen und schwächt somit die Kraft des Windes ab. Die Ablenkung, demnach der Winkel zwischen Isobare und der wirklichen Strömungsrichtung, richtet sich nach dem Rauhigkeitsgrad der Unterlage.

Über Land kann dieser Winkel bis zu 45 Grad betragen, während er über See infolge der relativ geringen Reibung bis etwa 10 Grad reicht.

Da sich die Luftteilchen wirklich sehr selten in parallelen und horizontalen Bahnen bewegen, wird die Strömung meist verwirbelt, demnach turbulent sein.

Im Rahmen der *dynamischen Konvektion* wurde bereits das Problem dieser Turbulenz behandelt, so daß auf die entsprechenden Abschnitte in Kapitel III verwiesen wird.

STRÖMUNG IM HOCH UND TIEF

Durch die eingangs erläuterten Begriffe der Druckgradient- und Corioliskraft sind die Strömungsrichtungen ohne Berücksichtigung der Reibung bereits gegeben:

Tief:

In der Ausgangslage (s. Abb. 37 a) strömen Luftteilchen vom höheren zum tiefen Druck T.

Durch die Wirkung der Corioliskraft werden sie (in unseren Breiten) nach rechts abgelenkt und bewirken auf der Nordhalbkugel eine Strömung entgegengesetzt dem Uhrzeiger: Zyklonaler Drehsinn (s. Abb. 37 b). Berücksichtigt man noch die Reibung, so sieht das Strömungsbild bei tiefem Druck so aus, wie es Abb. 37 c zeigt. Es erfolgt also ein Einströmen zum tiefen Druck hin.

Hoch:

Entgegengesetzt läuft auf der Nordhalbkugel die Strömung im Hoch. In der Ausgangslage (s. Abb. 38 a) strömt die Luft wieder vom hohen zum tiefen Druck. Wiederum bewirkt die ablenkende Kraft der Erdrotation in unseren Breiten eine Rechtsablenkung, die eine Strömungsanordnung im Uhrzeigersinn zur Folge hat (s. Abb. 38 b).

Die Reibungskraft bewirkt auch hier ein Auslenken zum tiefen Druck hin, so daß sich letztlich folgendes

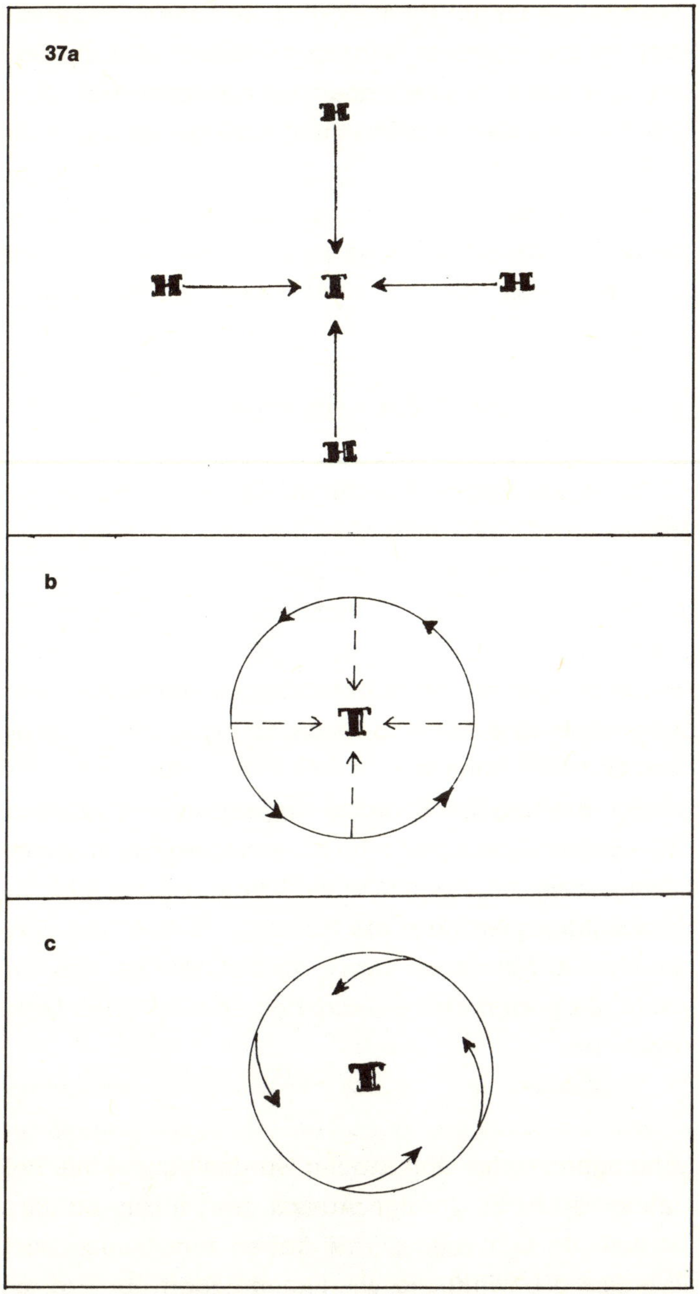

Abb. 37a bis c: Strömung im Tief:
In der Ausgangslage strömen Luftteilchen vom hohen zum tiefen Druck »T« **(37a).** Durch die rechtsablenkende Kraft der Erdrotation bewirken sie – auf der Nordhalbkugel – eine Strömung entgegen dem Uhrzeiger **(37b).** Durch die Reibung erfolgt noch ein Einströmen zum tiefen Druck hin **(37c).**

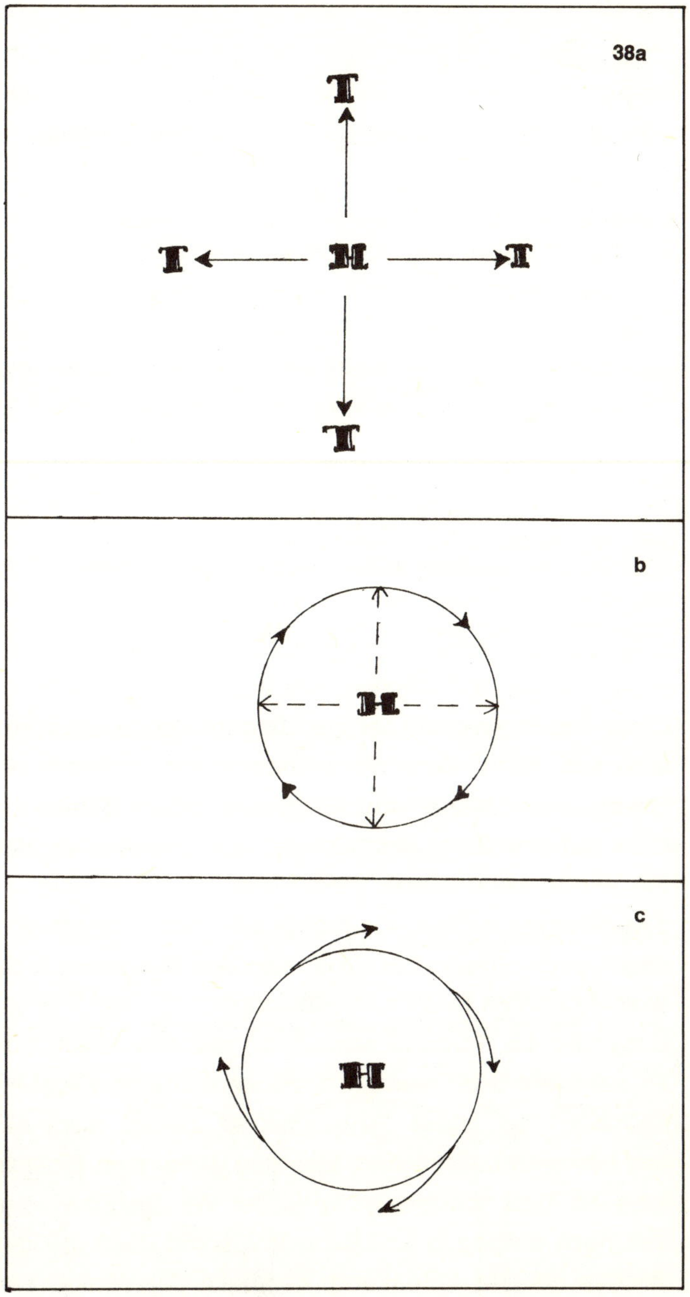

Abb. 38a bis c: Strömung im Hoch:
In der Anfangsphase strömt Luft vom hohen zum tiefen Druck **(38a).** Wieder bewirkt die ablenkende Kraft der Erdrotation eine Rechtsablenkung, die auf der Nordhalbkugel eine Strömung im Uhrzeigersinn zur Folge hat **(38b).** Die Reibung lenkt die Strömung wieder mehr zum tieferen Druck hin **(38c).**

Bild (Abb. 38 c) darstellt: *Antizyklonaler Drehsinn* mit Ausströmen am Boden. Aus den nunmehr bekannten Tatsachen läßt sich für die Luftbewegung auf der Nordhalbkugel sagen, daß der Wind ein Hoch im Uhrzeigersinn umkreist, am Boden aus dem Hoch herausweht, während das Tief entgegengesetzt dem Uhrzeigersinn umströmt wird und der Wind am Boden ins Tief weht.

Das sogenannte *»Barische Windgesetz«* hilft hier als kleine Gedankenstütze: »Steht man auf der Nordhalbkugel mit dem Rücken zum Wind, dann liegt links vorne der tiefe und rechts hinten der hohe Druck«.

VERTIKALBEWEGUNGEN IM HOCH UND TIEF

Durch das Einfließen der Luftteilchen im Tief entsteht in Bodennähe ein Massenüberangebot, das vertikal ausweicht. Es herrscht im Tief also aufsteigende Luftbewegung, somit Abkühlung, Kondensation, Wolkenbildung und evtl. Niederschlag, also relativ Schlechtwetter, was unseren landläufigen Meinungen über ein Tief nahezu vollkommen entspricht.

Abb. 39: Vertikalbewegung im Tief und Hoch:
Beim Tief erfolgt bodennahes Einströmen **(s. Abb. 37c)** und Ausfließen in der Höhe, während sich beim Hoch in der Höhe Einströmen und in Bodennähe Auseinanderströmen abspielt.

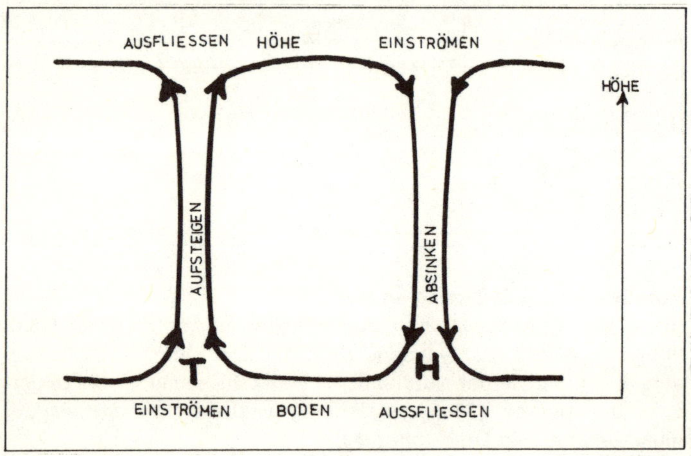

Da andererseits im Hoch eine absteigende Luftbewegung festzustellen ist, wird durch Zufluß dieser Massen zum Hoch dieses Manko ausgeglichen. Es stellt sich also folgendes Zirkulationsschema dar, wie es Abb. 39 veranschaulicht.

Durch die absteigende Luft im Hoch wird Erwärmung, somit Wolkenauflösung und Sonnenschein bewirkt, das typische Wetter, das man normalerweise vom Hochdruckgebiet erwartet.

WINDÄNDERUNG MIT DER HÖHE UND TAGESGANG DES WINDES

Im Kapitel Wind wollen wir noch die Änderung des Windes mit der Höhe und seinen Tagesgang betrachten. Die Reibungskraft ist unmittelbar am Boden natürlich am größten. Die Wirkung dieser Reibung nimmt demnach mit der Höhe ab. In der Praxis stellt man die Obergrenze dieser Bodenreibungsschicht – je nach Untergrund – bei 1000 bis 1500 m Höhe fest. Darüber bewegt sich ein Luftteilchen wieder geostrophisch, d. h. praktisch reibungsfrei.

Wie stark der Wind nun vom Boden bis zu 1500 m Höhe weht, hängt auch vom Grad der Stabilität der Luftschicht ab.

Im Zusammenhang mit der dynamischen Konvektion wurde bereits angeführt, daß bei labiler Schichtung die Luftquanten höher verschoben werden können als bei stabiler Schichtung, folglich auch die Durchmischung, die sich dem anpaßt. Durch diesen Impulsaustausch wird sich die Windgeschwindigkeit ändern. Betrachtet man den Tagesgang, so leuchtet dies am besten ein.

Wenn nachts und früh eine Bodeninversion vorhanden ist, also stabile Schichtung vorherrscht, wird nahezu Windstille festzustellen sein. In der Höhe trifft man jedoch stärkere Windwerte an.

Schreitet am Vormittag bei Einstrahlung die Erwärmung so weit fort, daß sich zwischen der Schicht höherer Windwerte und den bodennahen Schichten ein adiabatischer Temperaturgradient einstellt, so setzt die Turbulenz ein und die Folge ist eine Windauffrischung am Boden. Da die höheren Schichten ihren größeren Impuls an die bodennahen Lagen und diese ihren kleineren vertikal abgeben, so hat das zur Folge, daß der Wind in den höheren Schichten an Stärke verliert.

Durch die abendliche Abkühlung und somit Stabilisierung vollzieht sich dieser Vorgang genau umgekehrt: Die Windgeschwindigkeit in der Höhe nimmt wieder zu und am Boden schläft der Winde nahezu ein.

Der Einfluß der Reibung nimmt mit der Höhe in den ersten 500 m schneller, dann langsamer ab, bis er im Mittel bei 1500 m gänzlich verschwindet. An dieser Obergrenze der Grundschicht werden in einer einheitlichen Luftmasse die Wolken bereits mit dem Wind isobarenparallel ziehen, so daß sie für einen mit dem Wind blickenden Beobachter am Boden von links hinten kommen und nach rechts vorne ziehen, einen Winkel von etwa 30 Grad mit der Blickrichtung bildend.

Die Richtung des Windes dreht also mit der Höhe nach rechts (bis etwa 500 m um 15 Grad, bis ca. 1500 m um 30 Grad), wobei gleichzeitig die Geschwindigkeit zunimmt (bis 500 m um das Doppelte, bis 1500 m um das Dreifache).

Abb. 40 verdeutlicht die Windänderung mit der Höhe, wenn der Bodenwind als Westwind mit 10 Knoten (= kt) Geschwindigkeit weht.

LOKALE WINDE

Die Menschen der Vergangenheit waren mit dem Wettergeschehen wesentlich enger verbunden als wir Menschen der Neuzeit. So beobachteten schon die alten Griechen den Wetterablauf und es entging ihnen nicht, daß tagsüber bei Sonneneinstrahlung in bergigem Gelände der Wind bergauf- bzw. talaufwärts wehte. Sie nannten diese Luftbewegung *anabatisch* (= aufsteigend). Abends und nachts, wenn die entsprechenden Winde dann talabwärts oder von den Bergen herab strömten, sprachen sie von *katabatischen* (= absteigenden) Winden. Diese Bezeichnungen sind für diese Windsysteme noch heute gültig. Der Berg- und Talwind zeigt es sehr deutlich.

BERG- UND TALWIND

Nicht immer ist ein Wind, der vom Berg »herabstürzt« ein Föhn. Wer öfter im Gebirge seinen Urlaub verbracht hat, der wird festgestellt haben, daß es in den Gebirgstälern keine abendlichen Gartenfeste gibt, die etwa zum Maibier einladen. Wenn man hier abends im Freien sitzt, so verspürt man bei einem Frösteln in der Rückengegend eher Appetit auf Glühwein, denn Kälte dringt durch die Nacht: *der Bergwind.*

Im Tal haben die Schatten früher eingesetzt als in der Höhe, wo die letzten Sonnenstrahlen die Bergspitzen

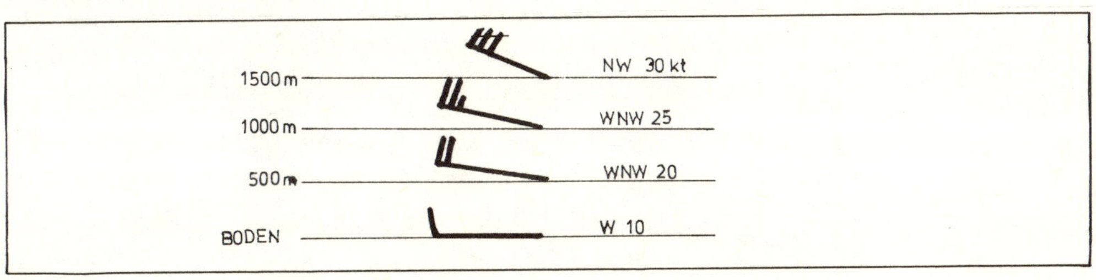

Abb. 40:
Windänderung mit der Höhe:
Es erfolgt mit zunehmender Höhe ein Rechtsdrehen des Windes mit gleichzeitiger Stärkezunahme, da die Reibungskraft ja mit der Höhe nachläßt.

in ihr Licht tauchen. Die Luft in den Tälern kühlt sich ab; sie wird dichter, somit schwerer und sackt zusammen und fließt als flacher »Kaltluftbrei« in die Ebenen. Es entsteht talabwärts ein Zugwind. Dieser leert die in schattigen Mulden angestauten »Kaltluftseen«, holt also von oben Luft hinter sich her: Gletscherluft, Eis- und Schneeluft, Gipfelkühle!

Und dieser kühle Wind bewirkt, daß man im Tal eher an Grog als an Maibowle im Freien denkt. (S. Abb. 41a). Gleichzeitig entsteht so eine Bodeninversion, da die talnahen Gebiete bodennah kälter sind als höhergelegene Stellen.

Tagsüber weht der *Talwind* (s. Abb. 41 b).

Die Sonne hat die Ost- und Südosthänge der Berge stark angeheizt, wesentlich stärker als die Talsohle. Verständlich, da sie die Felsen und Matten nahezu senkrecht mit ihren Strahlen trifft. Deshalb wird die an den Hängen liegende Luft mächtig erhitzt, steigt empor und saugt *frische* Luft aus der Ebene nach. Es entsteht ein Luftsog, der talaufwärts gerichtet ist, solange die Sonne die Berghänge – zuletzt die Westhänge – bescheint. Dieser emporschießende Luftstrom wird tagsüber immer kräftiger und reißt die auf den Felshängen lagernde Luft mit sich hinauf. Durch adiabatische Abkühlung können nun bereits Quellwolken entstehen, wenn die Luftkörper bis zum (Hebungs-) Kondensationsniveau gehoben werden.

Die talaufwärtsgerichtete Strömung kann bis zu 25 Knoten erreichen, die abwärts fließenden Massen meist nur 15 Knoten. Betrachtet man nun einmal die den Segelflieger interessierende Möglichkeit der Bergthermik in Verbindung mit diesen Tal- und Bergwinden, so trifft man folgende Feststellungen: Bereits in den frühen Morgenstunden kann man an den oberen Hangflächen – die ja über der sich noch im Tal befindlichen Bodeninversion liegen – Aufwinde aus dem sogenannten »Oberen Konvektionsraum« vorfinden. An diesen Ost- bis Südosthängen bildet sich (oft schon zwischen 08 und 09 Uhr) Steigen aus, das jedoch noch nicht durch Cumulusbildung markiert ist. Die ersten kurzlebigen und intermittierenden Wolkenschleier, die dann Orientierungspunkte bilden, treten meist knapp eine Stunde später auf, ehe die Quellwolkenbildung gegen 10 Uhr auch den Talraum mit erfaßt und die Bodeninversion beseitigt, wobei jedoch in Talmitte Absinken wahrzunehmen ist, welches vom absteigenden Ast des Konvektionsrades herrührt (s. Abb. 24 a).

Betrachtet man abends die katabatischen Winde eines Tales, die von beiden Hangseiten zur Talsohle strömen, so ergibt sich für einen Segelflieger die Möglich-

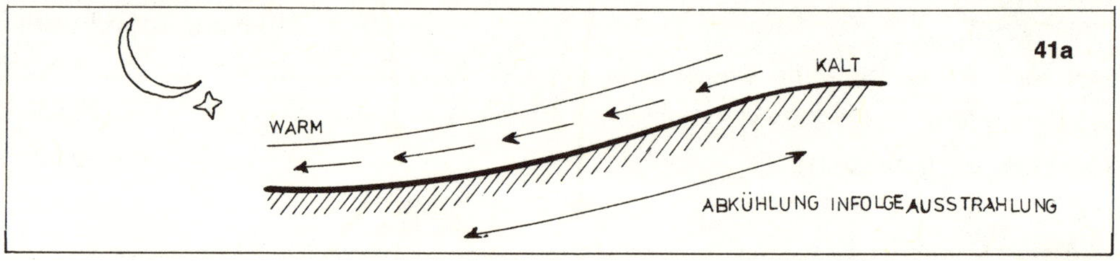

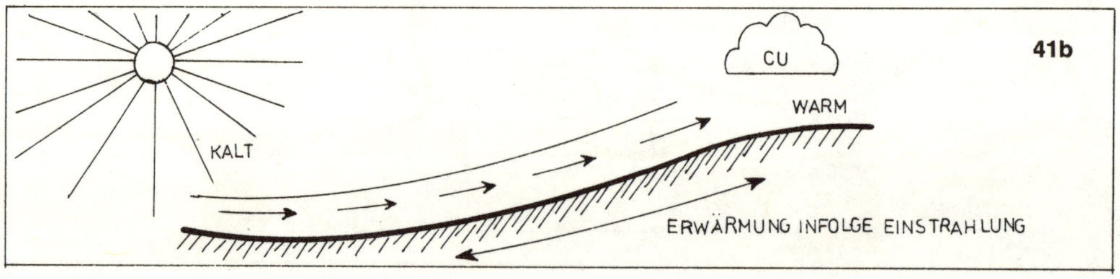

Abb. 41a und b:
Berg- und Talwind:
Abends fließt ein Luftstrom vom Berg zum Tal und bringt Gipfelkühle mit herunter, wobei u.U. bis zu 15 Knoten Wind gemessen werden kann **(41a).**
Tagsüber fließt die erwärmte Talluft bergwärts und kann bis zu 25 Knoten Windgeschwindigkeit erreichen **(41b).**

keit, über Talmitte diese konvergente, dynamische Aufwindströmung auszufliegen, wie es ja Abb. 24b als klassisches Beispiel der Abendthermik veranschaulicht. Die eigentlichen Berg- und Talwinde sind also Strömungen, die den ganzen Talquerschnitt erfüllen, also auch bis zu den Pässen der umgebenden Berge reichen.

Hangwinde sind Winde, die tagsüber am erwärmten Hang in dünner Schicht aufwärts strömen und nachts am abgekühlten Hang heruntersinken.

Sie sind den eigentlichen Berg- und Talwinden beigeordnet, können jedoch nur entstehen, wenn allgemeine Windverhältnisse sie nicht überlagern, d. h. also praktisch nur bei störungsfreiem Wetter. Somit entstehen Berg- und Talwinde aus der Addition der Hangwinde, die dem eigentlichen Windstrom beigeordnet sind.

LAND- UND SEEWIND

Im Küsten- und Inselbereich entwickelt sich an Strahlungstagen im Tagesverlauf ein »Pendelverkehr« der Luftbewegung. Tagsüber scheint die Sonne auf Meer und Land. Das Meer nun erwärmt sich viel langsamer als das Landgebiet. Ein großer Teil der Sonnenstrahlen wird von der Meeresoberfläche reflektiert. Nimmt man noch die Durchmischung der obersten und der tiefen Wasserschichten durch den Wellengang und die Tatsache, daß die Verdunstung dem Wasser ebenfalls noch Wärme entzieht, so ist es verständlich, daß es über See kälter ist als über Land. Das Festland jedoch erwärmt sich unter der Sonnenstrahlung stark. Freigiebig schenkt es diese Sonnengabe an seine nächste Umgebung, die Luft über sich. Diese erhitzt sich, steigt auf, 600 bis 700 m hoch, und strömt dem Meer zu.

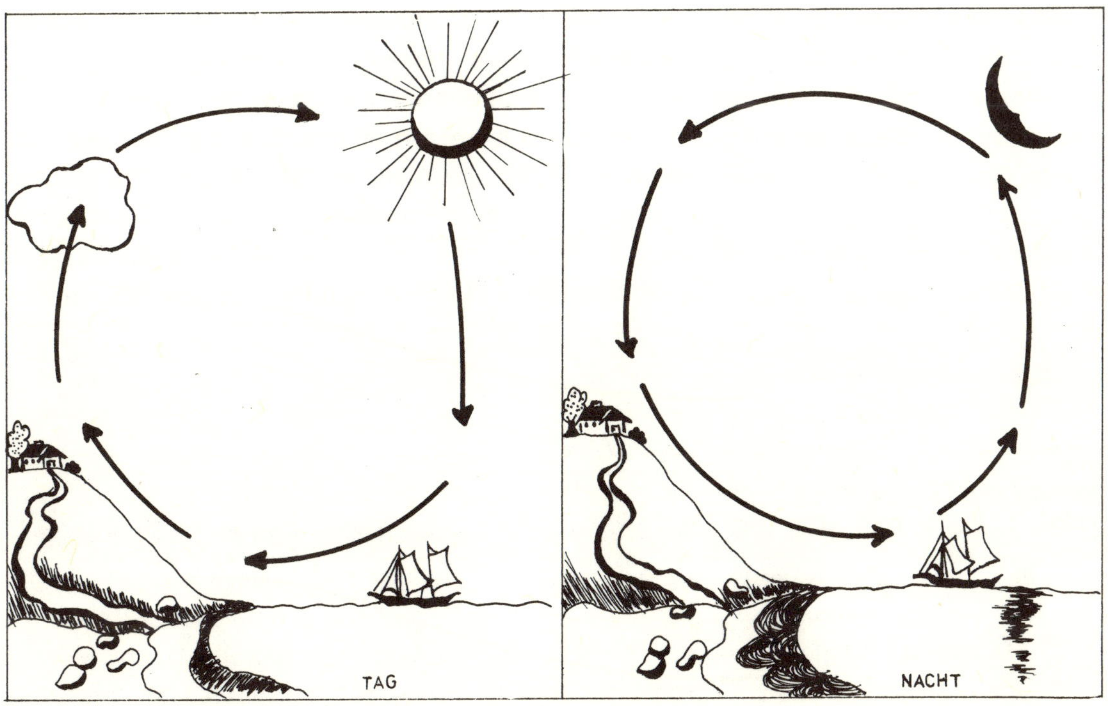

Abb. 42a und b: Land- und Seewind: Tagsüber steigt die erwärmte Landluft auf, kühlt sich über dem Meer ab und sinkt nieder, so daß vom Meer zur Küste eine kühle Brise weht **(42a).** links
Nachts steigt die von der »wärme-haushalterischen« See erwärmte Meeresluft auf und fließt abgekühlt höhenwärts zur Küste. Die absinkende Strömung schließt den Zirkulationskreis, wenn somit kühlere Luft vom Land zum Meer strömt **(42b).** rechts

Durch den vertikalen Massenabfluß entsteht am Boden ein Tief, das aufgefüllt werden will. Schon weht vom Meer in den unteren Schichten eine kühle Brise heran, dieses Manko auszugleichen: *Der Seewind* (s. Abb. 42 a).

Es entsteht eine Luftzirkulation, die in der Höhe zum Meer gerichtet ist, jedoch in Bodennähe landeinwärts weht, meist nur wenige Kilometer weit. Doch immerhin beträgt diese Windgeschwindigkeit oft bis zu 15 Knoten (1 Knoten entspricht einer Seemeile pro Stunde!).

Abb. 42 b zeigt die Umkehrung dieser Erscheinung, *den Landwind*. Nachts hat die wärmehaushalterische See, die tagsüber gierig die Sonnenwärme speicherte, einen Wärmeüberschuß gegenüber dem Land zu verzeichnen, welches ja bereits das »Geschenk« der Sonne an die Luft »verschwendet« hat. Über dem Meer steigt nun die wärmere Luft aufwärts und holt sich in den unteren Schichten Nachschub vom Festland: Der Landwind weht! Dieser ist jedoch wesentlich schwächer als sein Vorgänger in der entgegengesetzten Richtung.

DER MALOJAWIND

Normalerweise entsteht dieser Wind nur, wenn relativ schwache Höhenwindverhältnisse herrschen. Bei diesem Wind handelt es sich um eine reine Ausgleichsströmung zwischen dem Engadin und der Po-Ebene oder dem Bergell, also um einen tagesperiodischen Wind. Wird das Engadin stark erwärmt, so ist in diesem Alpental ab spätvormittags die Temperatur höher als die Temperatur in vergleichbarer Höhe über der Poebene oder dem Bergell. Folglich muß man sich das Engadin quasi als Hitzetief vorstellen, das »luftmäßig« aufgefüllt werden muß. Der Malojawind beginnt zu wehen zwischen 10 und 11 Uhr und schläft etwa 2 Stunden nach Einbruch der Dunkelheit wieder ein. Seine vertikale Mächtigkeit oberhalb der Talsohle beträgt nur etwa 750 Meter. Oft markiert eine gut sichtbare Dunstschicht die Obergrenze dieser Malojaströmung. Oberhalb dieser Schicht läßt die Windgeschwindigkeit markant nach. Da es sich um eine Grenzschicht handelt, ergeben sich wegen der Geschwindigkeitsunterschiede (= Geschwindigkeitsscherung) hier Turbulenzen, auf die jeder Segelflieger achten sollte. Orographische Einflüsse können noch verstärkend wirken und innerhalb der Bodenreibungsschicht bremst die Reibung die Windstärke kräftig ab. Deshalb ist die Verteilung der Windgeschwindigkeit innerhalb dieser ca. 800 m (2500 Fuß) dicken Luftschicht gekennzeichnet durch Turbulenz (Böigkeit), die rasche Höhen- und Lageänderungen des Segelflugzeugs hervorrufen kann.

Der Malojawind weht talaufwärts vom Maloja nach St. Moritz und durch das Engadin bis nach Skanfs.

Über dem Bergell lagert (wie o. a.) kältere Luft als über dem höher gelegenen Oberengadin. Der Maloja-Paß trennt die zwei verschieden temperierten Luftmassen, die nach Ausgleich suchen. In der »dünneren« Luft des Engadin ist noch Platz und dahin fließt die Luft aus dem Bergell. Es entsteht ein talaufwärts wehender Windzug und der hebt den echten Talwind, im Engadin *»Brüscha«* genannt, einfach auf. Die kalte Maloja-Zunge schiebt sich unter die wärmere »Brüscha« und hebt diese vom Boden ab, so wie man einem Schläfer die wärmende Decke entzieht.

DIE BORA

Die Bora ist ein föhn-ähnlicher Fallwind an der dalmatinischen Küste. In diesem Fall stößt polare Kaltluft aus Sibirien über Rußland, Ungarn und den Balkan vor, überwindet das Karstgebirge und stürzt mit stürmischer Heftigkeit zur warmen Adriaküste hinunter. Die

Warmluft über der Adria mit ihrer Saugkraft beschleunigt noch den Sturz und die dabei angerichteten Schäden z. B. in Triest sind beträchtlich, da die Bora oft 200 km/h erreicht. Wenn die Bora bis auf die Adria hinauswirbelt und ihre Böen noch die Kämme der Wellen zu Wasserstaubwolken zerstäuben, so heißt diese Erscheinung *»Fumarea«.*

DER MISTRAL

Der Mistral in der Provence, dem Rhonetal und an der französischen Mittelmeerküste, entsteht, wenn von den Azoren ein kräftiges Hoch bis weit nach Frankreich hineinreicht und im Löwengolf (= nordöstlicher Teil des Mittelmeeres) ein Tiefdruckgebiet liegt. Dann fließen die Luftmassen zwischen den Cevennen und Westalpen südwärts ab. Wenn dann noch von Norden her Kaltluft über Frankreich nach Süden stößt, dann erreicht der Mistral Sturm- oder Orkanstärke und peitscht die Wogen des Mittelmeeres.
Übrigens: Perpignan in Südfrankreich hat an 300 Tagen im Jahr Nordwestwind!
Auf den Mistral warten dann in Fayence oder in St. Auban sur Durance die französischen Segelflieger (und nicht nur diese!), um ihre Leewellen auszukosten, die es immerhin bereits ermöglicht haben, daß ein französischer Oberstleutnant mit Hilfe dieser Wellen von dem Wellengebiet der Durance über Fayence nach Korsika fliegen konnte, da er über dem Mittelmeer, über das er durch Radar geführt wurde, noch zwei Resonanzwellen erflog. Seine Höhe über Korsika hätte sogar noch einen Weiterflug auf italienisches Gebiet zugelassen!

DIE BISE

Bise heißt in der Nordwestschweiz ein Nord- bis Nordostwind, der kühle und trockene Luftmassen meist mehrere Tage lang in Bewegung setzt. Sind dabei noch Wolken vorhanden, so spricht man von der *bise noire,* bei wolkenlosem Wetter von der *bise blanche.*
Besonders häufig tritt die Bise im Frühjahr (Januar bis April) auf. Der erste Bisentag in der Schweiz entspricht meist dem zweiten Tag einer Nordostströmung (Nordostlage!) in Deutschland. Durch Düseneffekt zwischen Schweizer Jura und dem Alpenmassiv (also im sogenannten Schweizer Mittelland) erreicht die Windgeschwindigkeit oft 35 bis 45 Knoten. Böen bis zu 60 Knoten sind dann auch in Genf keine Seltenheit!
Dr. Nietlispach hat als einer der ersten die Bisenlage ausgekostet und flog unter Hilfe dieser Nordostströmung von Biel nach Genf und von dort aus die »französische Wellenstrecke« (über das Tal der Isère und den Mont Ventoux bei Nordströmung) weiter bis Beziers am Mittelmeer, wobei er einen Wellenstreckenflug anwandte, der Hang- und Thermikaufwind — sogar im Juli — kombinierte. Der Freiburger Peter unternahm ebenfalls ähnliche Flüge auf der Nietlispach-Strecke mit vollem Erfolg.

DER FÖHN

Auch der Föhn gilt als lokaler Wind. Als Föhn wird ein warmer Wind bezeichnet, der trockener ist als in seiner Ausgangslage und wesentlich höhere Temperaturwerte aufweist als in seinem Ursprungsgebiet.
In Europa tritt er u. a. häufig auf der Nord- und Südseite der Alpen auf.
Als Südwind an der Nordseite der Alpen wird er als *Südföhn* bezeichnet, als *Nordföhn* an der Alpensüdseite, wo er als Nordwind auftritt.
Der Name Föhn kommt höchstwahrscheinlich aus dem Rhätoromanischen, weil dort das Wort »favonius« für diesen warmen Wind gebraucht wird.
Lange hielt man den Föhn für einen »Gifthauch«. Wahr-

scheinlich sind wirklich viele Menschen »vergiftet« worden, schwer erkrankt oder gestorben. Heute wissen wir auch, weshalb man in der Vergangenheit vom Gifthauch sprach:

Damals hatte man in den Häusern und Hütten der Bergbauern fast durchwegs offene Herde und Kamine. Stürzte der Föhn die Täler hinab, so drückte er den Rauch in die Stuben zurück, den Rauch und die Verbrennungsgase.

Die Diagnose eines heutigen Arztes hätte damals auf »Kohlenmonoxydvergiftung« gelautet.

Kein Wunder also, daß auch heute noch der Garant für guten Zug an Öfen und Herden, der Schornsteinfeger, als Glücksbringer angesehen wird.

Wie entsteht nun der Föhn?

Ich erinnere mich noch an die Schilderung unseres Lehrers in der Volksschule, der in etwa den Vorgang so darstellte:

»Da wandert ein Tief, ein Gebiet niederen Luftdrucks, nach Mitteleuropa. Dieses Loch im »Ozean Luft« möchte sich natürlich auffüllen. Es saugt also aus seiner Umgebung die Luft heran, und von allen Seiten strömt sie herbei, diese Lücke zu schließen. Ist dieses Tief stark genug, dann greift sein Sog über die Alpen hinweg nach Süden und holt sich aus Oberitalien die ersehnten Luftmassen heran. Diese feucht-warme subtropische Luft, die aus Nordafrika oder dem Mittelmeer stammt, muß nun Tausende von Metern hochklettern, um den Alpenriegel zu überwinden. Sie kühlt sich bei diesem Aufstieg ab und zwar als Wolkenluft um etwa 6 Grad pro 1000 m. Kalte Luft vermag jedoch weniger Feuchtigkeit aufzunehmen oder bei sich zu behalten als warme; mit der entfliehenden Wärme wird sie regelrecht »wasserschwer«: in vielen Tröpfchen kondensiert der Wasserdampf und bildet schwere Wolken, die sich am Südhang der Alpen stauen. Dort beginnt es zu regnen, zu gießen, aus den Wolken zu strömen. Die vom Wasser befreite, die entfeuchtete, »föhn-getrocknete« Luft jagt nun über das Gebirge, stürzt diesseits brausend aus etwa 3000 m Höhe zu Tal und erwärmt sich bei diesem Sturz als trockene Luft um 10 Grad pro 1000 m. Sie kommt als warmer Föhn unten an, hat inzwischen durstig die Wolken vom Himmel getrunken und beschert Oberbayern, dem Allgäu oder der Wachau mitten im Herbst oder gar im Winter heiteres, warmes Wetter.

Und wie Skandinavien und die Küsten und Inseln der Nordsee dem Golfstrom das milde Klima und eine Fruchtbarkeit verdanken, die ihrer geographischen Breite längst nicht entsprechen, so verdankt es z. B. das Inntal dem Föhn, daß dort Mais reift, noch Korn gedeiht und Rosen blühen, daß Wiesen in Höhenlagen noch grünen, wo sonst schon die Baumgrenze liegt oder gar die Grenze des ewigen Schnees. 30 bis 40 Föhntage im Jahr zählt man gewöhnlich auf der Nordseite der Alpen, auf der Südseite bis zu 75 Tagen. Besonders freudig aber wird der Föhn im Herbst im Kanton Graubünden in der Schweiz begrüßt, da er dann als »Traubenkocher« ausgezeichnete Weine noch in 600 m Höhe in seinem warmen Hauch gedeihen läßt.«

Soweit also die Erklärung meines inzwischen bereits verstorbenen Volksschullehrers.

Und wie erklärt die nüchterne Meteorologie die Föhnentstehung?

Bei Südwind werden Luftmassen aus Oberitalien am Südhang der Alpen gehoben. Dabei kühlen sie sich ab und zwar zunächst trockenadabatisch, d. h. um je ein Grad pro 100 m Höhenunterschied, bis der Wasserdampf, der in der Luft vorhanden ist, wegen der Abkühlung gesättigt ist. Es erfolgt von nun an (Kondensationsbeginn = Wolkenbildung) der weitere Aufstieg unter Ausfall des jeweils kondensierten Wassers bei feuchtadiabatischer Abkühlung um im Mittel ca. $^1/_2$ Grad pro 100 m Hebung (s. Abb 43).

Die Luftmasse, die z. B. mit 10 Grad Temperatur am

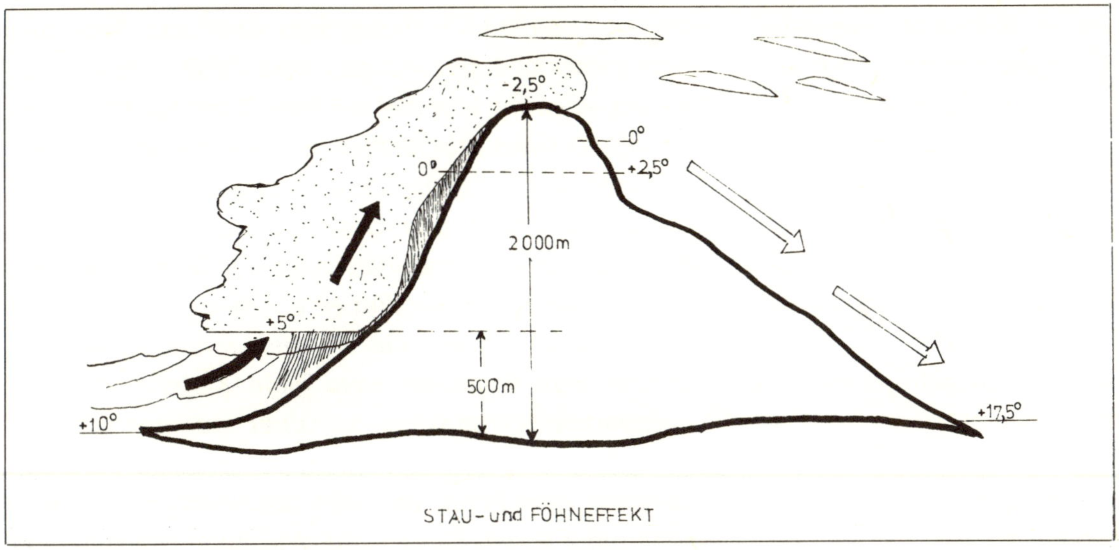

Abb. 43:
Stau- und Föhneffekt:
Im Staugebiet steigt die Luft bis zum Kondensationsniveau mit 1° C/100 m Abkühlung auf. Von der Kondensationshöhe nimmt die Abkühlung nahezu um die Hälfte ab (die freiwerdende Kondensationswärme verringert die Temperaturabnahme!). Vom Gipfelniveau – wenn alle Feuchtigkeit ausgeschieden ist – erfolgt der Abstieg trockenadiabatisch, so daß ein Luftteilchen wesentlich wärmer und trockener im Tal ankommt.

Südhang der Alpen aufzusteigen beginnt, hat im Kondensationsniveau von ca. 500 m Höhe eine Temperatur von 10 minus (5 mal 1°) = 5 Grad. Von hier steigt die Luftmasse weitere 1500 m bis zum Gipfel der Alpen feuchtadiabatisch und hat dort eine Temperatur von 5° minus 7,5° (= 15 mal 0,5°) = minus 2,5 Grad. Vom Gipfel an sinkt die Luft nun herunter und erwärmt sich pro 100 m Abstieg um je 1 Grad (= trockenadiabatische Erwärmung), weil die Luft schon sehr schnell unterhalb des Gipfels nicht mehr mit gesättigtem Wasserdampf beladen ist. Sie wird am Boden mit einer Temperatur von – 2,5 + (20 mal 1°) = 17,5 Grad ankommen, gegenüber ihrer Ausgangshöhe also 7,5 wärmer geworden sein.

In der Praxis läuft der Vorgang nicht ganz so einfach ab, doch das Prinzip ist richtig. Daraus lassen sich einige bemerkenswerte Tatsachen folgern:

Föhn kann zunächst nur auftreten, wenn das betreffende Gebirgshindernis eine gewisse Höhe hat, damit überhaupt die Möglichkeit eines feuchtadiabatischen Aufstiegs gegeben ist. Geht also Abkühlung und Erwärmung während des ganzen Prozesses wegen geringer Höhe des Gebirges nur trockenadiabatisch vor sich, so ergibt sich keine Erwärmung im Zielgebiet gegenüber dem Startort der Luftmasse. Deshalb findet man den Föhn in den Alpen besonders klar ausgeprägt.

Es ergibt sich weiterhin, daß der *»Südföhn«* an der Nordseite der Alpen besser ausgeprägt sein muß als der Nordföhn an der Südseite der Alpen. Die Luftmassen des Südföhns starten in Italien, d. h. in einem relativ wärmeren Gebiet. Sie erreichen das nördliche Alpenvorland sehr viel deutlicher wärmer, als die ursprünglich hier lagernden Luftmassen, die im Nordföhn an der Südseite der Alpen zunächst einmal das Temperaturdefizit der nördlichen Herkunft auszugleichen haben.

Föhn tritt im Alpenraum immer in Verbindung mit einer bestimmten Luftdruckverteilung mit charakteristischer Isobarenform auf. Zum Südföhn gehören ein Tiefdruckgebiet über der Biscaya oder über den Britischen Inseln und ein Hoch über dem Balkan (s. Abb. 44a und 44b).

Föhn tritt – abgesehen von den Wintermonten Dezember bis März, an denen wegen der meist bestehenden Schneelage z. B. *in Innsbruck* fast kein Segelflug-

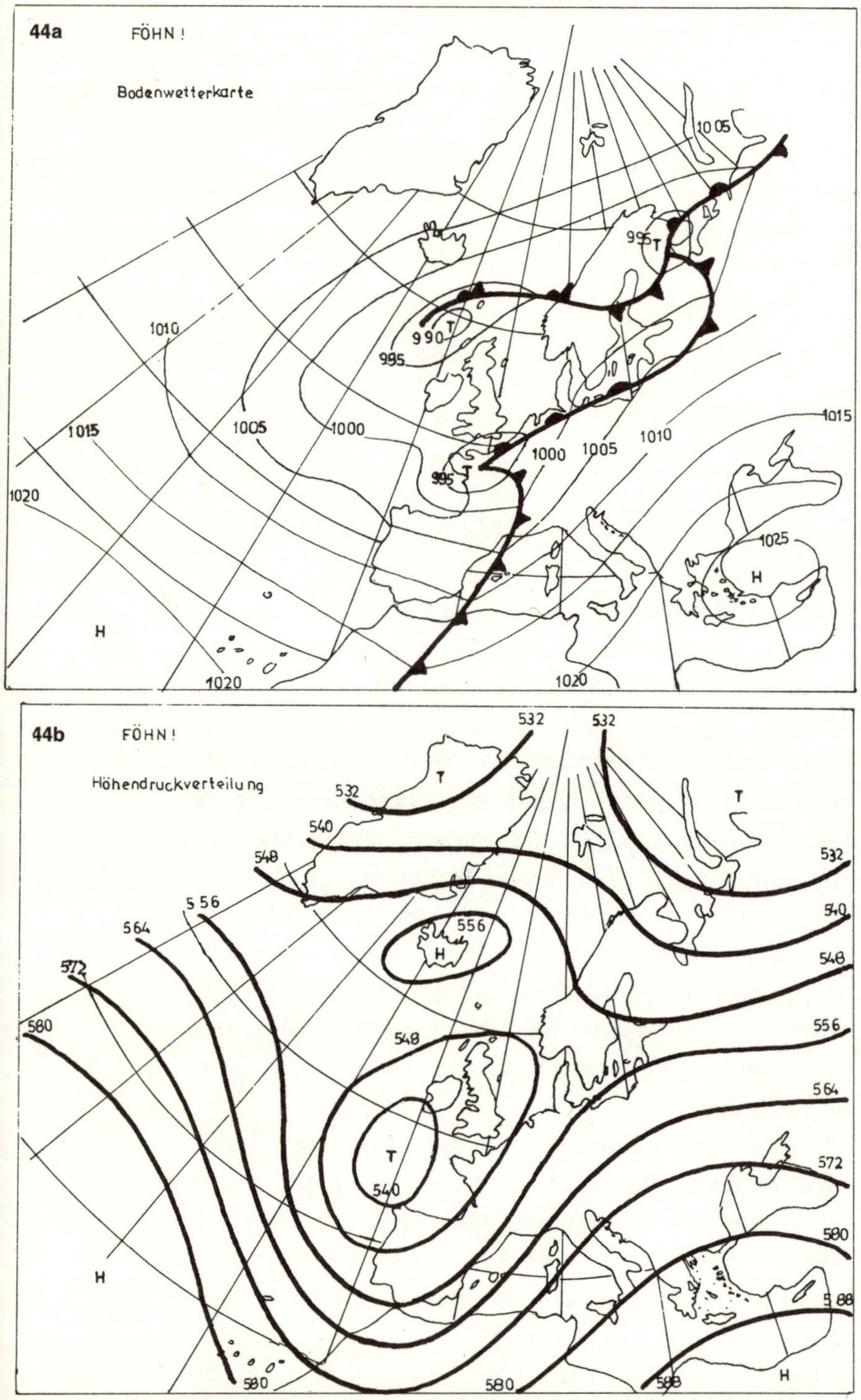

Abb. 44a und b: Typische Druckverteilung am Boden **(44a)** und in der Höhe **(44b)** bei Südföhnwetterlagen.

betrieb stattfindet – überwiegend im April, Mai, zeitweilig Juni und September, dann wieder im Oktober und November auf, wobei bei Föhnlagen in den Herbstmonaten – wegen der stabileren Schichtung der Atmosphäre – häufigere Leewellenbildungen und somit Höhenflugmöglichkeiten auftreten.

Meteorologische Voraussetzung für eine erfolgversprechende Föhnlage sind – wie erwähnt – ein über dem Balkan bestehendes Hochdruckgebiet und ein vom Westen heranziehendes Tiefdruckgebiet bei entsprechendem Druckgefälle, wobei sich das Tiefzentrum über der Biscaya, Südfrankreich oder Südengland, höchstens noch über dem Beneluxraum befinden darf und auf der Wetterkarte die Linien gleichen Luftdruckes (= Isobaren) das bekannte Trogbild wie in den Abbildungen 44a und b darstellen sollten.

Föhneffekt bewirken aber auch die von einem ortsfesten Tief im Westen aus nach Osten vorstoßenden Fronten. Dabei ist innerhalb kürzester Zeit mit mehreren, meist jedoch schwächeren Föhnsituationen zu rechnen.

Spricht die Wettervorhersage von föhnigen Abschnitten, so kann man zwar Erwärmung auf der Leeseite des Gebirges und Wolkenauflockerung bzw. -auflösung vorfinden, ohne in Leewellen die begehrte Höhe erfliegen zu können.

LEEWELLEN

Eigentlich sind diese heute so begehrten Erscheinungen am Föhnhimmel einem wetterkundigen Schäfer namens *Gottlieb Motz* zu verdanken.

Dieser Schäfer, der im Riesengebirge im Gebiet von Grunau (hier wurde Hanna Reitsch geboren!) und Hirschberg lebte – heute heißen diese Orte Jezow Sudecki und Jelenia Gori –, war keinem geringerem als Wolf Hirth behilfreich, »seine« beobachteten Leewellen-Wolken, die *»Moazagotl«*-(Motz Gottlieb) *Wolken* und somit den Wellenflug zu entdecken. Nicht selten kam es vor, daß sich die Segelflieger der Flugschule Grunau bei diesem Mann »Wetterberatung« einholten.

Kapazitäten der Mathematik, Physik und Meteorologie wie Scorer, Küttner, Lyra, Queney, Wallington, Georgii, Förchtgott und Reinhardt (um nur einige zu nennen), befaßten sich mit den Auf- und Abbewegungen in den Leewellen.

Die Voraussetzungen für solche Leewellen mit Aufwinden, die von Bodennähe bis zur Stratosphäre reichen können, wurden relativ rasch – auch in Laborexperimenten – erfaßt und nachempfunden.

Man stellte fest, daß bei stabiler Schichtung z. B. beim Südföhn nicht nur die Höhenschichten bis über den Kammbereich eine gestörte Strömung aufwiesen, sondern daß sich im Lee die Störungen in Form von ausgedehnten Auf- und Abwindfeldern – theoretisch bis zur Tropopause, der Grenzschicht der Atmosphäre zur Stratosphäre –, vertikal erstreckten. Diese Aufwindfelder (s. Abb. 45), die durch linsenförmige Wolken sichtbar wurden, konnte auch schon Paul Steinig durch die Aufmerksamkeit des Riesengebirgs-Schäfers »Moazagotl« Gottlieb Motz bewundern.

Jeder Segelflieger ist bestrebt, diese Aufwindfelder zu finden und zu nützen, um den begehrten Höhendiamanten zu erlangen. Zur Erklärung dieser Lee-Erscheinungen kann man auf die Ähnlichkeit der beobachteten Strömungsvorgänge hinweisen, die bei strömendem Wasser herrschen.

Föhn entsteht demnach in den Gebirgstälern dadurch, daß ein vorbeiziehendes Tief die Luft durch die Täler ansaugt, wobei – stabile Schichtung vorausgesetzt – dann die fließende (= laminare) Strömung in eine schießende (= turbulente) – ähnlich wie bei einem Wasserfall – übergeht (s. Abb. 46).

Fotoaufnahmen von schießenden Luftmassen bei Föhn

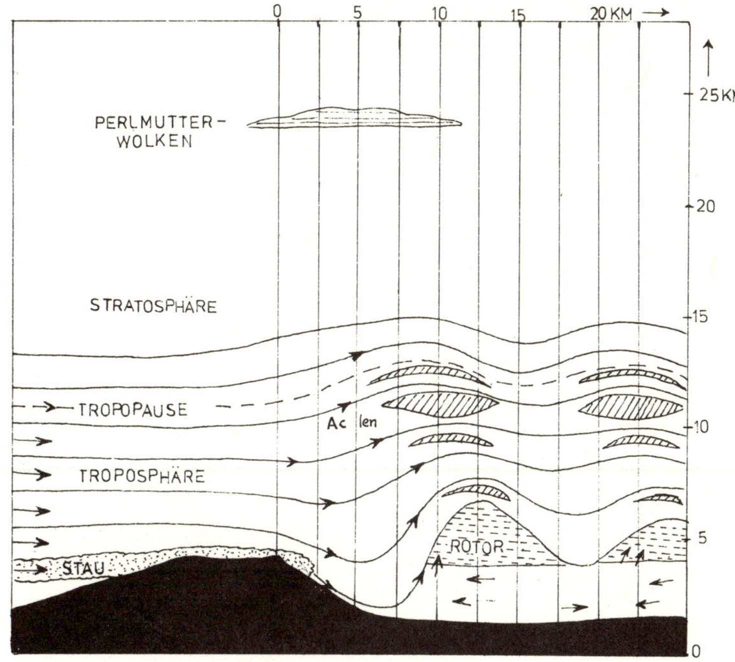

Abb. 45: Schema einer Leewellenströmung mit Aufwind- und Abwindfeldern bis zur Stratosphäre.

ähneln in der Tat einem Wolken-Wasserfall. Dadurch läßt sich das Absteigen des warmen Föhns in die tiefergelegenen Täler erklären, und noch das Auftreten der stark turbulenten Rotoren im Lee (auf die wir noch näher eingehen!). Diese Rotoren entstehen also in jener Zone, wo die schießende Strömung sprungartig wieder in eine fließende zurückpendelt.

VORAUSSETZUNGEN ZUR BILDUNG VON LEEWELLEN

Zur Entstehung von Leewellen muß der Wind annähernd rechtwinkelig auf das Gebirgshindernis treffen, an Stärke mit der Höhe – ohne wesentliche Richtungsänderung! – zunehmen und in Kammhöhe mindestens 25 kt erreichen. Ist die Strömung zu schwach, so bleibt sie laminar, d. h. sie folgt der Geländeform (s. Abb. 47 a) oder es bildet sich nur ein Rotor mit horizontaler Achse (also ein stehender Wirbel im Lee), wie es Abb. 47 b zeigt.

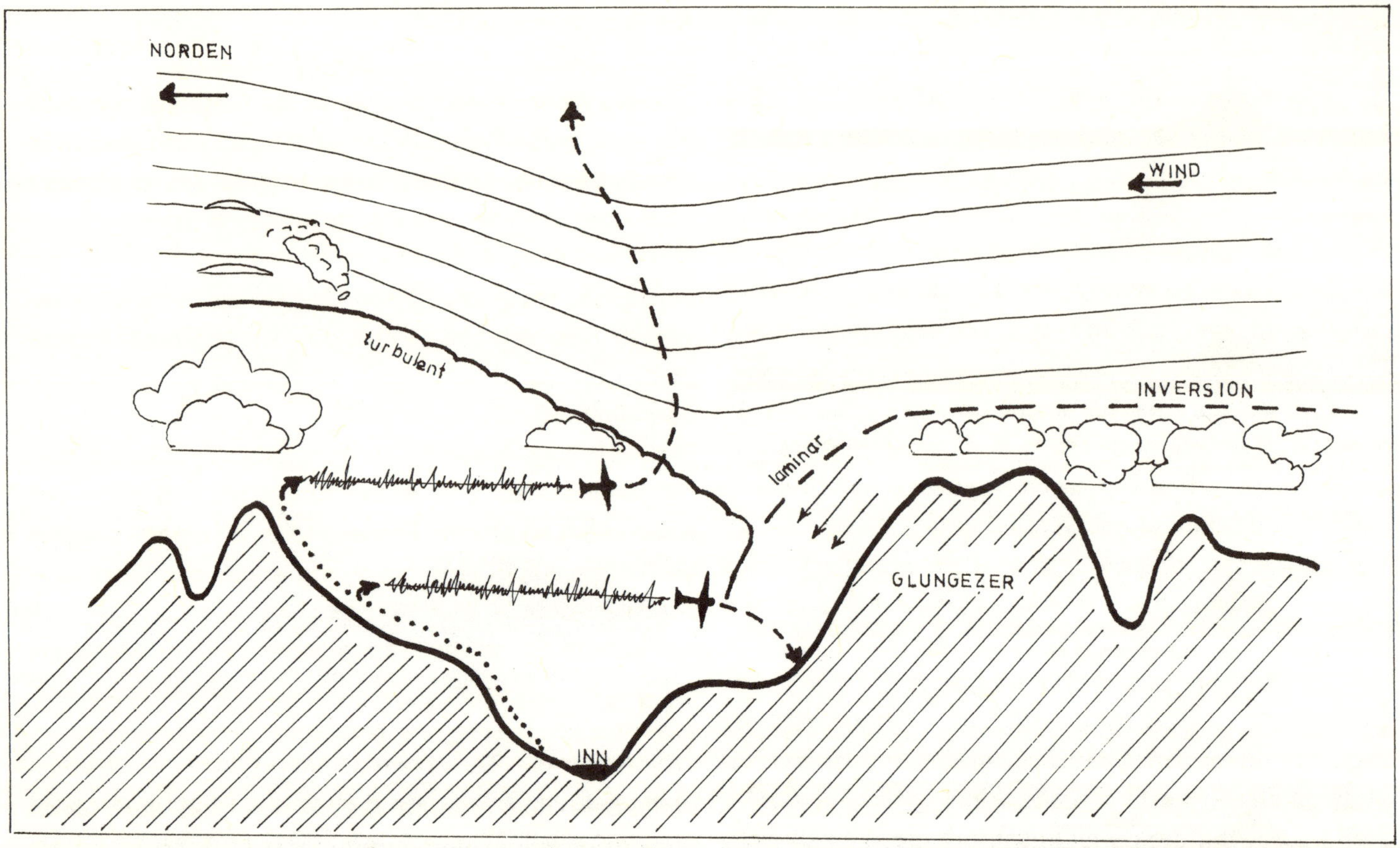

Abb. 46: Föhnflugschema bei einer Südföhnlage über dem Inntal im Gebiet von Innsbruck. (s. S. 71)

Nimmt der kräftige Wind ab Kammhöhe aber mit der Höhe ab, so bilden sich gegeneinander rotierende Wirbel (s. Abb. 47 d und 47 e). Die Strömung ist deformiert, bildet aber keine Wellen aus. Abb. 47 c zeigt das Paradebeispiel von Leewellenbildung.

Eine weitere, sehr wichtige Bedingung zur Entstehung ortsfester Wellen im Lee sind stabil geschichtete Luftmassen.

Die Luftteilchen werden über der Gebirgsbarriere angehoben und dann durch die thermodynamischen Kräfte wieder in den Gleichgewichtszustand zurückversetzt, wobei sie diesen unterschreiten können, so daß es zur Ausbildung von Schwingungen kommt. Sind die unteren Schichten dabei nicht stabil oder stabil genug, so reicht es aus, wenn sie durch eine kräftige Sperrschicht (= Inversion) von der stabilen Oberschicht getrennt sind.

Im allgemeinen treten Wellen nur in der Troposphäre auf, doch sind bereits Angaben vorhanden, daß sie auch in die Stratosphäre übergehen können. Diese Stratosphärenwellen sind dann auch dargestellt durch sogenannte *»Perlmutterwolken«* in einer Höhe von 20 bis 30 km und einer Wellenlänge von 25 bis 30 km, während die Amplitude etwa ½ km beträgt (s. Abb. 45).

Die atmosphärischen Wellenlängen selbst sind etwa proportional der Windgeschwindigkeit und außerdem noch von der Breite des Gebirgshindernisses abhängig.

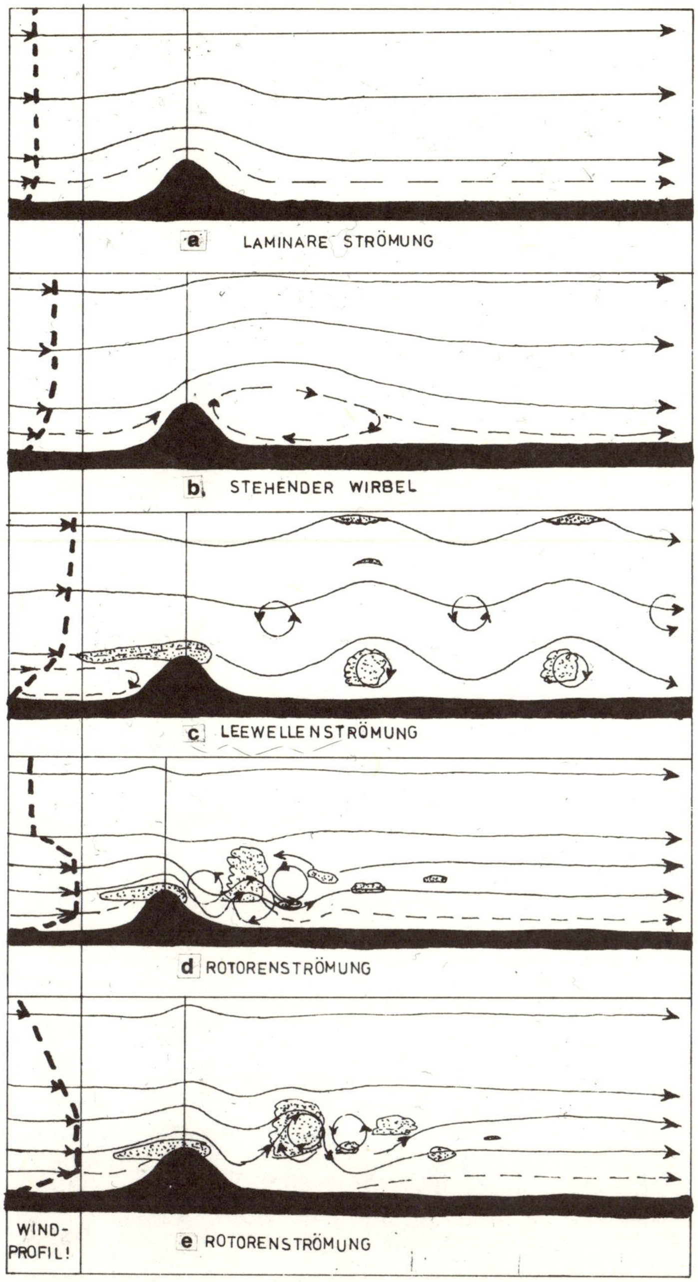

Abb. 47a bis d: Ein entsprechendes vertikales Windprofil (Zunahme der Windstärke mit der Höhe) muß zur Leewellenbildung gegeben sein. Ist die Strömung zu schwach, so folgen die Stromlinien am Boden der Kontur des Berges **(47a)**, oder sie bilden nur Rotoren mit horizontaler Achse als stehendem Wirbel im Lee aus **(47b)**. Nimmt der kräftige Wind ab Kammhöhe mit der Höhe wieder ab, so bilden sich gegeneinander rotierende Wirbel **(47d und 47e)**, jedoch **keine** Wellen! Kräftige Windzunahme bis in Tropopausenhöhe ohne wesentliche Richtungsänderung bei stabiler Schichtung bildet Leewellen aus **(47c)!** (nach Förchtgott)

Als Faustformel gilt:
Gebirgsbreite = $1/2$ bis $2/3$ der Wellenlänge.
Kürzere Wellen entstehen, wenn die Stabilität zunimmt.
Für eine große Wellenlänge wird hohe Windgeschwindigkeit benötigt, so daß Starkwindfelder (= jet streams oder Strahlströme) dafür Voraussetzung sind.
Eine geordnete Wellenströmung kann sich jedoch nur einstellen, wenn die Wellenlängen der erzwungenen Wellen (die von der Breite des Gebirgshindernisses abhängen) und natürliche Wellenlängen annähernd übereinstimmen.
Die *Amplitude* einer Welle hängt von der Gestalt des Hindernisses ab. Die größte Amplitude tritt dann auf, wenn die Länge des Hindernisses in einem solchen Verhältnis zur Eigenschwingung steht, daß Resonanz auftreten kann (s. Abb. 48).
Als weitere Faustformel kann gelten, daß die optimale Amplitude ungefähr $1/4$ der größten Wellenlänge entspricht.
Was die Rotorenwolken betrifft, diese cumuliformen Wolken in den unteren Schichten – oft auch ohne Wolkenzeichnung vorhanden –, die häufig in langer Reihe parallel zum Gebirgskamm angeordnet sind, so scheinen diese um eine waagerechte Achse zu rotieren. Diese Rotoren stellen Zonen von ungewöhnlich heftiger Böigkeit dar, die an Stärke noch diejenige in Gewitterwolken übertreffen kann.
Normalerweise erreicht der Rotor die Höhe des angrenzenden Gebirgskammes.

FÖHNHÄUFIGKEIT

Wie bereits erwähnt, weisen die unteren Schichten vor allem im Winter und in den Übergangsmonaten ein größeres Maß an Stabilität auf, so daß deshalb in diesen Zeiten die größte Häufigkeit von Leewellen zu erwarten ist.

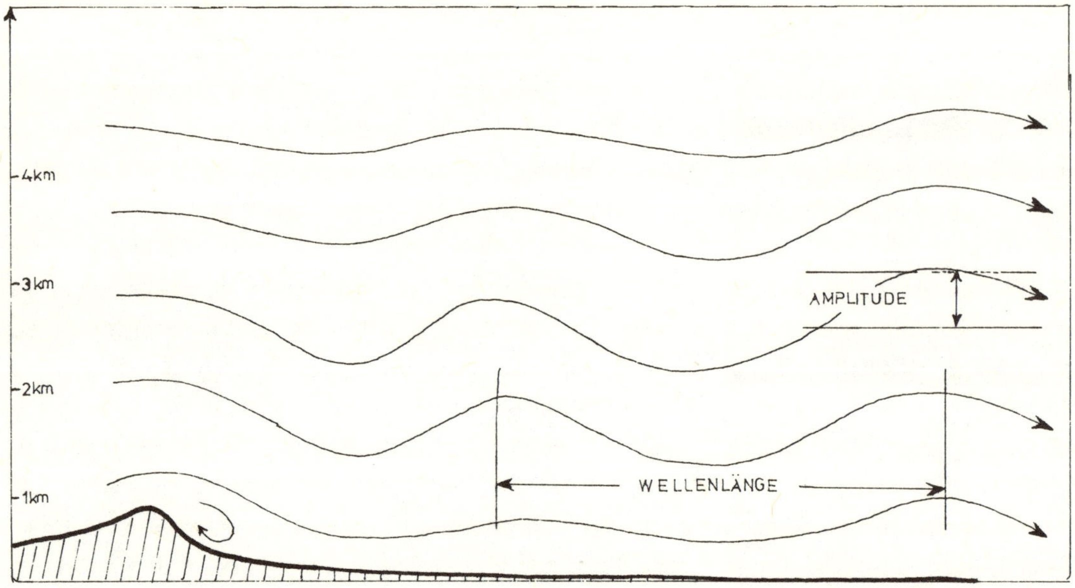

Abb. 48:
Schema einer Leewellenströmung mit Wellenlängen und Amplitudenangaben.

Folgende Aufstellung zeigt die *mittlere Häufigkeit von Südföhn* in den verschiedenen Jahreszeiten (nach Billwiller):

	Winter	Frühling	Sommer	Herbst	Jahr
Südföhn	10	17	5	11	43 Tage.

Im *Tagesgang* bringt die notwendige Stabilität in den unteren Schichten bei niedrigen Gebieten erst die nächtliche Ausstrahlung. Bei höheren Gebirgen leitet das Einsetzen des Bergwindes erst die Wellenbildung ein. Auf dieses Phänomen werden wir beim *Föhnflug in Innsbruck* noch zurückkommen.

Das tägliche Satellitenbild zeigt häufig Wellenerscheinungen im Lee von Gebirgen, z. B. der Alpen, des Apennin, der Karpathen, der Pyrenäen, des Ural, des Elbrus und des Kaukasus' usw. (s. Foto Nr. 19).

WELLENWOLKEN

Im aufsteigenden Ast der Wellen (= Wellenberg) bilden sich linsenförmige Wolken aus *(Altocumulus lenticularis).* Sie entstehen über (bis zur fünffachen Höhe des Gebirges!) und hinter dem Gebirge, durch das die strömende Luft veranlaßt wurde, vertikal zu schwingen. Diese Schwingungen reichen auf der Leeseite einige 100 km weit (bis zur 50-fachen Höhe des Gebirges). In diesem Gebiet bilden sich durchaus nicht einheitlich – denn der Gebirgskamm ist es ja auch nicht – diese linsenförmigen Altocumuluswolken, die meist nur aus unterkühltem Wasser bestehen. Es sind reine Durchströmungswolken. Sie bilden sich also auf der Luvseite im aufsteigenden Luftstrom infolge adiabatischer Abkühlung in jedem Moment wieder neu, während sie sich zum Wellental hin durch adiabatische Erwärmung ($= 1°/100$ m) wieder auflösen. Dieser Teil der Wolke bietet einen ausgefranzten, zerfaserten Anblick, während sich die Luvseite glatt und rund ansieht. Diese Lenti-Wolken können sich gegen die Strömung zum Gebirge hin »verlagern«, wenn die Frequenz der Schwingung kleiner wird (s. Abb. 45). Da sie also quasi ortsfest verweilen, markieren sie zugleich den stärksten Wellenaufwind.

Bedingungen, die erfüllt sein müssen, um **Leewellen** *zu formen:*

a) *Relief*

Die Bergkämme müssen in etwa senkrecht zum Wind angeordnet sein. Mehrere Kämme können parallel zueinander angeordnet sein (Aufschaukelungseffekt!). Schon relativ kleine Erhebungen von einigen hundert Metern können bei geeigneter Wetterlage Wellen bis in Tropopausenhöhe erzeugen. Dies erklärt auch, daß im Mittelgebirgsbereich Höhendiamanten erflogen werden können, wie es ein folgender Abschnitt beweisen wird.

b) *Wind*

Die kammsenkrechte Komponente muß mindestens 20 bis 25 kt (je nach Hindernishöhe) betragen. Der Winkel zwischen Windrichtung und Kammsenkrechter darf 30 Grad nicht überschreiten. Der Wind muß ohne wesentliche Richtungsänderung konstant mit der Höhe zunehmen (s. Abb. 49). Wird in Tropopausenhöhe Strahlstromstärke erreicht, so können die Wellen bis in die untere Stratosphäre reichen. Ein Niveau mit markanter Richtungs- und/oder Geschwindigkeitsänderung legt die obere Begrenzung der Wellenbildung fest (s. Abb. 49).

c) *Schichtung*

Stabil geschichtete Luftmassen sind Voraussetzung für Leewellenentstehung. Die idealste Schichtung hätte folgenden Höhenverlauf: gering stabil, sehr stabil, geringer stabil! Ist eine Inversion vorhanden, dann ist diese der Sitz der größten Amplituden. Wird die Luftmasse in den unteren Schichten tagsüber durch Einstrahlung labilisiert, so unterbindet diese Labilisierung die Wellenbildung.

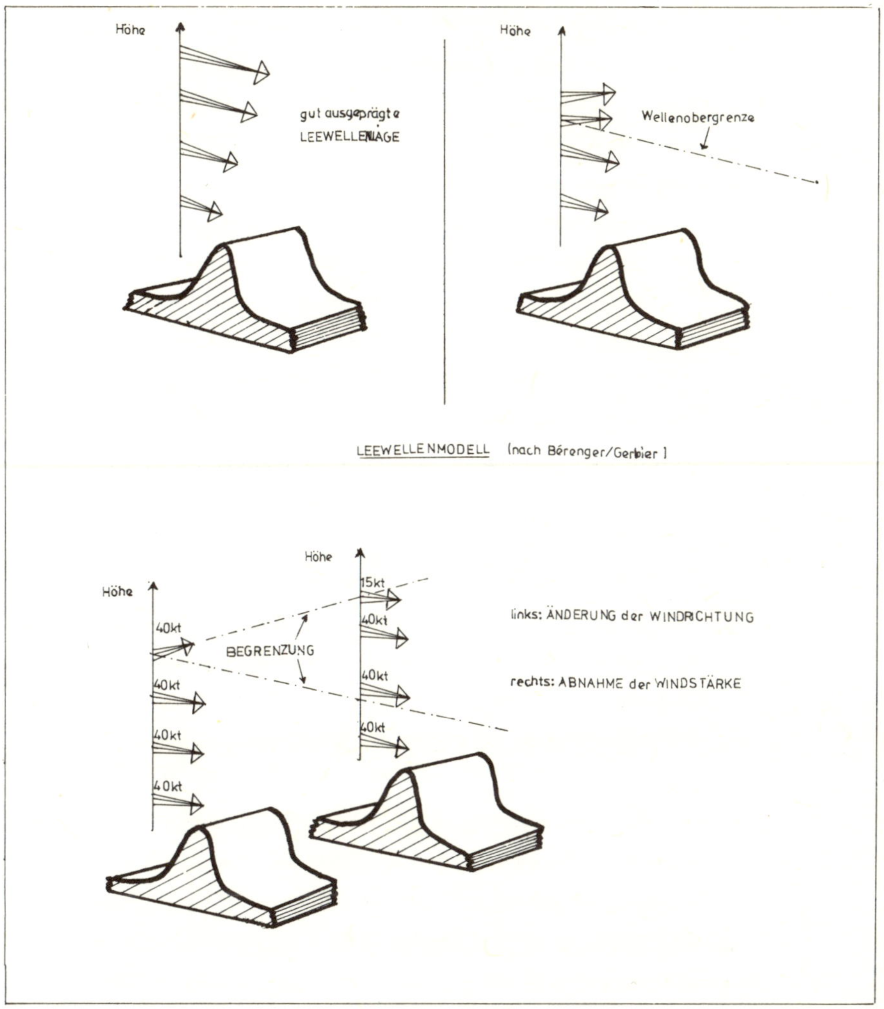

Abb. 49:
Lee-Wellenschema nach Berenger und Gerbier:
Markante Richtungs- und/oder Geschwindigkeitsänderungen legen die Obergrenze der Wellenbewegung fest.

ROTOREN

Der für Segelflugzeuge kritische Bereich beim Vorhandensein von Leewellen sind die *Rotoren.*

Bilden sich in ihnen Wolken, so sehen diese vom Flugzeug wie eine lange Linie von Quellwolken aus, die direkt hinter dem Hügelkamm, oder auch in einiger Entfernung, parallel zu diesem stehen können. Die Untergrenzen liegen oft in Kammhöhe, während die

Oberseiten weit über die Kämme bis dicht unter die evtl. darüberstehenden Lenticularis-Wolken (linsenförmige »Moazagotl-Wolken«) reichen können. Mit dem bloßen Auge läßt sich ein scheinbares Rotieren der Wolke um eine horizontale Achse erkennen. Dieser Eindruck entsteht, weil die Wolke sich fortwährend an der Vorderseite bildet und an der Rückseite auflöst. Durch einen Rotor zu fliegen, bedeutet selbst für ein ungewöhnlich leistungsstarkes Flugzeug Gefahr. Gefährlich, weil nicht sichtbar, sind Rotoren ohne Wolkenbildung oder Wirbel in hochreichender, ausgedehnter Bewölkung. Oft deuten zerrissene Kondensfahnen, die sich rasch ändern, auf den Rotor hin.

Vertikalbewegungen in Leewellen

Nicht ganz so problematisch, weil einheitlicher und großräumiger, sind die Vertikalbewegungen in den Leewellen selbst. Der Wechsel von positiven zu negativen Beschleunigungen in schneller Folge ist in den Leewellen nicht so stark wie in den Rotoren.

Durchschnittswerte von gemessenen Aufwinden in markanten Leewellen betragen

zwischen 4,5 und 6,7 km Höhe	bis 10 m/s,
zwischen 6,7 und 7,6 km Höhe	bis 5 m/s, und
über 10 km Höhe	bis 2 m/s
	(nach Küttner).

Erzwungene und natürliche Wellen

Zur Bildung optimaler Wellen kommt es, wenn sich — wie erwähnt — erzwungene und natürliche Wellen überlagern. Jede Luftströmung zeigt bei einer Störung eine *natürliche Wellenlänge* (λN), die von der Windgeschwindigkeit und dem Grad der statischen Stabilität abhängt:

$\lambda N = {}^2/_3$ mal Windgeschwindigkeit.

Die *erzwungene Wellenlänge* (λG) hängt — wie ebenfalls bereits angeführt — von der Breite und der Höhe der Gebirgsbarriere ab:

$\lambda G = (1{,}5$ bis $2)$ mal Gebirgsbreite.

Bei beiden Faustformeln ergeben sich Wellenlängen in Kilometern!

Zusammenfassung

a) *Kurze Wellen* haben ihr Amplituden- und Geschwindigkeitsmaximum in den unteren Schichten und benötigen für gute Resonanz ($\lambda N + \lambda G$) nur geringe Hindernisbreite.

b) *Lange Wellen* benötigen größere Hindernisbreite und haben ihre maximale Amplitude in höheren Schichten geringerer Stabilität.

c) Die Höhe der optimalen Amplitude beträgt annähernd $^1/_4$ der maximalen Wellenlänge.

d) Parallel zueinander gelagerte Höhenzüge können je nach Abstand und Verhältnis zur Wellenlänge die Wellen verstärken oder abschwächen.

e) Die Anwesenheit eines Strahlstromes, der senkrecht zu einem größeren Gebirge liegt, läßt dann optimale Leewellen vermuten, wenn auch die anderen Bedingungen zutreffen.

Man kann sehen, daß Wellenlängen und die Höhen der maximalen Vertikalkomponenten nur von der Luftströmung abhängig sind, unabhängig jedoch von der Gebirgshöhe, aber daß der Wert der Vertikalkomponenten proportional zu dieser Höhe ist. Im allgemeinen ist ja bekannt, daß der Leerücken oder Lee-Abhang der wichtigste Faktor des Gebirgsprofils ist!

»DIAMANTENFABRIK INNSBRUCK«

Was dem Segelflieger im Sommer die Thermik bedeutet, das ersetzt in den Übergangs- und Wintermonaten der Föhn mit seinen Wellenflugmöglichkeiten. Denkt man im deutschsprachigen Raum an Föhn, so denkt man automatisch auch an Innsbruck.

Bei guten Föhnlagen stehen hier über 100 Segelflugzeuge am Start (oft warten noch »Ersatzpiloten« auf ihre Chance), so daß es kein Wunder ist, daß es pro Föhntag zu fast 200 erfolgreichen Starts kommt.

Die Föhnperiode vom 14. bis 17. November 1974 hat dies wieder erneut bestätigt, als allein am 16. 11. 1974 180 Flüge über 3000 m (Gold-C) und 100 Diamantenflüge erfolgreich absolviert wurden. Hier drängt sich der Ausdruck *»Diamantenfabrik Innsbruck«* förmlich auf.

Was das typische bei einer Föhnlage in Innsbruck ist, das erläutert der folgende Abschnitt.

FÖHNFLUG IN INNSBRUCK

Unter dem Einfluß eines nördlich oder nordwestlich der Alpen vorbeiziehenden Tiefs (s. Abb. 44 a) wird zwischen dem Gebirgsrelief und einer über dem Gebirge in geeigneter Höhe lagernden Inversion Luft aus dem Stauraum (= Reservoir) des südlichen Alpenraumes abgesaugt.

Dort, wo durch entsprechend orographische Verhältnisse mit der darüberliegenden Sperrschicht geeignete Düsen für die Strömung gebildet werden, ist zuerst mit dem Erreichen der *kritischen* Geschwindigkeit zu rechnen, da dort zuerst die höchstmögliche »Förderleistung« erreicht wird. Sinkt das Gelände in Strömungsrichtung (also von Süd nach Nord) im weiteren Verlauf ab, erfährt die Strömung eine zusätzliche Beschleunigung und erreicht überkritische Geschwindigkeit, d. h. die *fließende* Strömung (= laminar) geht in eine *schießende* (= turbulent) über.

Wird durch entsprechenden Reliefverlauf die schießende Strömung in ihrer Geschwindigkeit verringert, dann schlägt sie unter Vergrößerung der Stromtiefe von gleichförmig in turbulent um und wird dann wieder fließend (s. Abb. 46).

Zwei Bedingungen werden also zur Ausbildung von Föhn – nicht nur in Innsbruck – gefordert:

a) Absaugen der Luft durch ein Tief im Lee der Gebirgsbarriere,
b) Vorhandensein einer Sperrschicht im Ausgangszustand über dem Gebirge in einer solchen Höhenlage und mit solchen Stabilitätsverhältnissen, daß es zu überkritischen Strömungsgeschwindigkeiten kommen kann.

Nach allen bisherigen Erfahrungen sind Höhenflüge bis 8000 m über Innsbruck nur möglich, wenn eine gut ausgebildete Föhnlage über etwa 3 Tage im Bereich der mittleren Alpen vorherrscht, wobei in Innsbruck die Föhnströmung am Boden oft selbst in der Nacht nicht zur Ruhe kommt.

All solche Fälle zeigen jedoch auch, daß die geforderte Föhnsperrschicht sehr gut ausgeprägt war und in einer mittleren Höhe von etwa 3500 m NN lag.

Die *Wolkensituation* im Innsbrucker Raum zeigt bei entsprechender Feuchtigkeit direkt über dem Inntal von Innsbruck bis etwa Solbad Hall – Schwaz einen wolkenfreien Raum, den man als *Föhnlücke* bezeichnet.

Diese entsteht in Innsbruck nicht nur durch eine absinkende Luftbewegung, denn nach vielen Flugzeugmessungen werden etwa $^2/_3$ Fläche der Föhnlücke durch einen aufwärts gerichteten Luftstrom bis 6 m/s gebildet, der ruhig und stetig ist und schon einen Teil der über der Föhnsperrschicht liegenden Hebungswelle darstellt. Die Föhnlücke über Innsbruck dient demnach als Wegweiser für die Segelflugzeuge, die nach dem Hangaufstieg an der Nordkette direkt in diese Wolkenlücke einfliegen und dort mit an Sicherheit grenzender Wahrscheinlichkeit den aufsteigenden Ast der Strömung vorfinden.

Besonders markant sind Flugbeobachtungen, die erwähnen, daß die Talüberquerung im Segler vom Hafelekar (Karwendelkette) bis über Talmitte hinaus

(Patscherkofel-Glungezer) durchschnittlich ohne viel Höhenverlust erfolgt.

Mit Annäherung an die Tuxer Alpen fliegt man entweder in ein extrem starkes Fallgebiet (bis zu 15 m/s Fallen) oder man erreicht die über dem Rotor sich bildende Hebungswelle. Sowohl beim Einflug in das Fallgebiet als auch beim Einflug in die Welle verschwindet die bis dahin mehr oder weniger starke Turbulenz: Man befindet sich in der gleichförmigen Wellenströmung im Lee der Tuxer Alpen (s. Abb. 50).

Ist hohe Luftfeuchtigkeit in den unteren Luftschichten vorhanden, zeigen die Wolkenformen oft die Art der Strömung an. Oft sind gut ausgeprägte »Wolkenwasserfälle« bzw. »Wolkenstromschnellen« klar zu erkennen, wenn sie über die Tuxer Alpen ins Inntal hinunterschießen.

Die größte Höhe mit dem Segelflugzeug wird meist immer über der gleichen Stelle erreicht, nämlich über Solbad Hall (s. Abb. 50).

Interessant ist der Föhn über Innsbruck schon deshalb, weil er dort früher durchbricht als irgendwo im weiteren und näheren Umkreis.

Die geforderte Föhnsperrschicht liegt im Raum der Tuxer und Stubaier Alpen in einer durchschnittlichen Höhe von 3500 m NN. Ist diese Höhe nicht gegeben oder liegt die Schicht 1000 m höher oder tiefer, so bildet sich kein ausgeprägter Hebungsvorgang aus.

Beim Strömen der Luft über die Tuxer Alpen und beim Absinken der Strömung in das Inntal wird die kritische Geschwindigkeit überschritten und der Luftstrom schießt über Glungezer und Patscherkofel in das Inntal hinunter.

Die aus dem Wipptal seitlich zugeführte Luftmasse bildet zusammen mit der über die Tuxer Alpen von Süden in das Inntal herunterstürzenden Luftströmung ein

Abb. 50: Wellenströmung im Innsbrucker Raum mit dem Gebiet der besten Wellenaufwinde.

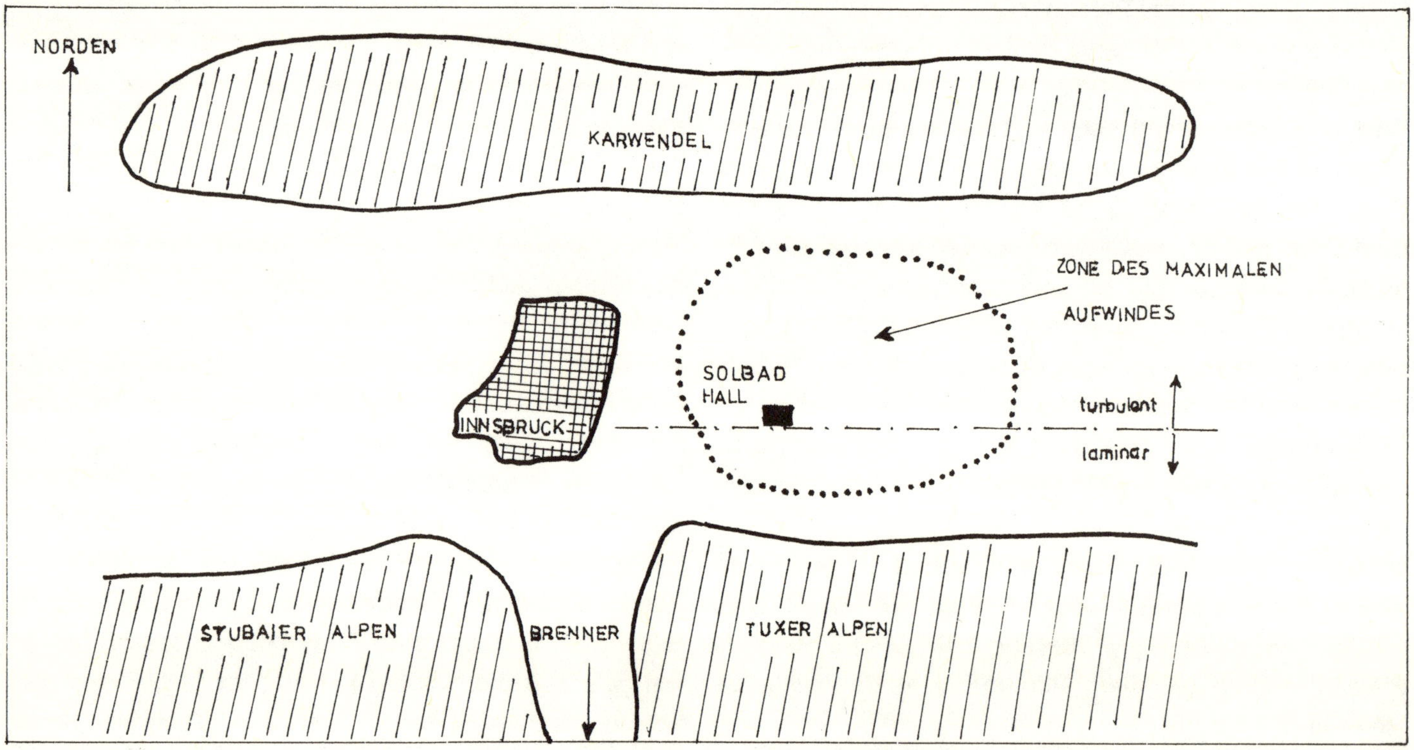

Massenzuflußgebiet im Raum Solbad Hall, das als neues Hindernis vor der Nordkette liegt und das in Bezug auf Wellenbildung vielen Flugerfahrungen nach mindestens so wirksam ist wie die Nordkette selbst.

»Föhn-Alarm« gibt es, wenn bei entsprechender Wetterlage (s. Abb. 44 a/b) als sicherstes Zeichen am Hausberg der Innsbrucker, am Patscherkofel, morgens bereits Winde um Süd und mit einer Stärke von mindestens 25 bis 30 Knoten gemessen werden.

(Ab 07.30 Uhr sind diese Windmessungen bei jeder Flugwetterwarte oder in Innsbruck selbst zu erfahren.)

In Innsbruck fließt meist bis zum späten Vormittag Kaltluft aus dem oberen Inntal ab, was sich durch Westwind am Flughafen feststellen läßt. Erst gegen Mittag dringt die Südströmung bis zum Boden durch und bringt dann von der Winde aus erreichbaren Hangaufwind.

Nur bei besonders stark ausgeprägten Föhnlagen herrscht bereits am Morgen Südwind.

Dies geschieht häufig bei länger anhaltendem Föhn.

Man kann am ersten Tag hundertprozentig mit dem Durchhalten der Föhnströmung rechnen. Am nächsten Tag zu $^2/_3$ bis $^4/_5$; seltener noch am 3. Tag, jedoch mit einer Einschränkung: Ist eine längerdauernde Föhnlage zu erwarten, so bringt oft der dritte (gleichzeitig häufig der letzte) Tag dann den Höhepunkt der Föhnentwicklung.

FÖHNFLUG-SCHEMA

Gestartet wird am Innsbrucker Platz fast ausschließlich per Winde und dabei von West nach Ost. Ein Windenstart ist bei den oft herrschenden starken Turbulenzen viel unproblematischer als der Flugzeugschlepp, da die Landung des Schleppflugzeugs durch stark böigen Seitenwind abschließend erhebliches Risiko für den Piloten mit sich bringt. Das soll nicht heißen, daß per F-Schlepp überhaupt nicht gestartet wird; dies Verfahren wird angewandt, wenn der Föhn nicht bis zum Boden durchgreift, oder sich erst spät nachmittags einstellt, was im Herbst und Winter häufiger zu beobachten ist.

Von der Ausklinkhöhe kann der nördlich des Flughafens gelegene Segelhang leicht erreicht werden. Dieser Hang wird im Osten vom Achselkopf, einer markanten Waldkante und im Westen von einem Alpengasthof begrenzt.

Im Aufwind sollte man bis mindestens 1000 m über Talsohle am Hang bleiben, da häufig – besonders außerhalb des Hanges und insbesondere unter 500 m über Grund – starkes Fallen zu registrieren ist, das eine Rückkehr zum Platz nicht mehr möglich macht. Ist eine Höhe von 1000 m Grund, die auch über dem Flughafen erreicht werden kann, erklommen, so steht einem das Aufwindfeld der Nordkette zur Verfügung. Dies bedeutet einen 25 km langen Segelhang. Hier sollte man die Turbulenzen nicht vergessen, die es ratsam erscheinen lassen, das Einhalten des seitlichen Abstandes zu verwirklichen.

Da die Staubewölkung meist auf der Nordkette aufliegt, darf ein Ein- oder Durchfliegen dieser Bewölkung nicht erfolgen. Ebenso muß man infolge des kräftigen Windes nach erfolgter Überhöhung der Nordkette darauf sein Augenmerk richten, daß ein Abtreiben durch die mindestens 30 Knoten Südwind ins Karwendel nicht erfolgt, da dort starke Turbulenzen und Lee-Effekte auftreten und außerdem keine Außenlandemöglichkeiten bestehen.

Übrigens, die bei Föhn über Innsbruck auftretenden Turbulenzen sind – starke Rotoren einmal ausgenommen – manchmal nicht viel stärker als bei ausgeprägten thermischen Wettersituationen. Häufiger jedoch und meist unter 800 m über Grund oder in Rotorgebieten treten Wirbelkräfte auf, die jedem, auch Spitzenpiloten, alles abverlangen können.

Zum *Höhenabflug* ist das meist ruhige Abwindgebiet oberhalb der Orte Axam und Götzen zu empfehlen.

WELLENGEBIET

Östlich der Luftstraße Amber 12, die Innsbruck von Nord nach Süd überquert, sind Höhenflüge bis über Zell am See hinaus »nur« bis in eine Höhe von 6100 m NN möglich. Im oberen Kontrollbezirk darf kein Sichtflug stattfinden. In dem Föhnreservat, das von 6100 m bis 13 100 m NN reicht, dürfen Segelflüge nur durchgeführt werden, wenn die Flugsicht mindestens 8 km und der horizontale Abstand zur Wolke von 1500 m sowie die vertikale Wolkenentfernung von 600 m gewährleistet sind. Wie mehrfach erwähnt, bilden sich die häufigsten und markantesten Wellen östlich von Innsbruck, nämlich im Lee der Tuxer Alpen (s. Abb. 50).

Diese Wellen reichen bei guter Föhnlage dann häufig vom östlichen Stadtrand Innsbrucks bis Wattens. Ist die Föhnsituation besonders markant ausgeprägt, so ist auch eine Längserstreckung der Wellen bis ins Zillertal gegeben.

Die häufigsten Föhnsituationen über Innsbruck entstehen durch Südwest- oder Südlagen, seltener durch Südostlagen. Ist aber eine Südostlage gegeben, dann kann es auch zu einer Wellenbildung vom Westteil der Nordkette Richtung Südwesten über das Inntal bis ins Sellraintal kommen.

Fast alle Wellenbildungen sind durch Wellenwolken markiert, die senkrecht zum Wind stehen und in Ost-West-Richtung verlaufen. Diese Wellenwolken sehen wie mächtige, langgestreckte Quellwolken aus. Man muß jedoch auch hier Unterscheidungen treffen, ob es sich um eine aus dem Staubereich der Nordkette (oder dem Karwendel) nach Süden reichende, meist stufenweise ansteigende, durchgehende Wolkenbank handelt, oder um eine über Talmitte – oder südlich dieser – verlaufenden separaten Wolke, die mit den Karwendelwolken nichts gemeinsam hat.

Eines haben beide Wolkenbilder jedoch gemein:

Ein drohendes, dunkles Aussehen an der Wolkenunterseite und an der Südseite (= luvseitig) ein immer heller werdendes, gleißendes Weiß, scharfkantig und mehrstufig ansteigend.

EINFLUG IN DIE WELLE (s. Abb. 46)

Nach Überhöhung der Nordkette um mehrere 100 m durch Hangaufwind (möglichst auf 2000–2500 m Grund steigen), Ansetzen des Schnittfluges Richtung Glungezer gegen den Wind – je nachdem Süd oder Südwest. Die Aufwinde, die bei solcher Talüberquerung auftreten, werden konsequent ausgenützt, wenn sie nennbaren Höhengewinnn erbringen. Es empfiehlt sich, die häufig auf der südlichen Talseite befindlichen Wolken anzufliegen, auch wenn diese höher liegen, da diese meist durch Rotorbildung entstanden sind. Ein Erreichen des Wellen- oder Rotorenaufwinds unter einer Höhe von 1500 m über Grund ist fast nicht möglich, so daß der Rückflug zur Nordkette wieder erfolgen müßte, um einen neuen Versuch zu starten.

Bei richtiger Leewellensituation tritt etwa ab Inntalmitte, bevorzugt aber auf der südlichen Talseite über dem Mittelgebirge (südöstlich von Innsbruck) starke Turbulenz auf. Ein kräftiges Fallgebiet von im Mittel 5 bis 10 m/s läßt schon das kurz darauf folgende Aufwindgebiet erwarten. Mancher Föhnneuling wurde durch das erwähnte starke Abwindgebiet veranlaßt, seinen Schnittflug abzubrechen.

Das Charakteristische dieses Rotorenbereiches ist, daß oft hintereinander sehr eng begrenzte Abwind- und Aufwindzonen – zugleich bei heftigster Böigkeit – zu durchfliegen sind. Deshalb muß man jetzt von der stärksten Belastung des Segelfliegers sprechen, wenn der Pilot hier à la Thermikflug kurbelt, sich mehrere hundert Meter hochkämpft und dann etwa in 2800 m (im Durchschnitt!) über Grund den erheblich breiteren Wellenaufwind erreicht, der laminar und ruhig strömt.

Plötzlich herrscht, abgesehen vom Fahrtwind, in der Kabine Stille, nachdem eben noch im Rotorenbereich »Kampf« das Leitwort war. Nur die Nadel im Variometer, die Steigen von 4 bis 8 m/s anzeigt, gibt nun Aufschluß über den Höhengewinn in der Welle.

Wie o. a. wird die Wellenwolke bei knapp 3000 m ü. Gr. erreicht. An ihrer Vorderseite, die häufig weiß glänzend und mit stufenförmiger Wolkenwand erscheint, steigt man wie beim Hangfliegen (in Achten) empor. Zu beachten ist hier nur, daß man beim Kreisen nicht in die Wolke versetzt wird.

Acht geben heißt es auch, daß man nicht von Wolkengebilden überrascht wird, die sich vor der eigentlichen Wellenwolke aufbauen.

Daß man auch immer die nötige Bodensicht behalten muß, sei noch als Selbstverständlichkeit hier angeführt.

Langsam heißt es jetzt auch die Sauerstoffmaske aufzusetzen (etwa ab 3500 m ü. Gr.), sonst kann es vorkommen, daß der heimtückische Höhenrausch ohne Vorwarnung oder Schmerz ein Gefühl des Wohligseins bis zur Kritiklosigkeit und anschließender Bewußtlosigkeit (in größeren Höhen) hervorruft.

Von einem Flug auf 6000 m NN, der Diamantenerwerbshöhe, ohne Sauerstoff muß schon der Verstand und die Verantwortung – alleine anderen gegenüber – abraten.

Abb. 51: Barogramm eines Föhnfluges über Innsbruck, wo am 15. 11. 1974 mit einer ASW 15 der Höhendiamant erflogen wurde.

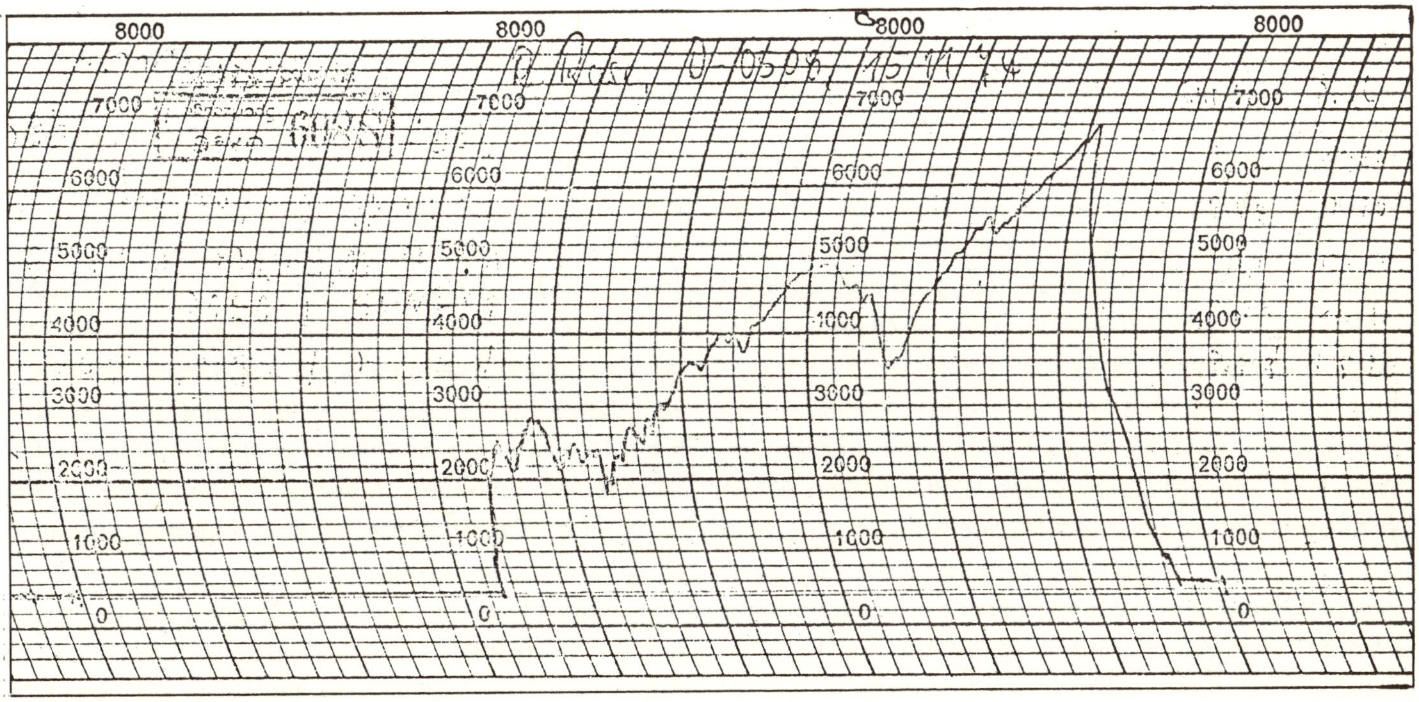

WELLENWOLKEN

Wie der Föhn selbst variiert, so verändern sich auch die Wellenwolken. Diese bauen sich oft so hoch auf, daß die angestrebte Höhe (5000 m Startüberhöhung) bereits an der Vorderseite der Wolke erlangt wird. Diese Überhöhung kann zeitweise jedoch auch erst beim Übersteigen der Wolke gelingen.

Manchmal ist es auch nötig, eine Wolke weiter windauf oder eine seitliche Wellenwolke anzufliegen. Meistens kann man die Wellenwolken um mehrere Hundert Meter (selten bis zu einem Kilometer) übersteigen. Sollte es einmal sein, daß man sie nur knapp überwinden kann – die größte Höhe läge dann über dem Scheitelpunkt der Lenticularis –, so ist beim Vorfliegen gegen den Wind darauf zu achten, daß man nicht in die Wolke eintaucht, also Blindflug betreibt.

Vor dem Eintauchen sei auch deswegen gewarnt, weil die unterkühlten Wassertröpfchen, aus denen diese Wellenwolke überwiegend besteht, zu erheblicher Vereisung führen würde.

Klingt der Föhn ab oder deutet sich sein Zerfall an (eine Front naht), dann muß ein erhöhtes Augenmerk der Bodensicht gelten. Bricht von Westen oder Süden bereits Regen durch, dann verdichtet und schließt sich die Wolkendecke unter einem rasch, obwohl in der Höhe noch Wellen gut auszufliegen wären.

Insgesamt ist Innsbruck sowieso bevorzugt, da die Föhnlücke dort am längsten erhalten bleibt, wo Quertäler (Nord–Süd) auf Längstäler (Ost–West) treffen, in Innsbruck also direkt über dem Stadtgebiet.

Der Abstieg aus der Welle ist an und für sich problemlos. Als Zeiterfordernis für den Sinkflug aus etwa 6000 m NN kann man eine halbe Stunde ansetzen.

Wenn man dann wieder wohlbehalten auf dem Flughafen angelangt ist, so weist der Höhenschrieb des Barogramms solch einen Verlauf auf, wie ihn Abb. 51 wiedergibt.

WELLENFLÜGE IM GROSSGLOCKNERGEBIET VON ZELL AM SEE AUS

Der Großglockner ist ein klassisches Gelände, um Wellen bis in die hohe Atmosphäre, wenn nicht sogar in die untere Stratosphäre, durchzuführen. *Günter Cichon* war nach Klöckner's 11,4 km-Höhenflug der nächste Segelflieger, der mit 10,2 km die 10 000-Höhenmetergrenze überstieg. Daß Jochen von Kalckreuth im Hochsommer 1963 9030 m erzielte, sei hier ebenso angeführt, weil es sich um eine flugmeteorologische Seltenheit handelt. Der erzielte Höhengewinn von fast 7000 m wurde ebenfalls durch F-Schlepp von Zell am See in den Rotor am Enzingerboden erreicht.

Weg in die Welle

Mit Flugzeugschlepp geht es von der Segelflugschule Zell a. S. Richtung Gebirge auf mindestens 2000 m. Nun versucht man eines der südlichen Tauernquertäler, entweder Stubach- oder Felbertal, zu erreichen, wo bei entsprechender Windgeschwindigkeit normalerweise ein hoher Rotor steht, an dessen Vorderseite (Luv) man auf etwa 5000 m steigt und dann erst den Einstieg in die Welle vor sich hat. Um brauchbare Höhenflüge zu erzielen, sind 30 bis 40 m/s Windgeschwindigkeit (also Strahlstromstärke) im 500-mb-Niveau Voraussetzung. Die Rotoren des Stubach- und Felbertales können Segelfliegern mit ihrer starken Turbulenz das Fürchten lehren. Berichte über Aufwinde von 15 bis 20 m/s in 2 bis 5 km Höhe sind nicht selten. Es sind auch schon Böenwerte von bis zu 30 m/s im Stubachrotor gemessen worden.

Durch die einzigartige Struktur des Großglockners und damit »seiner« Wellen dürfte es im deutschsprachigen Raum von hier aus allein möglich sein, in die Stratosphäre einzudringen.

Sicher gibt es noch viele Orte, an denen Föhnflug gut

möglich ist, doch alle aufzuführen würde an dieser Stelle zu weit gehen.

Doch Namen wie Fayence, St. Auban sur Durance, Issoire, Varese, Bergamo, Aosta, Öblarn, Ragaz und Aigen sind fest mit Föhnflug verbunden, auch wenn ihre Besonderheiten hier nicht so ausführlich behandelt wurden.

Für die Schweizer ist es klar, daß man von Schänis aus ebenfalls zu Höhenrekordflügen starten kann, nachdem im November 1973 Heide Goetz zwischen Weisstannental und Spitzmeilen 8520 m/Meer und somit einen Höhengewinn von 6450 m erzielen konnte, was Schweizer Rekord bei den Damen bedeutete.

Doch oftmals ist es gar nicht nötig, in die »hohen« Alpen zu fahren, um dort »seine« Höhe zu erfliegen.

Der Höhenflug im Mittelgebirgsraum Deutschlands wird immer attraktiver, seit Professor Georgii auf diese Möglichkeiten hinwies. Im folgenden Abschnitt soll versucht werden, manchem Mittelgebirgsflieger den Mund wässrig zu machen.

Ehe wir uns mit den Wellenflügen im Mittelgebirgsaum näher befassen, sollte hier noch der Bericht eines ungewöhnlichen Föhnstreckenflugs von Günter Cichon zu Pfingsten 1967 erwähnt werden, den er selbst wie folgt schildert:

»Starke Bewölkung und Regen südlich der Hohen Tauern hatten mich veranlaßt, einen Dreieckflug am Vortage in Aigen im Ennstal abzubrechen.

Am Morgen des 14. 5. 1967 (Pfingstsonntag) herrschte hier im Tal ebenfalls eine geschlossene Wolkendecke, die jedoch deutlich wellige Struktur besaß. Gegen 09 Uhr lockerte diese Wolkendecke auf, wälzte um in Cumuli, die gegen 10.45 Uhr bereits bis etwa 4000 m hochreichten. Um 10.12 Uhr war ich mit meiner Ka 6 in der Luft, nachdem ich einen 605 km-Zielrückkehrflug angemeldet hatte, der von Aigen nach St. Christoph am Arlberg und wieder zurück nach Aigen gehen sollte.

Der erste Teil des Fluges bis Zell am See war ein üblicher Thermikstreckenflug. 4 m/s-Bärte brachten mich rasch voran. Ab Zell am See begann sich der Föhn immer stärker auszuwirken, und die Quellwolken wurden immer flacher. Von hier aus sah ich auch schon eine im Raum Kreuzjoch/Zillertal beginnende mächtige Cirrenabdeckung. Auch an der immer stärker werdenden Windversetzung erkannte ich den zunehmenden Föhn und änderte ungefähr von Mittersill an meine Flugtaktik: Ich vermied mit Absicht, auf größere Höhe zu steigen, weil der mit der Höhe zunehmende Süd-Sturm meine Reisegeschwindigkeit sonst erheblich herabgesetzt hätte. Vor allem aber flog ich fast nur noch geradeaus, ohne zu kreisen, wobei ich Hangaufwinde, Rotorenaufwind und Wellenaufwind ausnützte. Die bisher bei Föhnflügen gesammelten Erfahrungen waren jetzt von unschätzbarem Wert. Die Luvseiten der Hänge lieferten durchaus keinen zuverlässigen Aufwind. Oft gab es an ihnen Fallen von 5 bis 7 m/s. Offenbar traf sie zufällig der absteigende Teil eines Rotors. Hier half nur die »Flucht nach vorne« in Form eines Schnittfluges gegen den Wind über das Tal. Dies war auch schon dadurch geboten, daß ich eiligst vom Berg freikommen mußte. Ich hatte immer das Glück, rechtzeitig wieder Aufwind zu finden. Eine Außenlandung in der Turbulenz des Föhns ist nämlich nicht zu empfehlen. Bei einer vor zwei Jahren ausgeführten Föhnaußenlandung trudelte die Maschine im Endteil trotz Überfahrt plötzlich aus etwa 70 m Höhe ab und nur mit Mühe gelang es mir, heil zu landen.

Nach dieser Erfahrung hielt ich immer eine Sicherheitshöhe zwischen 2500 und 3000 m NN. Mit Herzklopfen flog ich jedoch in das Stanzertal (zwischen Landeck und Arlberg) ein. Dieses von Dreitausendern eingeschlossene Engtal bietet auf 55 km für Hin- und Rückflug so gut wie keine Notlandemöglichkeit, und Rotoren machen jede Gleitzahlrechnung zu einer Illusion. Wellenanschluß, um auf große Höhe zu gehen, fand ich an dieser Stelle nicht. Dies hätte aber auch mein Vorwärtskommen erheblich verlangsamt. Eile war geboten. Um 16 Uhr fotographierte ich den Wendepunkt St. Christoph, und mir war klar, daß ich meine Reisegeschwindigkeit erheblich erhöhen mußte, wenn ich Aigen im Ennstal noch vor der Nacht wieder erreichen wollte. Um Punkt 17 Uhr passierte ich Innsbruck und ließ mir, wie schon beim Hinflug, noch einmal den neuesten Wind des Patscherkofels über Funk durchgeben: 160 Grad mit 35 bis 50 Knoten. Für den Wettlauf mit der Zeit war die Windrichtung nicht gerade ermutigend. Zum Glück drehte der Wind vom Gerlos-Paß an auf etwa 190 Grad und beschleunigte das Rennen. Sehr schwierig war die Überquerung des Zillertales, und auch in Schwarzau im Pongau war ich dicht vor einer Außenlandung. Dort hatten die Luvhänge und auch der Schnittflug über das Tal versagt. Der Aufwind, den ich im letzten Augenblick in der Mündung des Großarltales mit 3 m/s vorfand, war ein recht glücklich gelegener Rotor. Nach diesem Aufenthalt befand ich mich im Raum Radstadt, als im Tal die Lichter angingen. Kein Flugplatz war weit und breit, der nächste war Aigen. Unmöglich war es, wegen des Sonnenuntergangs eine Außenlandung zu riskieren. Sicherheit bestand nur darin, meinen Start- und auch Zielplatz Aigen zu erreichen. Aufwind gab es ja noch genug, denn der Föhn pfiff die ganze Nacht weiter. Nach zehnstündigem Flug landete ich glücklich in den letzten Augenblicken der Dämmerung mit meiner Ka 6 auf dem Flugfeld zu Aigen.

Dieser 605 km-Zielrückkehrflug stellte die größte Zielrückkehrstrecke dar, die bis dahin jemals in Europa erflogen wurde. Am folgenden Pfingstmontag blies der Föhn weiter, hatte aber auf Südwest gedreht. Die Bewölkung blieb den gesamten Tag geschlossen. Wie am Vortag hatte ich die gleiche Zielrückkehrstrecke angemeldet, kam jedoch gegen den Südwest-Föhnsturm wesentlich langsamer voran. Gleichzeitig hatte die Turbulenz erheblich zugenommen, und die durchflogenen Rotoren erreichten beängstigende Fallgeschwindigkeiten von mehr als 10 m/s. Nachdem ich am Pfingstsamstag bereits über 8 Stunden und am Folgetag 10 Stunden im Flugzeug gesessen war, lähmten körperliche Ermüdungserscheinungen den Kampfgeist und die Entschlossenheit, unter diesen erschwerten Bedingungen gegenüber dem gestrigen Flug in das furchterregende Stanzertal einzufliegen, wo mein angemeldeter Wendepunkt lag. Als mich deshalb im Raum Solbad Hall/Innsbruck ein 5 m/s Aufwind über die Turbulenzzone hinaustrug und ich in 4 km Höhe mit 60 Knoten am Stau und Flugrichtung 240 Grad über Grund still stand, war die Verführung zu einem ruhevollen Rückflug in großer Höhe mit Schiebewind vollendet. Ich stieg auf weit über 6000 m Höhe, wechselte über ins Lee des Großvenedigers und Großglockners und stieg dort auf 7000 m. Ein ruhevoller, genußreicher Rückflug nach Aigen war damit jedenfalls gesichert.

Die Rückkehrstrecke dieses Tages betrug immerhin noch 400 km!«

Soweit die Schilderung von Günter Cichon.

Aufgrund dieses Fluges kann man erwarten, daß auch im Winter außerordentliche Streckenflugleistungen auf der Alpennordseite möglich sein müßten.

Daß auch im Mittelgebirgsraum solche Streckenflüge en miniature möglich sind, führt der folgende Beitrag aus.

WELLENFLÜGE IM DEUTSCHEN MITTELGEBIRGSRAUM

Wenn hier von Wellenflügen berichtet werden soll, so muß gleich vorne an erklärt werden, daß es sich bei diesen Wellenflügen nicht nur um Leewellenflüge handelte, sondern auch um sogenannte »Thermische Wellen« oder »Thermo-Ondas«, wie sie die Fachwelt bezeichnet, ebenso um Wellen oberhalb von Cumulusstraßen. Darüber jedoch in den folgenden Kapiteln mehr.

Nun ist es dem einzelnen Segelflieger ja gleichgültig, »welche« Welle ihn zur Gold-C oder gar zum begehrten Diamanten trägt.

Um nun eben diese Bedingungen zu erfliegen, muß man längst nicht mehr ins Mekka der Föhnfliegerei, nach Innsbruck, pilgern. Wenn man Geduld hat, um auf die richtige Wetterlage zu warten, gelingt dies auch im Mittelgebirgsraum. Daß hier nur von Flügen aus dem deutschen Bereich berichtet wird, bedeutet nicht, daß es sonst keine Möglichkeiten gibt. Im Lee der Vogesen, der Ardennen und des Schweizer Juras wurden ebenfalls Wellenflüge durchgeführt. Selbstverständlich erfordert dies eine laufende Überwachung der Wettersituation, auch wenn diese Verfolgung nur im Ansehen der Fernsehwetterkarte besteht. Feininformationen bietet dann ja meist die jeweilig zuständige Flugwetterberatungsstelle.

Teilt man die Wellenfluggebiete ein, so ergibt sich eine Trennung zwischen Nord- und Süddeutschland.

Im süddeutschen Raum stehen dem Höhenflugaspiranten – die Alpen einmal ausgenommen – der Schwarzwald, die Schwäbische und Fränkische Alb, die Haardt, der Taunus, der Odenwald, der Spessart, das Fichtelgebirge, der Oberpfälzer und Bayerische Wald sowie der Steigerwald und die Haßberge zur Verfügung. In diesen angeführten Gebieten wurden bereits häufig große Höhen erflogen.

Daß diese Höhenflüge keine Eintagsfliegen sind, beweist folgendes:

Am Ostrand der Haardt (Pfälzer Wald und Weinstraße) wurden bereits 1968 bei Nordwestwind Höhen erflogen, und zwar gelang dies damals den Segelfliegern aus Neustadt/Weinstraße. Im August 1972 wurden von B. Masset 4000 m erreicht. G. Kaul und W. Leber (dieser doppelsitzig!) erreichten mehr als 4000 m Höhe.

Im November 1973 brach F. Renker in 4900 m Höhe wegen fehlenden Sauerstoffes ab.

Der Einstieg in den Rotor ist in Neustadt/Weinstraße oft aus der Winde her möglich, so ideal liegt der Flugplatz Lachen-Speyerdorf. Eine erste Welle steht zumeist südlich von Neustadt genau über der B 38, die überwiegend Aufwinde von bis zu 2 m/s bringt.

Eine zweite Welle mit noch besserem Steigen wird über Mußbach und Haßloch angetroffen.

Noch weiter südlich, im Raum Edenkoben/Edesheim, stehen auch noch Wellen, die allerdings wesentlich geringere Steigwerte aufweisen.

M. Seuß vom Aeroclub Landau erflog hier Werte von ca. 1 m/s.

Schon seit längerem war bekannt, daß auch über der Fränkischen Alb größere Höhen zu erzielen waren, was die Segelflieger von Burg Feuerstein nachwiesen. Hier tritt nicht nur bei Ostwind, beim »Böhmischen Wind«, eine Wellensituation ein, sondern auch bei WSW-Winden in Verbindung mit Thermik können Höhenflüge mit Übersteigen der Quellwolken durchgeführt werden.

»Der Lange« aus Hamburg, Heinz Huth, brach bei einer solchen Lage über Burg Feuerstein und WSW-Wind in der sagenhaften Höhe von 5100 m bei Steigwerten von noch 1 bis 2 m/s ab, da er keinen Sauerstoffvorrat mit sich führte. Zum Vergleich: Burg Feuerstein liegt etwa 510 m hoch.

Flüge über 4000 m wurden ferner noch von den Feuersteinern Kühn, Heidenreich und dem Leiter der Flugschule, Gerd Stolle, erzielt.

Bei Ostströmung treten im Lee des Oberpfälzer Waldes ebenso Wellen auf, die die Segelflieger aus Weiden/Oberpfalz zu zahllosen Höhenflügen über 3000 m führten.

Wie beim Feuerstein, so ermöglicht auch eine WSW-

Strömung dort am »Rauhen Kulm« Höhengewinn von mehr als 3000 m, wobei der Einstieg mit Hilfe der Thermik zu verzeichnen ist.

Ebenso sind Flüge aus dem Kulmbacher und Bayreuther Gebiet bekannt geworden. Am selben Tag, an dem H. Huth die 5000 m überstieg, wurde bei Bayreuth eine Startüberhöhung von 4200 m und am »Rauhen Kulm« von 3100 m gemeldet.

Aus dem Gebiet des Bayerischen Waldes bis in die Gegend von Straubing sind Höhenflüge über 3000 m bisher nur bei Ostwindlagen bekanntgeworden.

Nahezu alle Segelflugvereine rund um Karlsruhe erflogen Höhen um 4000 m, sowohl bei Nordostströmung als auch bei Südwestwinden. G. Keuerleber gelang der Wiederaufstieg von 300 m auf 3600 m Höhe! Im Gebiet um Freudenstadt wurden gar bei Nordostlagen 4500 bis 5000 m Höhe erzielt.

Im Odenwald sind bei ebenfalls Nordostlagen Höhenwerte von 4000 bis 4500 m keine Seltenheit mehr und wurden von den dort ansässigen Segelflug-Vereinen nahezu regelmäßig erflogen. Selbst bei Südwestlagen reicht es hier noch bis zu 3000 m Höhe.

Im Neuwieder Becken erflog D. Bernauer am 16. 11. 74 (Föhn des Jahres in den Alpen, siehe auch Abb. 95) 5400 m NN, wobei er wegen fehlenden Sauerstoffs bei einem Steigen von 1 bis 2 m/s abbrechen mußte.

Sein Vater hatte ihn kurz vor 13 Uhr über das Becken von Neuwied geschleppt. Bei starker Turbulenz und kräftigen Südwestwinden klinkte der »Cirrus« über dem Heimbacher Hang in 500 m Höhe aus. 2 m/s Steigen vom Hang weg erlaubten eine Startüberhöhung von 4900 m zu erreichen, die über den Ortschaften Engers und Bendorf erzielt wurde.

Ab 2000 m Höhe stand der »Cirrus« bei knapp 120 km/h Geschwindigkeit praktisch über einem Fleck, so daß eine Windgeschwindigkeit von ebenfalls knapp 120 km/h herrschen mußte. Hinter ihm war eine mächtige Hebungswolke im Aufbau begriffen.

Wegen des Fehlens von Sauerstoff landete B. nach etwa $2^1/_2$ Stunden wieder wohlbehalten auf dem Fluggelände Burgerberg. Am selben Tag hatten noch zwei Piloten mit einer Blanik 2700 m Höhe geschafft. Aus Wienau erreichte ein Segelflugzeug knapp 2,5 km Höhe, mußte dann jedoch abbrechen, da sich die Wolkendecke unter ihm schloß.

Vom Segelfluggelände Hilzingen, unweit von Singen am Hohentwiel, sind ebenfalls Wellenflüge bekannt geworden, die besonders Höhen um 4500 m erreichten. Diese Gegend mit den Hügeln vulkanischen Ursprungs wird Hegau genannt.

Hilzingen, das am Fuß des Hohenstoffeln liegt, ein Zweigipfelberg mit einer Höhe von 850 m NN, weist eine Höhenlage von 450 m NN auf.

Sowohl bei West- als auch bei Ostwind kann im Hangwind des Hohenstoffeln 600 m über Platz erreicht werden. Mit knapp 500 m Schlepphöhe kommt man direkt in den Hangaufwind.

Bei Westwindlagen, die für Wellenflüge geeignet sind, herrscht am Boden etwa eine Windgeschwindigkeit von 25 kt. Die größten Höhen wurden 1970 mit 4600 m und 1972 bei 4900 m erreicht, wobei beim letzteren – wegen des immer fehlenden Sauerstoffs – bei Steigwerten von noch 1 m/s abgebrochen werden mußte.

Am selben Tag wurden außer im Oberrheintal auch über dem Klippeneck und der Hahnweide Wellen erflogen.

Wenn Wellenflüge in der Hegau möglich sind, meldet der Feldberg im Schwarzwald jeweils 35 bis 45 kt aus West bis Südwest, der Säntis rund 20 kt aus West und die Zugspitze noch bis zu 35 kt. Freiburg und Friedrichshafen weisen immerhin auch Windwerte um 15 bis 20 kt auf.

Der Einstieg in die Welle erfolgt direkt aus dem Hang in etwa 700 m Höhe über Platz beim Vorfliegen gegen Westen. In 1000 m weht der Wind bereits mit 40 bis 50 Knoten und ab 2 km Höhe konstant mit 50 bis 60 kt.

Häufig ist starke Rotorenturbulenz festzustellen. Bewölkung, abgesehen von den typischen Wellenwolken, wird nicht festgestellt, da die Föhnwirkung des Schwarzwaldes dem entgegensteht. Die Steigwerte in der Welle liegen zwischen 1 und 2 m/s und nehmen selbstverständlich mit der Höhe ab. Die Wellenbildung steht natürlich mit dem Schwarzwald – und evtl. sogar noch mit den Vogesen – in Verbindung.

Ein französischer Wellenflieger flog aus der Vogesenwelle in östliche Richtung ab und fand dann am Westrand des Schwarzwaldes eine zweite Welle, unmittelbar östlich des Schwarzwaldes eine dritte, während er die vierte in Höhe von Waldshut antraf.

Flüge von der Hegau nach Norden sind nicht bekannt, die im Lee des Schwarzwaldes möglich wären, doch sind Flugberichte vorhanden, die in der Gegend von Schramberg beträchtlichen Höhengewinn vermelden. Die Wellen der Hegau könnten ziemlich genau untersucht werden, da in unmittelbarer Nähe eine Radiosondenstation der Bundeswehr, in Neuhausen ob Eck, liegt. Ebenso könnten die aerologischen Aufstiege von Nancy und Stuttgart herangezogen werden.

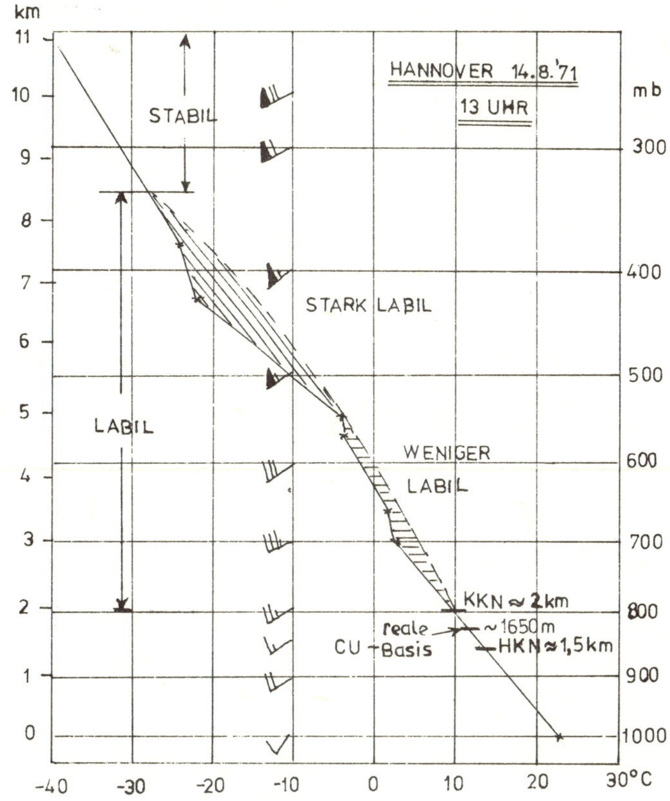

Abb. 52: Aerologischer Aufstieg Hannover am 14. 8. 1971, 13 Uhr MEZ (bei Südwestströmung gegen die deutschen Mittelgebirge).

Am 6. und 14. 8. 1971 wurden sehr viele Mittelgebirgsflüge, die Höhen zwischen 3,5 und 5 km NN erreichten, bekannt, so

a) im Lee des Habichtswaldes bei Kassel (von Dr. Keding erflogen),
b) über dem Fuldatal bei Melsungen,
c) vom Habichtswald bis über die Weser (Rheinhardtswald) und im Lee des Solling 50 km ohne Höhenverlust (H. Thielemann),
d) ferner im Taunus,
e) an der Oberweser,
f) im Rheinland und – wie bereits erwähnt –
g) über Feuerstein (H. Huth und Kühn).

Mit Hilfe von recht guter Thermik bis knapp 2000 m war der Übergang in die Welle sehr erleichtert.

Die meteorologischen Bedingungen waren sehr günstig und – wie im folgenden ausgeführt – oberhalb des Kondensationsniveaus bestand bis cirka 3300 m eine Schicht sehr geringer Labilität (s. auch Abb. 52). Über dieser Schicht verstärkte sich die Labilität bis rund 8000 m, darüber herrschte bis zur Tropopause Stabilität. Der Wind hatte die zur Ausbildung von Wellen notwendige Stärke von mehr als 20 kt. Die Windrichtung Südwest wurde unverändert bis zur Tropopause beibehalten und die Windgeschwindigkeit nahm bis zum Maximalwert in etwa 10 km Höhe mit 70 kt kontinuierlich zu.

Die in die labile Schicht eingelagerten – jedoch schwachen – Isothermien, mit der damit abgeschwächten

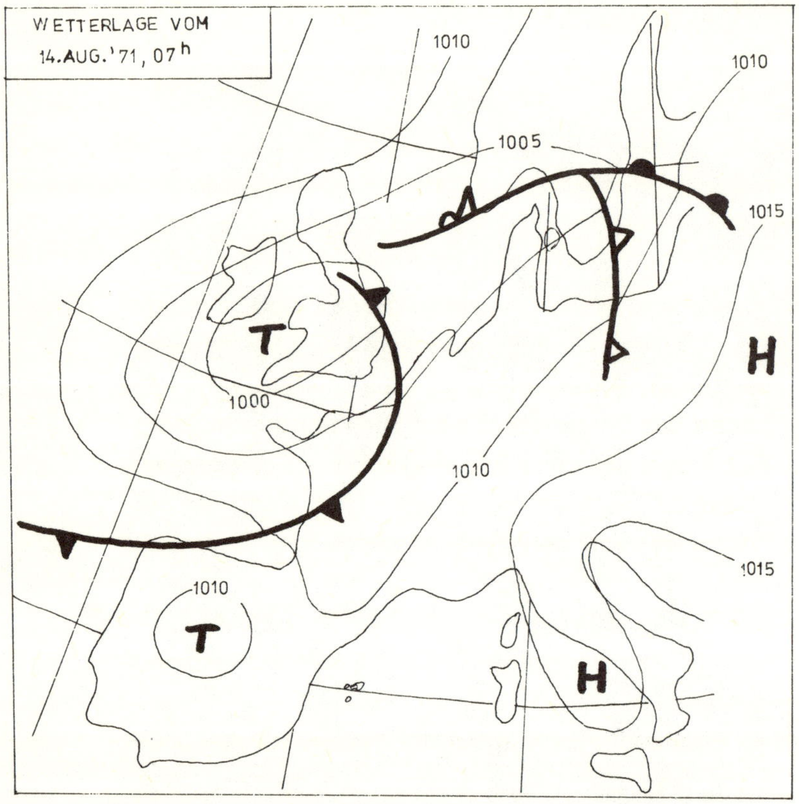

Abb. 53: Wetterlage vom 14. 8. 1971, 07 Uhr MEZ über Europa in Bodennähe.

Labilität, waren für die Wellenbildung äußerst günstig. Die Amplituden bei 3000 bis 4500 m (Wellenlängen etwa 900 m bis 1500 m bei Windgeschwindigkeiten von 35 bis 50 kt) wären bei isoliertem Auftreten am größten gewesen, mit zusätzlicher Verstärkung der orographischen Wellen (Additionswirkung).

Man muß davon ausgehen, daß es sich nicht nur um Leewellen gehandelt hat, sondern auch um Thermo-Ondas oder Wellenerscheinungen oberhalb von Cumulusstraßen, die Inhalt der folgenden Kapitel sein sollen.

An diesem Tag (s. Abb. 53) herrschte herrliches Thermikwetter mit 3/8 bis 5/8 Quellwolken in 1500 bis 2000 m (= 5000 bis 7000 ft.) Es wurde beobachtet, daß die Untergrenze der Quellwolken nicht dem KKN entsprachen, das etwa bei 2 km Höhe lag, sondern eher dem HKN, das bereits in ca. 1500 m Höhe erreicht war.

Wie am Feuerstein Huth, so suchte auch H. Thielemann knapp nördlich von Kassel nach Wellen. Wellenwolken waren nicht zu beobachten, doch standen vor dem Reinhardswald einige Quellwolken quer zum Wind aufgereiht; an der windabgewandten Seite konnte er hangsegelnd mit 1 bis 2 m/s steigen, in 2900 m NN die Wolken gerade übersteigen. Die Versetzung beim Übersteigen betrug etwa 10 km. Um größere Höhen zu erreichen, suchte er wieder den Reinhardswald auf. Im Lee der Weser erreichte er knapp 3000 m. Eine dünne Wellenwolke stand etwa 300 m (= 1000 ft) über der Wellenoberkante, eine Erscheinung, die auch Huth am Feuerstein beobachtete. Die Sicht war infolge der Inversion dunstgetrübt. Nach der Georgii-Karte flog Th. in Richtung NNW entlang der Weser, überstieg die nur dünne Wellenwolke und erreichte 3700 m. Diese Höhe konnte er über 30 km halten, bis in den Lee des Solling. Das bedeutete vom Einstieg in die Welle bis hier her 50 km ohne Höhenverlust! Über dem Harz stand die nächste sichtbare Welle, leider jedoch in der ADIZ.

Daß im Süntel- und Deistergebiet, sowie in der Gegend von Niedermendig bereits erfolgreich Mittelgebirgswellen erflogen wurden, wies bereits Prof. Georgii erfolgreich nach.

V. THERMISCHE WELLEN

(THERMO-ONDAS)

Diese ziemlich neue meteorologische Version des Fliegens wurde zuerst in Italien (in den Gebieten der Apenninen und in der Nähe von Padua) beobachtet und fliegerisch erforscht, hier speziell im Rieti-Tal in den Zentralapenninen.

Daß bereits seit 1952 dieses Phänomen in Argentinien im Tal von La Cruz in der Sierra de Cordoba erflogen wurde, sei hier nur noch nebenbei erwähnt.

Da bestimmt schon viele Segelflieger – oft unbewußt – solche Verhältnisse angetroffen und ausgenützt haben (siehe Kapitel »Wellen im Mittelgebirgsraum«), werden wir diese Entstehung einmal näher betrachten.

Thermo-Ondas sind *nicht* identisch mit den Wellenerscheinungen oberhalb von Cumulusstraßen, die Thema von Kapitel VI sind.

Großen Verdienst zur Erforschung dieser Thermo-Ondas, wie sie in der Fachwelt heißen, gebührt vor allem Guido Antonio Ferrari, weiter dem Direktor des nationalen Segelflugzentrums Rieti, Plinio Rovesti, auch Col. Mantelli mit seinen Piloten der militärischen Segelflugabteilung. Da die Italiener mit die ersten waren, die auf diesem Sektor Veröffentlichungen herausbrachten, läßt sich das Ereignis »Thermische Wellen« sehr leicht am Beispiel Rieti veranschaulichen. Da in Rieti zudem die Segelflieger des Italienischen Aero Clubs zu Hause sind und dort oft nationale Meisterschaften abhielten, konnten andere Piloten diese Flugerforschungen ebenfalls mittragen helfen, da in den Apenninen Thermo-Onda-trächtige Wetterlagen relativ häufig beobachtet werden konnten.

Die thermodynamischen Verhältnisse, die die Situation für thermische Wellen charakterisieren, sind folgende:

a) Der Wind weht nahezu senkrecht gegen einen Berg; es genügt sogar, wenn er dies in mittlerer Höhe gegen das Berghindernis tut. Die Windgeschwindigkeit nimmt mit der Höhe allmählich zu und erreicht 20 bis 25 kt, manchmal sogar mehr, wenn die Höhenschicht von den Wellenbewegungen beeinflußt wird.

b) Der Temperaturgradient zeigt einen adiabatischen Verlauf vom Boden bis zur Höhe der Wellenbewegungen.

c) Als Entstehungsbedingung für Thermo-Ondas ist es nicht nötig, daß Wellenbewegungen stationär oder von Dauer sind. Vielmehr ist es sogar notwendig, daß sie nicht in atmosphärischen Schichten großer vertikaler Mächtigkeit vorhanden sein sollten.

d) Thermische Wellen existieren sogar, wenn instabile (zerfallende) und pulsierende Wellenbewegungen angetroffen werden.

e) Bei Thermo-Onda-Lagen entsteht die thermische konvektive Aktivität am Boden, normalerweise durch Wellenbewegung hervorgerufen, weil der aufsteigende thermische Luftstrom in den höheren Schichten mit dem aufsteigenden Teil der Welle verschmilzt, während die absinkenden Luftströme in der Zone Verbindung mit dem absteigenden Ast der Welle zustande bringen.

f) Tritt diese thermische Wellenerscheinung in trockener Luftmasse auf, so erfolgt dieser Vorgang optisch unbemerkt. Geschieht er aber in ausreichend feuchter Luft, so werden diese Phänomene durch

Cumulus- oder Stratocumulusformationen sichtbar, deren Erscheinung, Größe und Form von verschiedenen Faktoren abhängen.

g) Instabile Wellenpulsierungen orographischen Ursprungs rufen vereinzelte Cumuluswolken verschiedener vertikaler Entwicklung hervor. Diese Wolken werden vom Wind getrieben.

Die günstigeren thermodynamischen Bedingungen zur Bildung solcher Cumuluswolken sind:

Der Wind weht mit einer gewissen Stärke gegen ein Hindernis, es herrscht thermische Instabilität vor und es ist ausreichend feuchte Luft vorhanden.

Die längere oder kürzere Lebensdauer dieser Wolken in Verbindung mit pulsierenden Wellen, deren Länge 2 km nicht überschreiten, hängt von der Feuchtigkeit der umgebenden Luft und vom Einfluß der feuchten Luft eines eventuell aufsteigenden thermischen Stromes ab, der vom Erdboden ausgeht. Normalerweise jedoch ist die Lebensdauer dieser Wolken sehr kurz.

Die »thermischen Wellen-Lagen«, von großem Interesse für den Segelflug, entstehen während des Sommers im Lee einer Gebirgsbarriere in Verbindung mit starken Winden in Flughöhe. Es genügt jedoch bereits eine geringe Hindernishöhe zur Auslösung dieser Erscheinung. Diese Lagen können leicht erkannt werden, wenn die Luft ausreichend feucht ist und die Ausbildung von Cumulus- oder Stratocumuluswolken gestattet.

Die Reihen der Thermo-Ondas, ob von einzelnen Quellwolken in Windrichtung angeordnet, oder richtige Straßen von Cumulus- oder Stratocumuluswolken – parallel oder quer zum Wind – gebildet, entstehen entlang eines flachen Streifens, hervorgerufen durch starke Wellenerscheinungen. Sie entstanden in Verbindung mit höheren Bergen, die dem Wind günstiger zugewandt sind oder stehen in Resonanz mit den Wellen, die durch vorangehende orographische Hindernisse entstanden sind.

Es ist interessant zu bemerken, daß die zwei vorgenannten Straßentypen von Quellwolken, entstanden durch thermische Wellen zwei oder drei Wellenlängen vom Berg entfernt, im Gegensatz zu den Quellwolken-Rotoren stehen, die unter der ersten, zweiten oder sogar dritten Welle in der Abwindzone gebildet werden.

Wenn die Wellenbewegungen nicht in höhere Schichten der Atmosphäre reichen und sie nicht die unmißverständlichen Charakteristika der großen stationären Wellenformationen annehmen, so werden die einzelnen Quellwolken, hervorgerufen durch thermische Wellen, anders als die zusammenhängende Kette von Quellwolken, sogar in der herrschenden Abwindzone gebildet.

Es gibt drei typische Situationen, bei welchen Thermo-Ondas gebildet werden:

A. *Vereinzelte Cumuluswolken*

Von den 3 Typen der Lagen, bei denen Thermo-Ondas entstehen, ist die eine, die häufiger vorkommt, charakterisiert durch die Formation von einzelnen Cumuluswolken.

Der Grund dafür ist u. a., daß sie die Anfangs- und Endphase der Situation bildet, in welcher die Reihen der Stratocumuluswolken parallel zum Wind stehen.

Die nötigen Bedingungen zur Ausbildung von vereinzelten Quellwolken, die den ganzen Tag anhalten, sind einzig und allein das Vorhandensein von nicht übermäßig großer Feuchtigkeit der Luftmassen. In solch einem Fall ist die Basishöhe der Kondensation immer höher als die vergleichbare der Situation, bei der sich Reihen von Stratocumuluswolken parallel zum Wind bildeten (s. Abb. 55).

Im Tal von Rieti z. B. kommen solche Situationen häufiger mit Nordostwinden vor, die in Verbindung mit einer Luftströmung stehen, die den Balkan zum Ursprung haben, also kalt und relativ trocken sind.

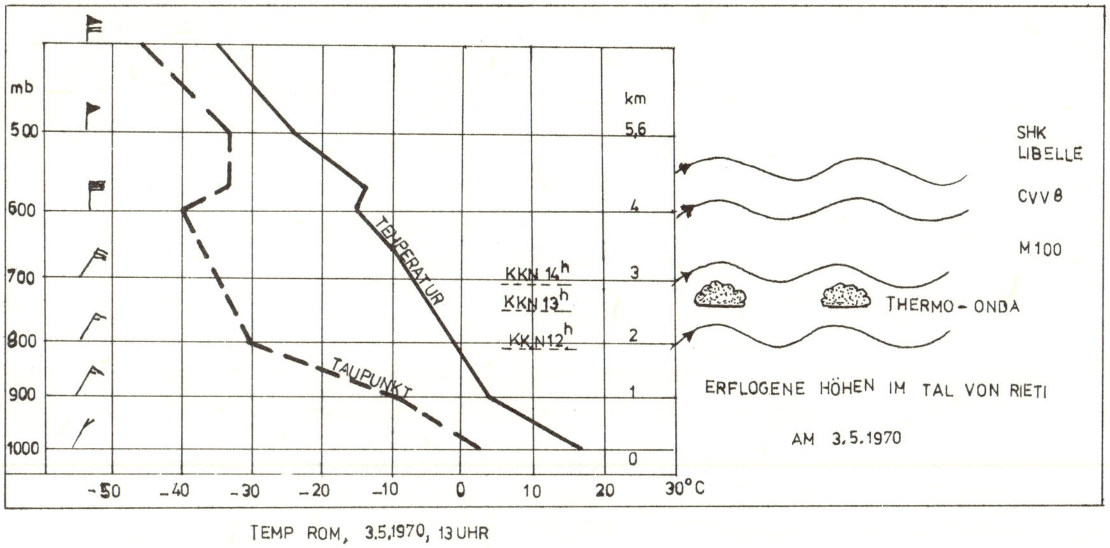

Abb. 54: Aerologische Situation am 3. 5. 1970 im mittelitalienischen Raum (Temp von Rom-Fiumicino).

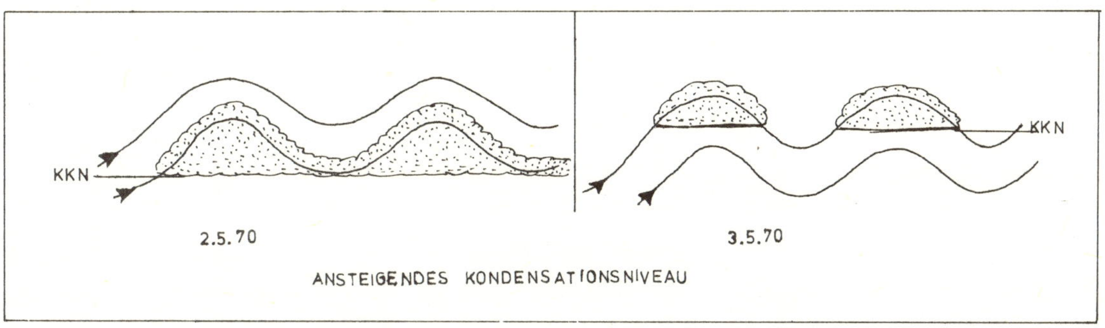

Abb. 55: Anhebung des Kondensationsniveaus (= Quellwolkenbasis) vom 2. 5. auf den 3. 5. 1970 im Gebiet von Rieti/Apenninen.

In solch einem Falle entstehen die Cumuluswolken der Thermo-Ondas auf dem Wellenkamm und nie gelingt eine Vereinigung, um eine zusammenhängende Reihe zu formen, obwohl sie oft große Ausmaße erreichen.

Diese typische Situation spielte sich in den Regionen Mittelitaliens am 3. Mai 1970 ab und ist durch den Radiosondenaufstieg von Rom vom selben Tag, 13 Uhr MEZ, dargestellt (s. Abb. 54).

In diesem Diagramm sind die Kondensationshöhen der Quellwolken während verschiedener Stunden des Nachmittags dargestellt. Die Höhen wurden von Piloten erzielt, die mit verschiedenen Segelflugzeugen in verschiedenen Teilen des Tales den Nutzen dieses Tages zogen.

Es erscheint wichtig hervorzuheben, daß am vorhergehenden Tag, am 2. 5. 1970, dieselben thermodynamischen Verhältnisse herrschten. Die Luftmasse jedoch, welche die Apenninen beeinflußte, war feuchter und somit ergab sich, daß die Kondensationshöhe der Quellungen tiefer lag, soviel tiefer, daß in bestimmten Gebieten die Cumuli sich zu einer Art Perlschnur formten (s. Abb. 55).

Betrachtet man die Technik zur Ausnutzung des aufsteigenden Luftstromes in Verbindung mit diesen Quellwolken, so sollte sofort klar herausgestellt werden, daß das Steigen der Welle nicht unter den Wolken, sondern oberhalb von ihnen zu finden ist, ebenso auch der Abwind.

Gelegentlich werden in dieser Zone kleine Cumulus-

Abb. 56: Thermo-Onda-Situation über Rieti/Italien bei Südweströmung gegen die Apenninen.

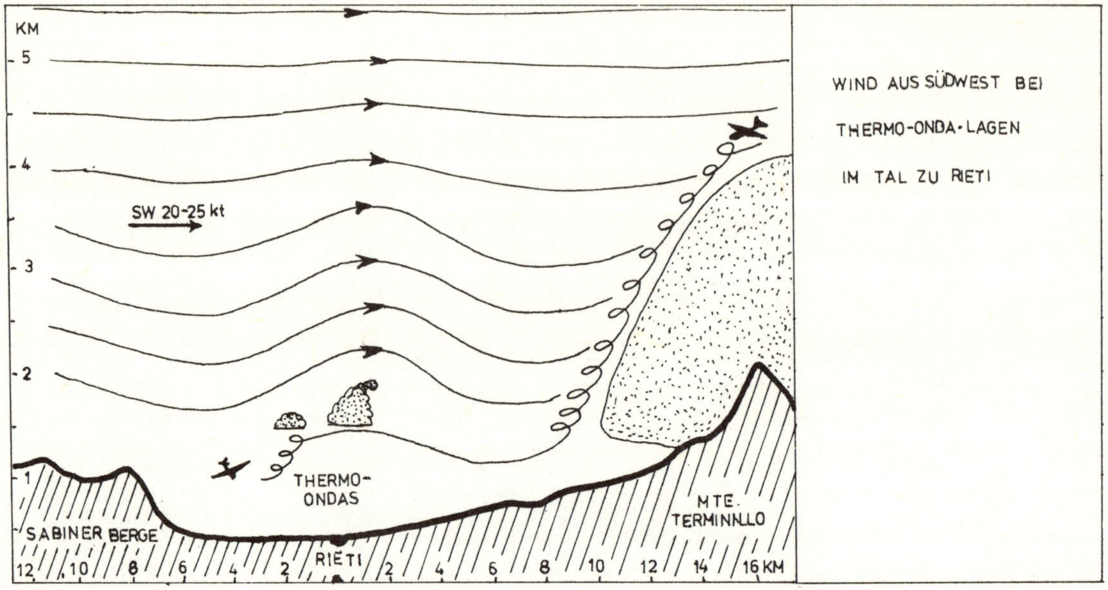

Abb. 57: Thermo-Onda-Lage über Rieti/Italien bei Südweströmung gegen die Apenninen.

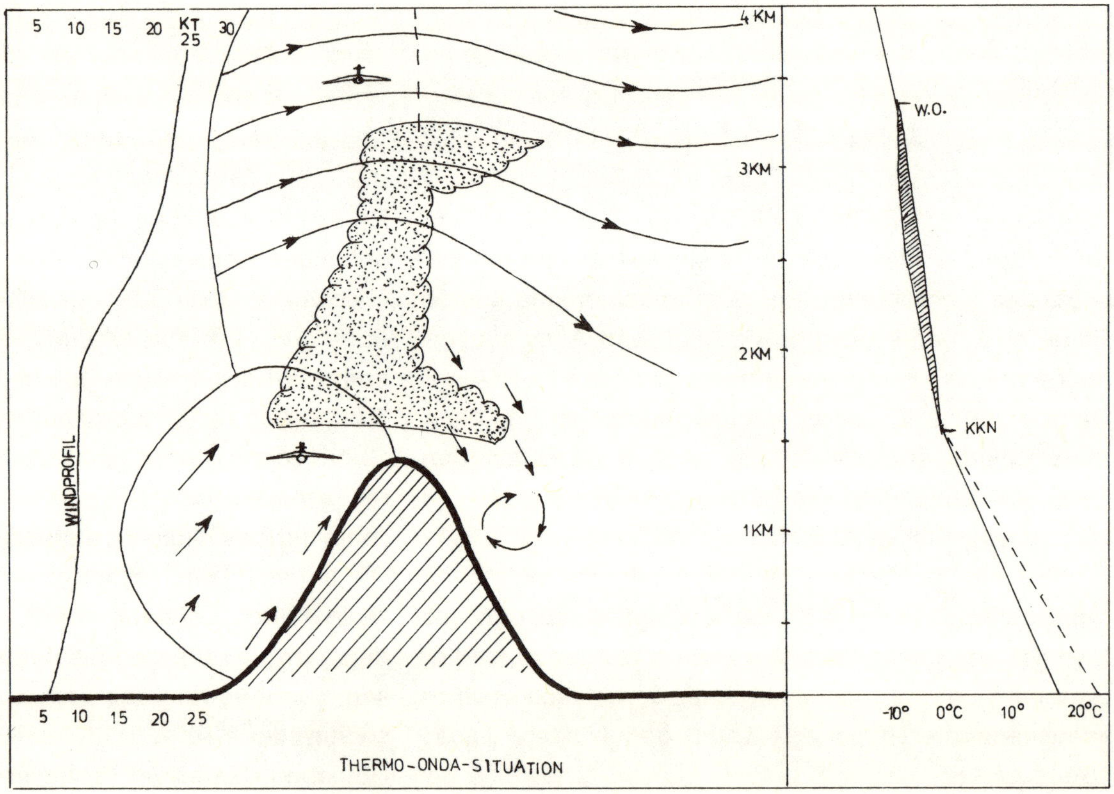

fetzen gebildet, hervorgerufen durch Aufwinde, die vom Boden kommen; Aufwinde, welche mit den aufsteigenden Wellenbewegungen verschmelzen und an diesem Punkt eine gewisse Turbulenz und eine Zunahme der Geschwindigkeit des aufsteigenden Luftstroms hervorrufen. Um das Steigen beizubehalten, muß der Segelflieger im Aufwind der Quellwolke mit dem Wind kreisen. Wenn das Steigen nachzulassen beginnt, ist es am besten, mit dem Kreisen aufzuhören und gegen den Wind, luvwärts zum wolkenlosen Gebiet zu steuern. Man sollte sich nicht narren lassen von der Anwesenheit von Quellwolken über sich oder von der Tatsache, daß das restliche Steigen unter diesen Wolken noch nennenswert ist.

Wenn man nämlich fortfährt, mit dem Wind zu fliegen, endet man im Abwind des Thermo-Ondas, aus dem man nur wieder durch den Preis merklichen Höhenverlustes herauskommen kann. Der Flug gegen den Wind, luvwärts dem Wolkenlosen entgegen, sollte andauern, bis das Vario eine merkbare Abnahme des Steigens registriert. Dann ist man wieder im Ausgangsgebiet, wo die Cumulusfetzenanordnung sichtbar wird und wo deshalb das lohnende Kreisen wieder fortgeführt werden kann.

Hat man das Vorderteil der Quellwolkenhöhe erreicht, so sollte man im Aufwind in Übereinstimmung mit den Quellwolkenanordnungen bleiben, entweder kreisend oder parallel an der Außenseite der Wolken fliegend, so wie über einen Bergrücken. Auf diese Art und Weise gelangt man vom thermischen Aufwind zu einer thermischen Wellenströmung, die die Obergrenzen der Quellwolken erreicht und überschreitet, wohlgemerkt außerhalb der Wolken. Ist die Windzunahme mit der Höhe mäßig, findet man das beste Steigen nahe der Wolken, so daß es manchmal, um schneller zu steigen, vorzuziehen wäre, seine Kreise in die Wolke hinein und wieder heraus zu legen.

Die einzelnen Quellwolken der Thermo-Ondas können in parallelen Reihen entweder transversal oder parallel zum Wind angeordnet sein. Wenn, wie im Tal von Rieti, die Wellenströmung in Resonanz zum zweiten Bergrücken steht, dann sind die Segelflugmöglichkeiten vergrößert durch dieses orographisch verstärkte Steigen der tieferen Luftschichten und die Flüge werden außerordentlich mühelos.

Diese Bedingungen sind an den Sabiner Bergen gegenwärtig, wenn der Wind aus Nordosten kommt, wohingegen mit dem Wind aus Südwest oder West sie sich entlang der Bergkette des Mt. Terminillo bilden. Abb. 56 und Abb. 57 illustrieren diese Erscheinungen.

B. *Bänder von Cumuluswolken quer zum Wind*

Wenn ein Berghang günstig zum Wind ausgerichtet ist und seine Höhe und orographische Struktur eine gewisse Übereinstimmung besitzen, ordnen sich die Thermo-Ondas entlang der Cumulusbänder quer zum Wind an. Ihre Lebensdauer hängt jedoch von den orographischen Bedingungen ab.

Es ist leicht zu verstehen, daß der Bildungsprozeß dieser Cumulusbänder identisch ist mit den einzelnen Cumulanten der Thermo-Ondas.

Deshalb – auch für die Bänder quer zum Wind – ist es nötig, daß die Luft nicht übertrieben feucht ist, sonst werden sich die Quellwolkenbänder sehr schnell zu Flecken von Stratocumuluswolken formieren.

Die Technik der Ausnutzung dieser Cumulusbänder ist genauso einfach wie die für einzelne Quellwolken bei Thermo-Ondas empfohlene.

In Italien können Bänder von Cumuluswolken quer zum Wind besonders häufig in den Gegenden von Rieti und Padua beobachtet werden. Piloten wie Moretti und Ferrari oder Piludu erflogen häufig große Höhen, auch am 2. 5. 1970, wie es Abb. 58 zeigt.

Es ist eine selbstverständliche Tatsache, daß man den

Abb. 58: Erflogene Thermo-Onda-Lage vom 2. 5. 1970 über Mittelitalien und bei Padua.

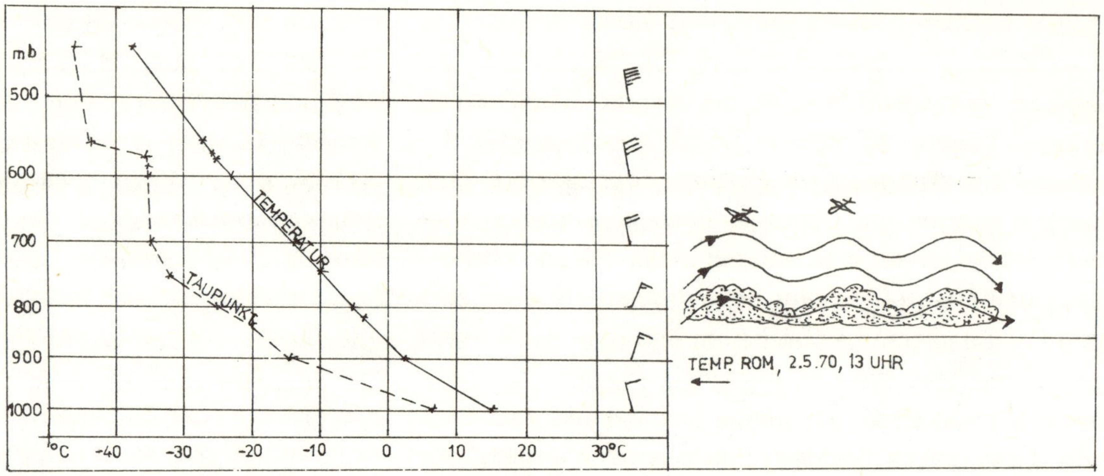

besten Aufwind neben der Aufwindgrenze der Cumulusbänder vorfindet und parallel dazu fliegt. Da sich ja die Winddrift bemerkbar macht, sollte man achtsam sein, und sich nicht, vom Wind getrieben, in den Abwind der Thermo-Ondas versetzen lassen, der — was wieder leicht verständlich ist — unter dem windabgewandten Teil der Quellwolkenbänder zu finden ist (s. Abb. 57).

C. *Bänder von Cumulus- oder Stratocumuluswolken parallel zum Wind*

Der Bildungsprozeß dieser Bänder oder Reihen, der tatsächlich das Aussehen von Wolkenstraßen vermittelt, ist anfänglich der gleiche, wie der der einzelnen Quellwolken.

Jedoch liegt die Kondensationshöhe normalerweise niedriger, weil die Luftmassen, die diese Formationen begünstigen, immer sehr feucht sind.

Im Sommer, wenn die Luftfeuchte nicht so groß ist, dann sehen diese Bänder wie richtige Straßen aus, jedoch nur in den Stunden der stärksten Einstrahlung.

Der Bildungsprozeß beginnt vormittags mit dem Erscheinen einer Serie von sich bildenden Cumulusfetzen, die linienförmig parallel zum Wind angeordnet sind. Diese Wolkenfetzen ballen sich an bestimmten Punkten zusammen und bilden einzelne cumuliforme Wolken. Ihr Anhalten jedoch ist noch von kurzer Dauer, tatsächlich ist es so, daß sie sich alle sofort wieder auflösen, nur um sich kurz darauf wieder zu bilden, wenn sie sich mit anderen Fetzen vereinigt haben, und so eine andere Quellwolke produzieren, jedoch immer am gleichen Ort. Der Rhythmus der Bildung und Auflösung dieser Wolken wird immer schneller. Mit fortschreitender Zeit nimmt die thermokonvektive Tätigkeit zu und der Himmel wird stärker von Quellwolken bedeckt, die sich entwickeln und ausbreiten, bis sie mit anderen Wolken Bänder oder Reihen von Cumulus- und Stratocumuluswolken parallel zur Windrichtung bilden. Das Ausmaß dieser Wolkenbänder hängt von der Ausdehnung ab, die von den Wellenerscheinungen beeinflußt wird. Die Wolkenbänder, die von den italienischen Segelfliegern auf der windabgewandten Seite der Apenninen und in den voralpinen Gebieten ausgenutzt wurden, waren normalerweise 3 bis 4 km breit und zig-Kilometer lang.

Die Untergrenze lag etwa bei 5000 bis 6000 ft und die größte Höhe bei 10 000 bis 12 000 ft.

Ist die Luft sehr feucht und labil, dann können auch einzelne Gewitterwolken entlang der Bänder gebildet werden, die Gewitter und ergiebigen Niederschlag bringen können. In solchen Fällen endet die thermodynamische Tätigkeit für kürzere oder längere Zeit. Danach werden die Cumulusreihen sehr schnell wieder gebildet. Wenn man entlang dieser Reihen blickt – longitudinal –, so scheint es, als seien sie quer zum Wind – transversal – von hellen und dunklen Streifen gekennzeichnet, etwa im Abstand von einem bis 2 km, abhängig von der Wellenlänge (2 bis 4 km). Das Steigen unter diesen Bändern hält praktisch entlang der gesamten Reihe an. Auf beiden Seiten dieser Bänder – also im wolkenfreien Raum – herrschen starke Abwindverhältnisse. Daran muß der Pilot denken, wenn er beabsichtigt, das Wolkenband zu verlassen.

Wellenerscheinungen und somit auch thermische Wellen können gebildet werden als Ergebnis von Massenzusammenfluß oder Auseinanderfließen von Luftmassen, die z. B. in ein Tal gezwängt werden. In diesem Fall verursacht die Veränderung des statischen Druckes $\triangle$ p, begrenzt in der horizontalen Ebene durch die Gebiete von Massenzu- und -abfluß, daß die stabile Schicht, die vorhanden ist (Inversion), in einer bestimmten Höhe entlang der Längsachse des Tales schwingt (s. Abb. 59).

Abb. 59 zeigt die Erscheinung im Winter, während Abb. 60 die gleiche Erscheinung im Sommer wiedergibt. Im letzten Fall führt der Wind die warme Luft aus dem Tal heraus, die dann, wenn die Berge erreicht sind, entlang der Grenze aufsteigt, die von der hier lagernden Kaltluft errichtet wurde. Auf diese Art steigt die Warmluft bis zur Höhe der Inversion, wo sie mit den Wellenbewegungen verschmilzt und sie neu belebt, also verstärkt.

Wenn in der Folgezeit Segelflieger, die ähnliche Situationen, wie sie hier geschildert wurden, erfliegen und auch wieder darüber berichten, dann kann noch eine

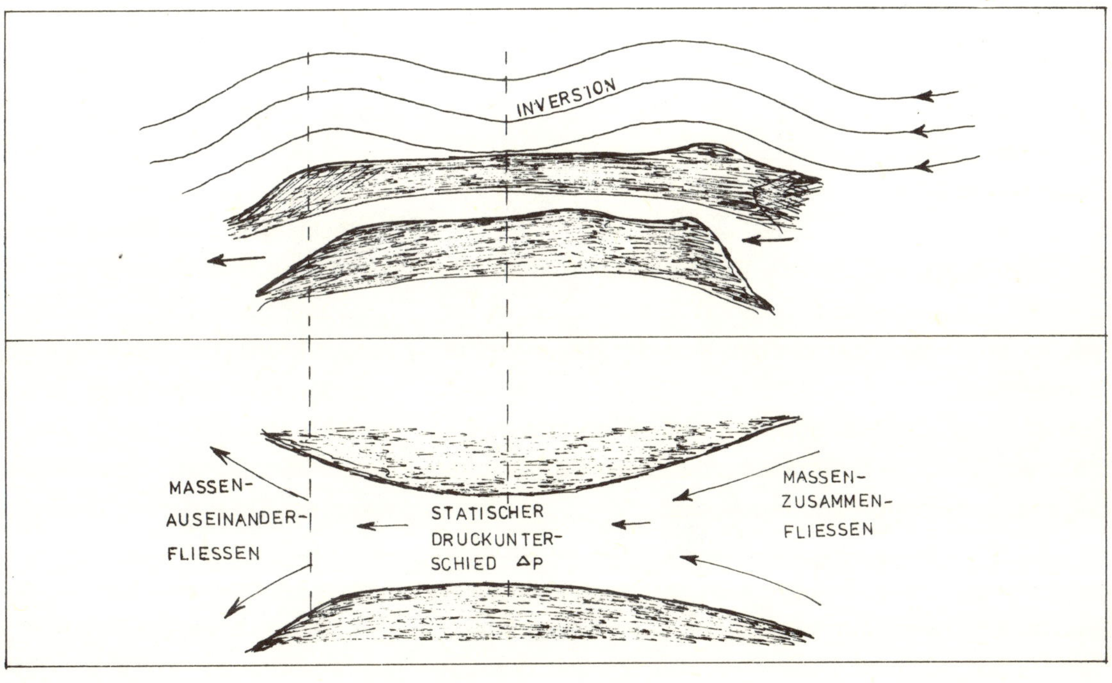

Abb. 59: Bildung von thermischen Wellen durch Massenzu- oder -abfluß in einem Tal (im Winter!).

Abb. 60: Entstehung von thermischen Wellen durch Massenzu- oder -abfluß in einem Tal (im Sommer).

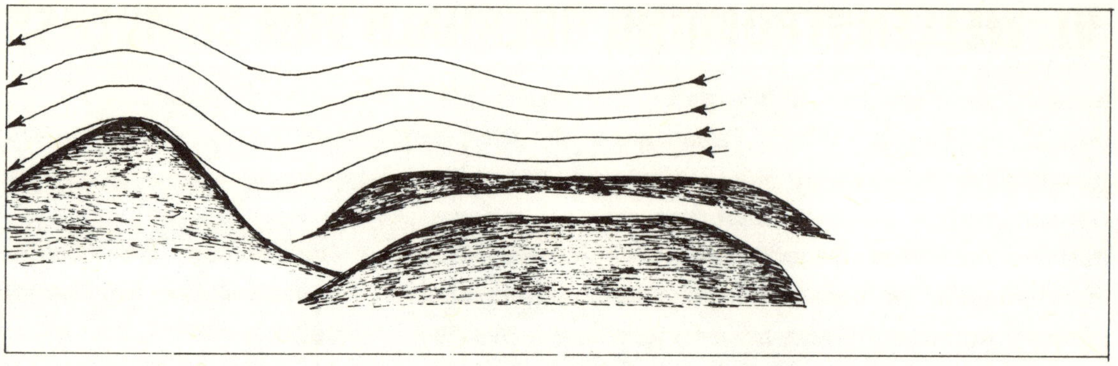

genauere Untersuchung dieses Phänomens »Thermo-Onda« erfolgen.

Nur als Zwischenstand auf dem Gebiet der Erkundung der thermischen Wellen soll dieser Abschnitt verstanden werden.

Auf eine weitere Möglichkeit zum Wellenflug, kombiniert mit konvektiven Erscheinungen, wird in Kapitel VI »Wellenströmung oberhalb von Cumulus-Straßen« eingegangen.

VI. WELLENSTRÖMUNG OBERHALB VON CUMULUSSTRASSEN

Oft beobachteten Segelflieger Wellenaufwinde, die nicht als die wohlbekannten Leewellen interpretiert werden konnten, da eine ungenügend starke Windgeschwindigkeit gegen ein orographisches Hindernis wehte, keine Höhenzüge vorhanden oder beide erwähnten Gründe zutrafen.

Das Studium detaillierter Flugberichte und das der metereologischen Verhältnisse zeigte, daß es möglicherweise interne atmosphärische Hindernisse gab:

Aufwinde verursachten wellenähnliche Deformationen der Oberfläche der Konvektionsschicht, wenn Cumuluswolken, in Straßen oder Reihen angeordnet, auftraten.

Alle bis jetzt untersuchten Fälle zeigen, daß die Höhenströmung nahezu im 90-Grad-Winkel gegen die Strömung innerhalb der Konvektionsschicht gerichtet ist, und daß das Auf- und Absteigen entlang der wellenähnlichen Oberfläche eine Wellenbewegung — in mittleren Höhen der Troposphäre — hervorruft.

Es scheint, daß der Segelflug wieder neue Möglichkeiten entdeckt hat.

Dem Hamburger Meteorologen Dr. Hans Jäckisch ist es zu verdanken, daß dieses Phänomen der Wellenströmung oberhalb von Cumulusstraßen näher untersucht und die Ergebnisse publiziert worden sind.

BILDUNG VON WELLENSTRÖMUNG OBERHALB VON CUMULUSSTRASSEN

Die Bildung dieser Wellenerscheinung kann angenommen werden, wenn jeweils die folgenden meteorologischen Bedingungen gegeben sind:

a) Die Richtung des Windes oberhalb der Konvektionsschicht sei annähernd senkrecht zur Strömung der unteren Schicht.
b) Die Wellenlänge der freien Schwingung in der oberen Strömung sei etwa zwei- bis dreimal so groß wie die Konvektionsschicht mächtig ist.

Gehen wir einmal davon aus, daß Wolkenstraßen — wohlgemerkt im Flachland — auftreten.

Gleichzeitig sei die untere (= Konvektions-) Schicht durch eine markante Inversion von der oberen Schicht getrennt, welche senkrecht zur Orientierung der Wolkenstraßen und zur Windrichtung der unteren Schicht strömt.

Wenn die vertikale Mächtigkeit dann noch z. B. 1,5 km beträgt, so findet man nach etwa 3 mal 1,5 km = 4,5 km Abstand die nächste Cumulusreihe.

Betrachtet man dann einmal die wahrscheinliche Vertikalzirkulation innerhalb der Konvektionsschicht, so spiegelt diese Betrachtung solch ein Bild wieder, wie es Abb. 61 zeigt.

Daraus läßt sich gut ein wellenförmiges Auf und Ab der Sperrschicht erkennen. Die gesamte Erscheinung deutet ein Zusammenwirken von Konvektion in Straßen und der Wellenströmung darüber an. Die Frage ist nur, ob die Wellen die Cumulusstraßen hervorrufen oder umgekehrt.

Hier soll noch die Technik des Ausfliegens solcher Erscheinungen interessieren.

Ein Segelflieger, der versucht, sich eine solche Lage für einen Höhenflug nutzbar zu machen, muß vom höchsten Punkt des thermischen Aufwindes gegen die

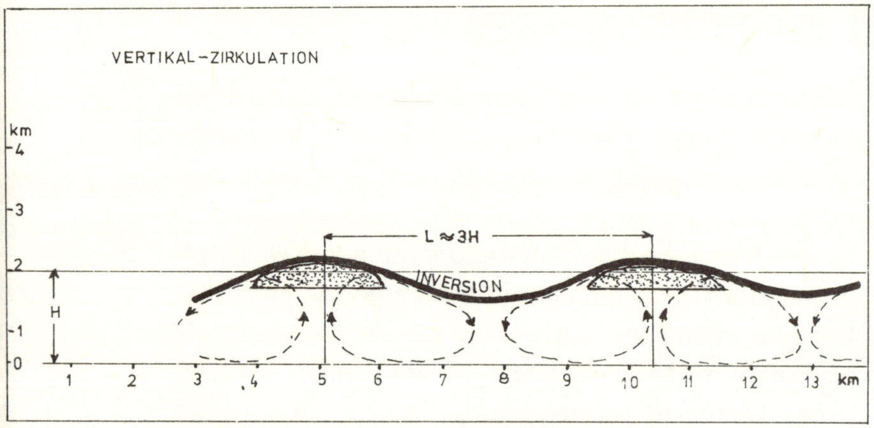

Abb. 61: Wahrscheinliche Vertikalzirkulation innerhalb der Konvektionsschicht bei wellenförmigem Verlauf der Sperrschicht.

Abb. 62: Wetterlage (mit Isothermen in 1500 m + Wind in 600 mb = 4000 m) einer typischen Situation, bei der Wellen oberhalb von Cumulusstraßen vorhanden sind.

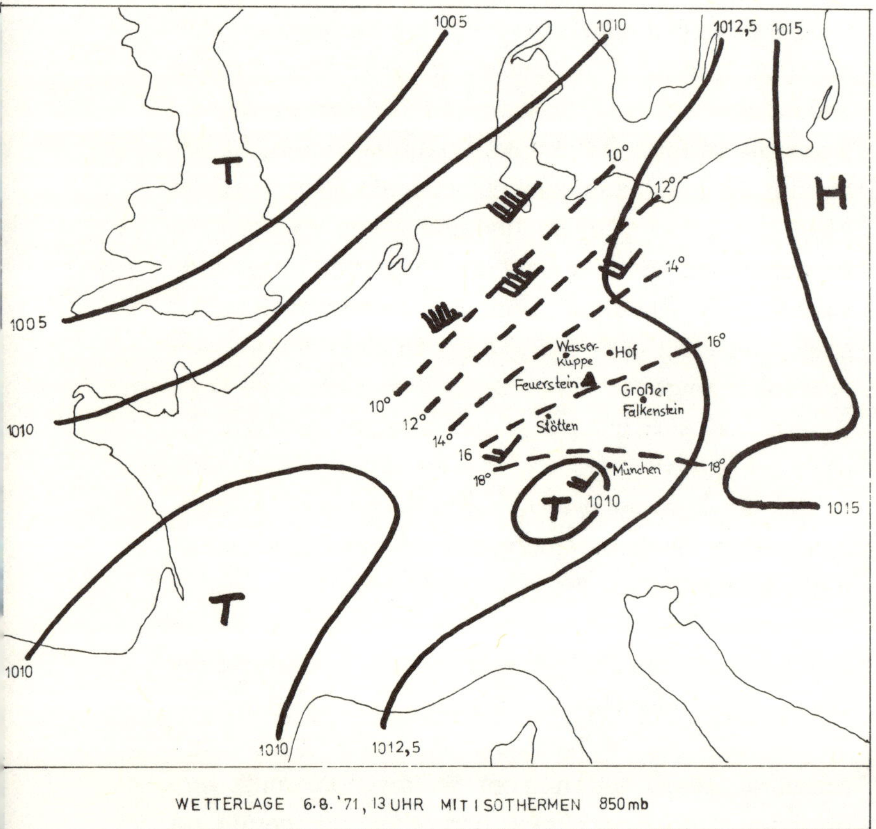

Höhenströmung fliegen, um durch die geschwungene Inversion oder dünne Grenzschicht zu gelangen. So scheint es möglich, 3000 m Höhengewinn mit einem kombinierten thermischen und Wellenflug über ebenem Gelände zu erzielen.

Am 6. 8. 1971 erflog Heinz Huth am Feuerstein fast 5100 m und mußte wegen fehlenden Sauerstoffes bei einem noch vorhandenen Steigen von 1 m/s abbrechen.

Gemäß seinem mündlichen Bericht herrschte unter der Wolkenbasis eine leichte südliche Strömung, während über den Nord-Süd orientierten Cu-Wolkenstraßen starke Westwinde vorherrschten. Die Wolkenuntergrenze betrug 2000 m und stieg während des Fluges allmählich auf fast 3000 m an. Die Obergrenze hob sich ebenfalls von 3000 m auf 3500 m an.

Die Wolkenstraßen waren nicht so markant ausgeprägt mit glatter Obergrenze, sondern die Cumuluswolken zeigten an ihren Obergrenzen regelrechte Haken. Die Cu-Straßen bestanden lediglich aus einer langen Reihe von einzelnen Cumuli.

Die zerrissenen westlichen Obergrenzenseiten zeigten eine Aufwärtsbewegung, wie sie unter dem Begriff »Vortex« in die Segelfliegersprache Eingang gefunden hat.

(Ähnlich wie ein Rauchring, wobei das Innerste schneller steigt als die Randpartien.)

Manchmal waren auch über den Cumulus-Wolken Wolkenkappen zu beobachten.

Da die vertikale Mächtigkeit der Konvektionsschicht sehr groß war, muß als Vergleich der Wind im 600 mb-Niveau herangezogen werden. Er steht nahezu im 90-Grad-Winkel zur unteren Strömung, die durch die Isobaren der Bodenwetterkarte vom selben Tag angezeigt wird (s. auch Abb. 62).

Legt man eine südliche Strömung zugrunde, von der Huth berichtete, so würde der aerologische Aufstieg von München 13 Uhr die Bestätigung bringen müssen, was auch tatsächlich der Fall war. Jedoch nicht allein auf diesen gemessenen Radiosondenwind wollen wir zurückgreifen, sondern auch noch Windwerte innerhalb der Konvektionsschicht von umliegenden Meßstellen heranziehen.

München: Wind in ca. 4000 m (ca. 600 mb), also oberhalb der Konvektionsschicht (gemittelt zwischen 13 und 19 Uhr!): 240 Grad 20 kt,

Wasserkuppe (ca. 920 m) gegen 15 Uhr: 160 Grad mit 12 kt,

Gr. Falkenstein (ca. 1300 m) um 15 Uhr: 150 Grad mit 10 kt,

Stötten/Schwäbische Alb (ca. 730 m) um 15 Uhr: 130 Grad mit 8 kt,

Hof/Saale (ca. 550 m) gegen 16 Uhr: 120 Grad mit 10 kt.

Anders ausgedrückt:

Die stärkere Höhenströmung bewegt sich annähernd im rechten Winkel gegen die schwache Strömung innerhalb der Konvektionsschicht und meteorologisch betrachtet bewegt sich die schwache Konvektionsschichtströmung zugleich senkrecht gegen die Isothermen im 850 mb-Niveau! In Abb. 62 sind diese eingezeichnet!

Diese Lage, die neben Huth auch noch Kühn (ebenfalls Feuerstein) erflog, kann normalerweise nur durch Wetterbeobachtungen und Vergleichen mit Wetterkarten festgestellt werden. Somit dürfte dies nur an Flugwetterwarten möglich sein.

In der Annahme, daß gute Einstrahlung für thermische Aktivität sorgt, wird noch folgendes benötigt:

a) innerhalb der Konvektionsschicht muß eine schwache Strömung (5 bis 10 kt) vorherrschen, die durch die Isobaren der Bodenwetterkarte angezeigt wird.
b) Vorhandensein eines deutlichen horizontalen Temperaturgradienten innerhalb der Konvektionsschicht. Die Linien gleicher Temperatur (= Isothermen) müssen in etwa im 90-Grad-Winkel zu den Linien gleichen Druckes (= Isobaren) der Bodenwetterkarte ausgerichtet sein.

Dieser letzte Punkt trifft eine erhaltende Beschaffenheit. Die Temperaturverteilung und somit der Höhenwind ändern sich in kurzer Zeit nicht sehr stark, weil keine deutliche Advektion (= horizontale Heranschaffung warmer oder kalter Luft) stattfindet, wenn ein schwacher Druckgradient am Boden vorherrscht. Man hat nur darauf zu achten, ob die schwache untere Strömung zur Höhenströmung in etwa einen 90-Grad-Winkel gebildet hat oder nicht.

Diese Bedingung »Richtung der schwachen Strömung in der Konvektionsschicht annähernd senkrecht zur Richtung der stärkeren Höhenströmung« kann in manchen Fällen zweimal gegenläufig erfüllt sein, wenn z. B. eine Hochdruckzelle durchwandert. Gegenläufig vom Standpunkt des Fliegers:

Er kann das Wellensystem durch die Sperrschicht hindurch nur erreichen, wenn er die Konvektionsstraße zur richtigen (Steig-) Seite verläßt. Das ist immer die Seite gegen den Höhenwind.

Um im Falle beobachteter Wolkenstraßen die Frage nach der Existenz eines Wellensystems darüber beantworten zu können, muß der Pilot den Höhenwind kennen. Dies bedeutet jedoch keine Schwierigkeit mehr, nachdem jeder Segelflugwetterbericht mehrere Höhenwindangaben beinhaltet, u. a. auch den Wind in 3000 m.

AUFWINDE AN EINZELNEN, STÄRKER QUELLENDEN CUMULUSWOLKEN

Aufwinde an isolierten, stärker quellenden Cumuli sind etwas anders aufzufassen als jene von Cumulusstraßen.

Diese Aufwinde treten auch an ihrer Luvseite auf, wenn der Höhenwind im Gipfelniveau stärker ist als im Niveau der Wolkenbasis, jedoch annähernd gleiche Richtung aufweist.

Die quellende Wolkenluftmasse mit ihrer geringeren horizontalen Geschwindigkeit dringt in die rascher strömenden oberen Schichten ein, so daß diese das »Hindernis« umströmen und zwar um so mehr aufwärts, je geringer die Stabilität der Schichtung ist.

Letztere Bedingung ist natürlich schon eine Voraussetzung für stärkere Quellwolkenbildung.

Es kommt somit ebenfalls zu wellenförmigen Bewegungen oberhalb der Konvektionswolke, bzw. oberhalb eines starken, noch nicht sichtbaren Aufwindstromes.

Die Ausnützung erfolgt in gleicher Weise wie bei den Cu-Straßen, also gegen die Oberströmung vorfliegen.

Vielleicht wird manchem »Flachlandflieger« jetzt erklärlich sein, weshalb er Quellwolken übersteigen konnte, ohne im Lee eines Hindernisses geflogen zu sein.

Wenn dem so ist, dann hat dieses Kapitel seine Schuldigkeit getan!

VII. FRONTEN

Den Meteorologen der alten nordischen Schule, allen voran dem Norweger Bjerknes, ist es zu verdanken, daß ein anschauliches und leichter verständliches Modell der Störungstätigkeit unter Einbezug der Fronten geschaffen wurde, die »Bjerknes-Ideal-Zyklone«.

Abb. 63 zeigt dieses Ideal und damit, welches Wetter die einzelnen Störungsausläufer (Kaltfront/Warmfront/Okklusion) mit sich bringen. Die Dreiteilung in Vorderseite, Warmsektor und Rückseite läßt auch die Änderungen der einzelnen Wetterelemente erkennen, wie sie beim Durchzug zu beobachten sind.

Wir sehen in den Wetterkarten, daß die Hochdruckgebiete im allgemeinen eine größere Beharrung zeigen als die meist schneller ziehenden Tiefdruckgebiete. Außerdem beobachtet man, daß in südlichen Breiten, meist in der Nähe der Azoren, ein Hoch vorhanden ist und daneben hoher Druck über Grönland oder über dem nördlichen Eismeer. Da in den Hochdruckgebieten vielfach wolkenarmes Wetter herrscht, also sowohl Sonneneinstrahlung wie andererseits aber auch die nächtliche Ausstrahlung wirksam werden, wird infolge der Bestrahlungsverhältnisse der Erdkugel im südlichen Hoch fortdauernd Warmluft erzeugt, während die Luft im nördlichen Hoch wesentlich kälter bleiben muß. Dieser Temperaturunterschied ist jedenfalls in den unteren 10 km wirksam. Da Kaltluft unter gleichem Druck schwerer ist als Warmluft, hat man die ähnlichen Verhältnisse vorliegen, wie sie ein gedachter Versuch demonstriert:

In einem – in der Mitte durch eine Trennwand geteilten – Gefäß denkt man sich etwa rechts eine schwere Flüssigkeit und daneben links eine leichtere Flüssigkeit. Entfernt man nun die senkrechte Trennwand, so kann dieser Zustand offensichtlich nicht bestehen blei-

Abb. 63: Idealzyklone nach V. Bjerknes
a) in der Draufsicht, b) im Vertikalschnitt und c) Luftdruck-, Temperatur- und Windverlauf beim Durchzug der Zyklone mit ihren dazugehörigen Fronten.

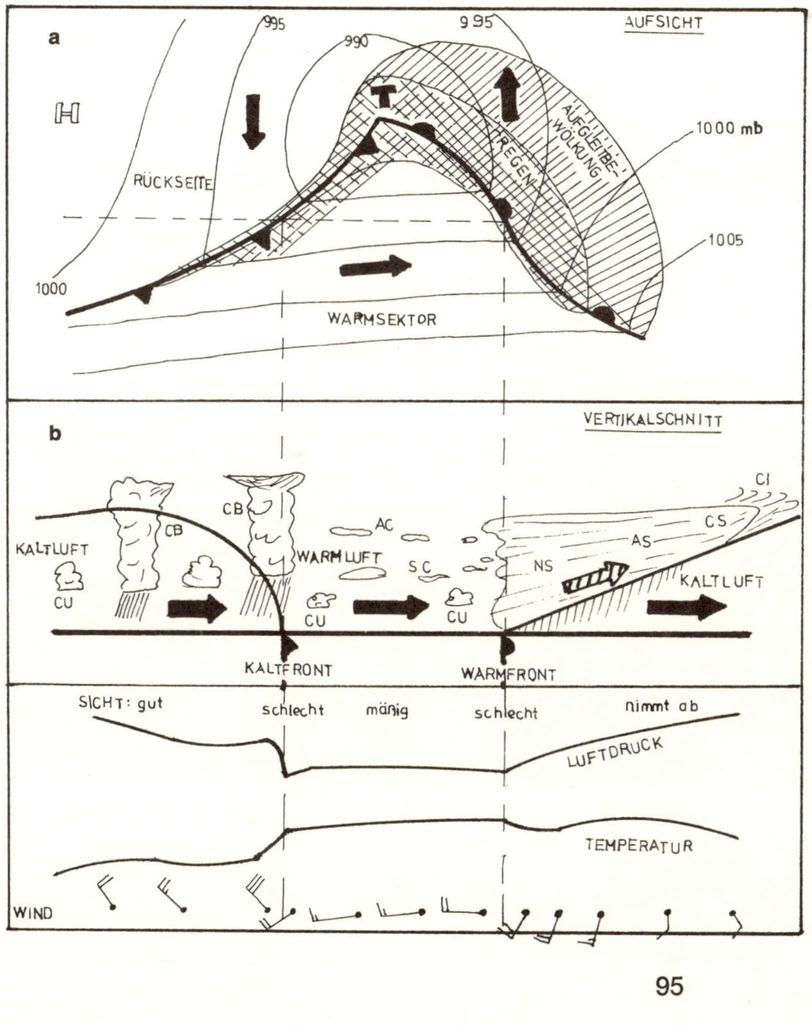

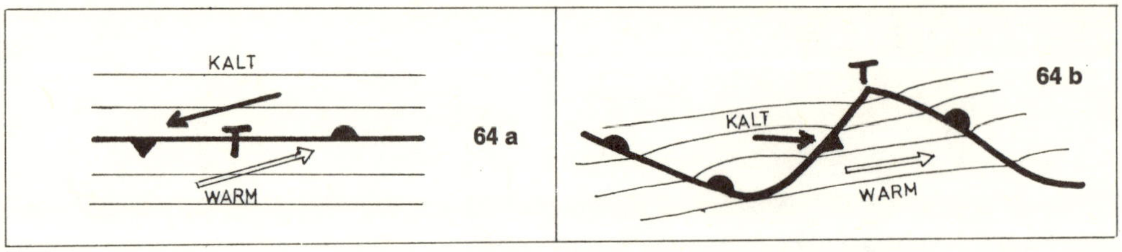

Abb. 64a und b: Entstehung einer Wellenstörung entlang einer markanten Grenzfläche (Polarfront).

ben; es muß sich binnen kurzem die leichte Flüssigkeit über die schwere geschichtet haben.

Entsprechend kann auch das Nebeneinander des warmen und des kalten Hochs im allgemeinen kein Gleichgewichtszustand sein. Es muß eine Bewegung der Luftmassen gegeneinander einsetzen, derart, daß im Endzustand die Warmluft über die Kaltluft geschichtet ist – und diese Übereinstimmung erfolgt (wegen der Wirksamkeit der ablenkenden Kraft der Erdrotation) in dem zwischen beiden Hochdruckgebieten gelegenen Tiefdruckgebiet, in Sonderheit längs der Fronten dieses Tiefs, wo die Warmluft jeweils in die Höhe geschafft wird. Die Tiefdrucktätigkeit muß solange anhalten, wie Temperaturunterschiede in horizontaler Richtung vorhanden sind; erst nach Ausgleich dieser Temperaturgegensätze ist die Aufgabe des Tiefs beendet, und es verfällt der Auffüllung.

Warmluft und Kaltluft stoßen also häufig entlang einer markanten Grenzfläche (sogenannte Polarfront) aneinander.

Bei Intensivierung eines Tiefs tritt dann der Fall auf, daß auf der Vorderseite die Warmluft gegenüber der Kaltluft beschleunigt wird, während auf der Rückseite die Kaltluft gegenüber der Warmluft eine Beschleunigung erfährt. An diesen Grenzflächen entwickeln sich besondere Wettererscheinungen mit den dazugehörigen Wolkensystemen (s. Abb. 64 a und b).

Im einzelnen wollen wir uns jetzt die Charakteristika der unterschiedlichen Frontarten veranschaulichen.

A. *Warmfront*

Wie Abb. 65 deutlich zeigt, gleitet die Warmluft vor und an der Warmfront infolge ihrer rascheren Bewegung auf den vorgelagerten keilförmigen Kaltluftberg auf. Die Grenzfläche zwischen aufgleitender Warmluft und dem Kaltluftberg nennt man Aufgleitfläche. Sie stellt quasi eine Übergangsschicht dar. Nun weist diese Grenzfläche eine verschieden starke Neigung auf. An der steilsten Stelle zwischen aufgleitender Warmluft und vorlagernder Kaltluft hat sie etwa den Wert 1:100, d. h., bei einer Vertikalerstreckung von 1 km reicht die Frontfläche bereits 100 km über die

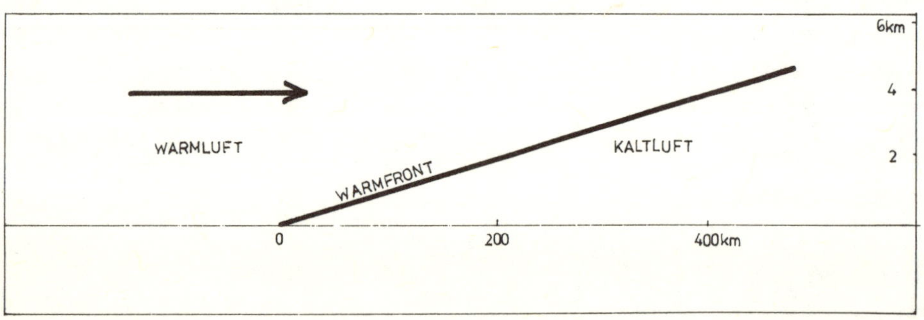

Abb. 65: Einfachstes Schema einer Warmfront.

kalte Luft. Es ist also eine sehr geringe Neigung dieser Fläche festzustellen. Da die vertikale Ausdehnung jedoch wesentlich größer als 1 km anzusetzen ist – sie liegt in der Größenordnung von 7 bis 10 km –, wird auch die Horizontalerstreckung bis nahe 1000 km reichen. Nimmt man jetzt noch an, daß sich Warmluft und Kaltluft auf einer Strecke von ebenfalls 1000 km gegenüberstehen, so ergibt sich eine ausgedehnte Aufgleitfläche, an der die Warmluft adiabatisch angehoben wird und sich folglich um 1° C/100 m abkühlt. Dieser Hebungsvorgang ist so markant und intensiv, daß das Hebungskondensationsniveau im gesamten Aufgleitbereich erreicht wird. Es bildet sich so ein ausgedehnter Schichtwolkenschirm. Die vertikale Geschwindigkeit dieser Hebungsprozesse liegt in der Größenordnung von cm/s.

Welche Bewölkungsart die Aufgleitfläche aufweist, hängt vom Grad der Feuchtstabilität bzw. -labilität ab. Demzufolge hat man zwischen zwei Warmfronttypen zu unterscheiden,

a) *der stabilen Warmfront,* wenn die aufgleitende Warmluft stabil geschichtet ist, und
b) *der labilen Warmfront,* wenn die aufgleitende Warmluft labile Schichtung aufweist.

Da die aufgleitende Warmluft normalerweise stabil geschichtet ist, wird die stabile Warmfront der häufigste Fall dieser Grenzfläche sein.

Betrachten wir im folgenden einmal den Bewölkungsaufzug dieser stabilen Warmfront (s. Abb. 66), desgleichen ihr Zirkulationsschema.

Mehrere hundert Kilometer vor dem Schnittpunkt der Grenzfläche mit dem Boden, der Bodenwarmfront also, zeigen sich im hohen Wolkenstockwerk dünne Federwolken: die Cirren. (Diese schirmen anfangs wenig, später als Cirrostratus = Cs stark die Einstrahlung ab und unterbinden die Thermik). Mit fortschreitendem Aufzug (= Näherkommen der Front) verdichten sich diese zu schleierartigem Gewölk, dem Cirrostratus, der auch vertikal mächtiger wird. Er wächst nach unten, bis schließlich Höhenschichten erfaßt wer-

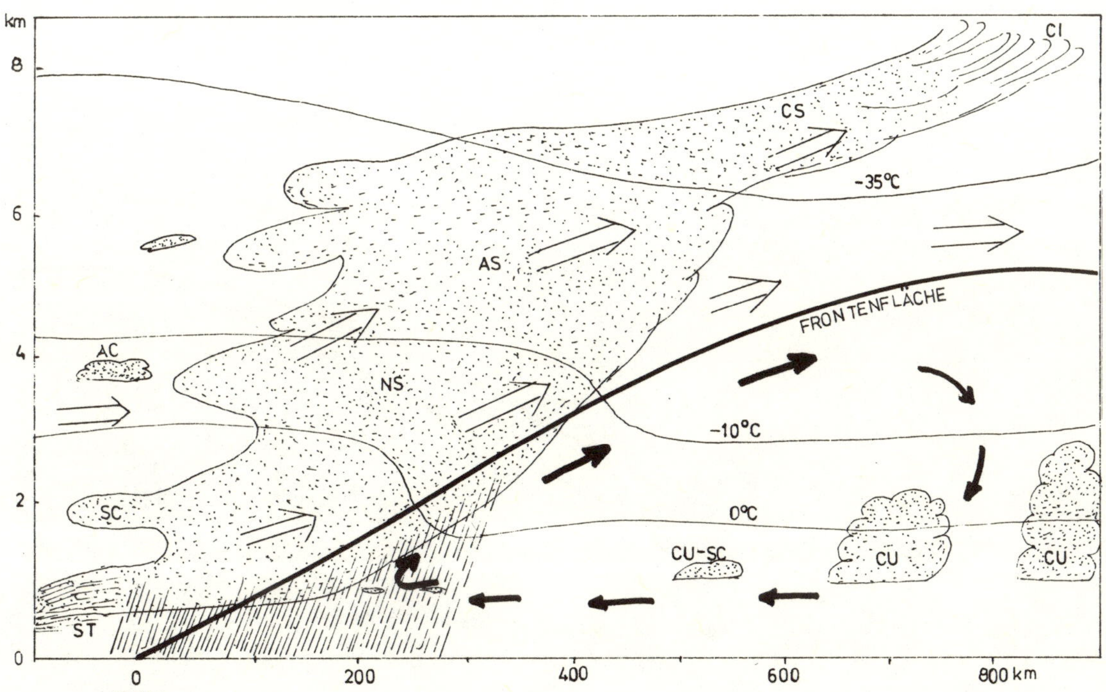

Abb. 66: Bewölkungsbild und Zirkulationsschema einer stabilen Warmfront. Die Pfeile stellen relativ die Strömung zur Front dar.

den, in denen sich neben Eiskristallen, aus denen Ci und Cs bestehen, auch bereits unterkühlte Wassertropfen befinden und so den Mischwolkenbereich der mittelhohen Altostratuswolke (As) darstellen. Dieser Altostratus sinkt mit Annäherung an die Front noch weiter ab. Wegen der starken Feuchteübersättigung in Mischwolken fällt bereits Niederschlag aus, der jedoch noch unterhalb der Wolken verdunstet. Dadurch werden eben diese Schichten mit Feuchtigkeit angereichert und dies ermöglicht ein weiteres Wolkenabsinken bis zum Stratus (St), aus dem dann bereits mehrere hundert Kilometer vor der Bodenfront oft gleichmäßiger Niederschlag – je nach Jahreszeit Regen oder Schnee – fällt. Das gesamte Schichtwolken»paket« ist der Nimbostratus (Ns)! Darunter sind noch »Schlechtwetterfetzen«, die durch Turbulenz in den untersten feuchten Luftschichten entstehen. Hat die Bodenwarmfront den Beobachtungsort passiert, so ist die mächtige Wolkenmasse ebenfalls über den Ort hinweggezogen und der Niederschlag läßt nach. Häufig hält sich in den untersten Schichten noch eine Stratus- oder Stratocumulusschicht (Sc), aus der mitunter leichter Sprühregen (= Nieseln) fällt.

Im Segelflugwetterbericht wird bei Annäherung dieser Warmfront von stabilisierender Warmluftzufuhr in der Höhe die Rede sein!

Wir befinden uns als Betrachter dieses Schemas im *»Warmsektor«,* der das Gebiet zwischen Warmfront und Kaltfront umfaßt (s. Abb. 63). Dieser Warmsektor macht etwa 1/4 der gesamten Fläche des Tiefdruckgebietes aus, wenn dieses sich im Höhepunkt seiner Entwicklung befindet. Dieser Quadrant weist in allen Höhen Warmluft auf und zeigt demnach keine markanten Wettererscheinungen mehr.

Die Strömungsrichtung des Windes im Warmsektor gibt einen relativ guten Hinweis auf die Zugrichtung des gesamten Tiefs.

Weist die aufgleitende Warmluft feuchtlabile Schich-

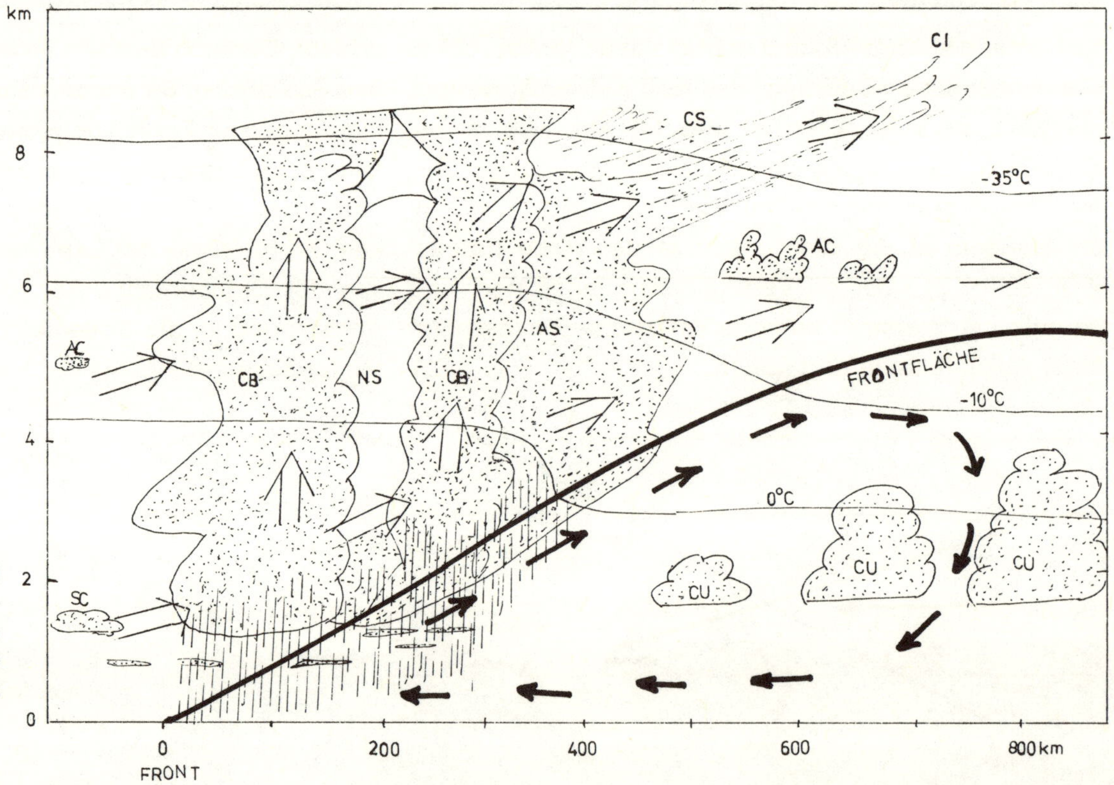

Abb. 67: Bewölkungsbild und Zirkulationsmodell einer labilen Warmfront (meistens im Sommer!), wobei die Pfeile die Strömung relativ zur Front wiedergeben.

tung auf, dann sind im Gebiet des stärksten Aufgleitens hochreichende Gewitterwolken (= Cumulonimben = Cb) eingelagert, die vom Betrachter nur durch den schauerartig verstärkten Begleitniederschlag, oft mit Gewitter und Hagel verbunden, erkannt werden können. Dieser Warmfronttyp der *labilen Warmfront* (s. Abb. 67) wird selten beobachtet und dann meist zur warmen Jahreszeit. Das Bewölkungsbild wird deshalb von konvektiver Bewölkung und Schichtwolken gemeinsam geprägt. Im Zirkulationsschema ist die Vertikalkomponente z. T. stark ausgeprägt!

B. *Die Kaltfront*

Konnte man die Verhältnisse, die an der Warmfront vorkommen, noch einfach beschreiben, so trifft das für die Kaltfront nicht in demselben Maße zu. Man kennt zwar auch im Falle der Kaltfront einen Neigungswinkel, doch dieser variiert von 1 : 40 bis 1 : 80. Das Idealbild der Kaltfront wird dadurch bestimmt, daß man sich vorstellt, die Kaltluft schöbe sich wie ein Keil unter die Warmluft und hebt diese an (s. Abb. 68).

Die Horizontalerstreckung bei der Kaltfront variiert ebenfalls stark zwischen 10 und 100 km. Nun ist es ersichtlich, daß solche mittleren Zahlenangaben oftmals nicht zutreffen, da im Einzelfall oft schwer zu entscheiden ist, ob die Kaltluft in der Höhe bereits »vorgeeilt« ist oder ob Vertikalbewegungen noch innerhalb der Warmluft durch adiabatische Prozesse zu einer Abkühlung geführt haben.

Grundsätzlich lassen sich zwei total verschiedene Arten von Kaltfronten feststellen:

a) Die *aktive* und

b) die *passive* Kaltfront.

Bei der *aktiven Kaltfront* nimmt die frontsenkrechte Komponente des Windes mit der Höhe zu, während sie bei der *passiven* abnimmt.

Mußte man bei der Warmfront noch infolge der unterschiedlichen Schichtung zwischen stabil und labil unterscheiden, so trifft diese Differenzierung ohne Einschränkung auch auf die Kaltfront zu.

Im Rahmen unserer Betrachtungen wollen wir die Haupttypen betrachten, die in den meisten Fällen zur Debatte stehen.

Die aktive Kaltfront – labiler Typ (s. auch Abb. 69): Durch die Zunahme des frontsenkrechten Windes in der Vertikalen führt die stärkere Höhenströmung ständig frische Kaltluft heran, die folglich der Bodenkaltluft vorauseilt und sich in der Höhe über die Warmluft schiebt. Dadurch entsteht im weiteren Verlauf eine labile Schichtung. Es finden dann nämlich vertikale Umlagerungen in Form von Konvektion statt, wobei die kältere Luft von oben »herabfällt« und die wärmere nach oben strudelt. Man spricht hier von einer umgekehrten Parallele der Labilisierung durch Erwärmung von der Erdoberfläche her, da die Labilisierung mit Annäherung an die Bodenkaltfront von oben nach unten fortschreitet.

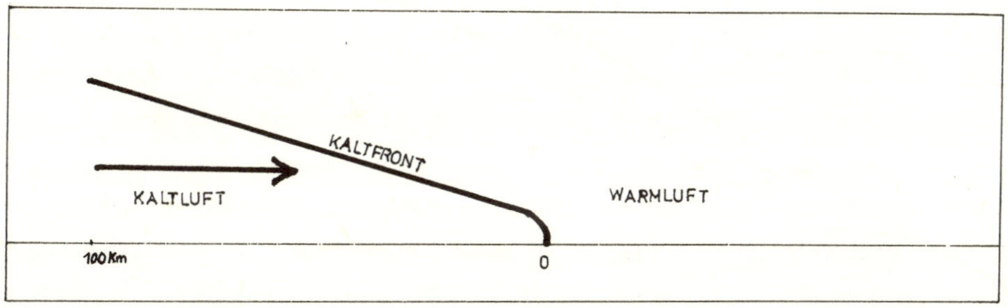

Abb. 68: Modellvorstellung einer Kaltfrontflächenneigung.

Abb. 69: Strömungsschema und Wolkenbild einer aktiven Kaltfront – labiler Typ –. Die Strömungspfeile geben den Verlauf relativ zur Front an.

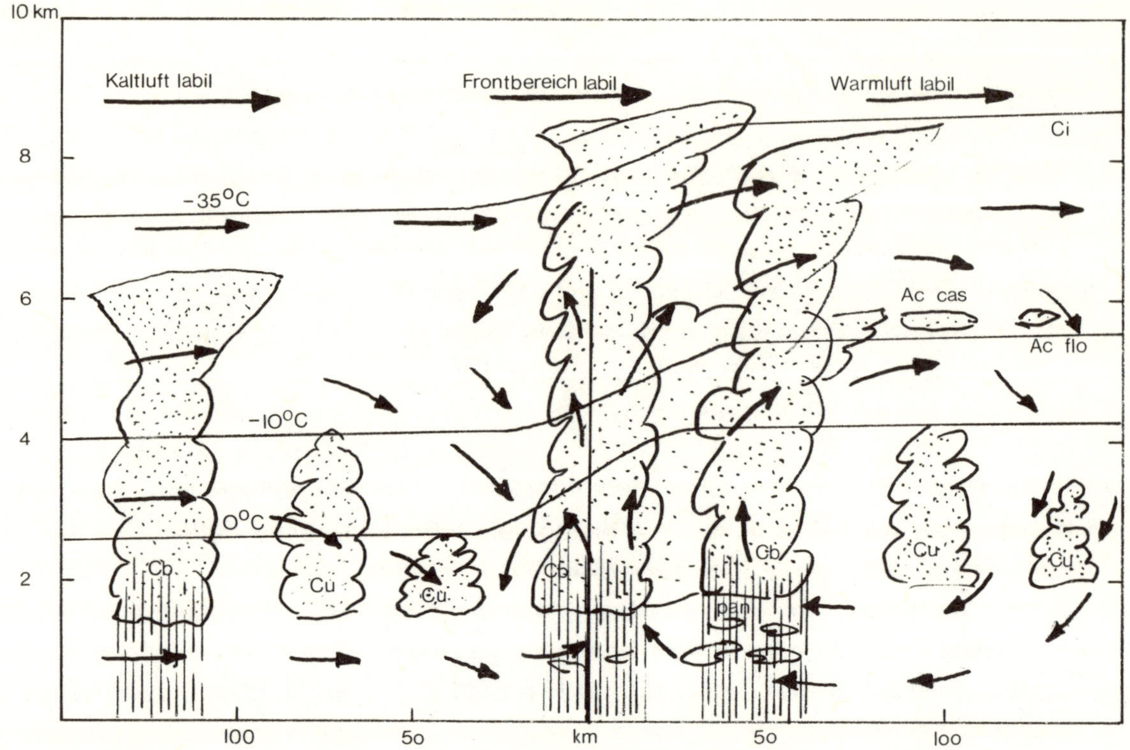

In Bodennähe befindet sich vor der Kaltfront noch die Warmluft, während darüber bereits Kaltluft eingeflossen ist. In der labilen Schicht zwischen warmer Bodenluft und Höhenkaltluft strudelt nun – ähnlich wie bei der Bodenthermik – die Warmluft empor. Denkt man sich die Erdoberfläche an die Obergrenze der Warmluft versetzt, so leuchtet das Beispiel Bodenthermik gut ein, da ja an der Warmluftobergrenze ebenfalls dann ein überadiabatischer Temperaturgradient besteht.

Für die Wolkenbildung gilt dann die Überlegung der Quellbewölkung (Kapitel 3) entsprechend.

In diesem Zusammenhang werden auch die mittelhohen türmchen- oder zinnenförmigen Wolken erklärlich *(= Ac castellanus* oder *floccus),* die durch dieses konvektive Emporstrudeln der Warmluft in der Höhe entstehen, ehe die Labilisierung auf die anderen Schichten übergreift. Da es mit Kaltfrontpassagen häufig zu Gewittern kommt, ist es auch klar, weshalb man diese Wolkenform als Gewitterboten betrachtet.

Diese konvektiven Umlagerungen durch das Vorpreschen der Höhenkaltluft bringen eine wichtige Tatsache für das Wettergeschehen im Frontbereich.

Da der Bodenwind schwächer ist als der Höhenwind, wird im Frontbereich durch die vertikale Umlagerung ein Impulsaustausch erfolgen, d. h., die geringere Bewegungsgröße von unten nach oben und die größere von oben nach unten transportiert. Das hat andererseits wieder zur Folge, daß in der Höhe eine Verminderung und am Boden eine Zunahme der Windgeschwindigkeit erfolgt. Dadurch fließen vor der labilen Umlagerungszone in der Höhe Massen ab und dahinter Massen zu, während es unten umgekehrt der Fall ist. Abb. 70 zeigt das daraus abgeleitete Zirkulationsschema einer aktiven Kaltfront mit den entsprechenden Vertikalbewegungen. Somit besteht der Komplex

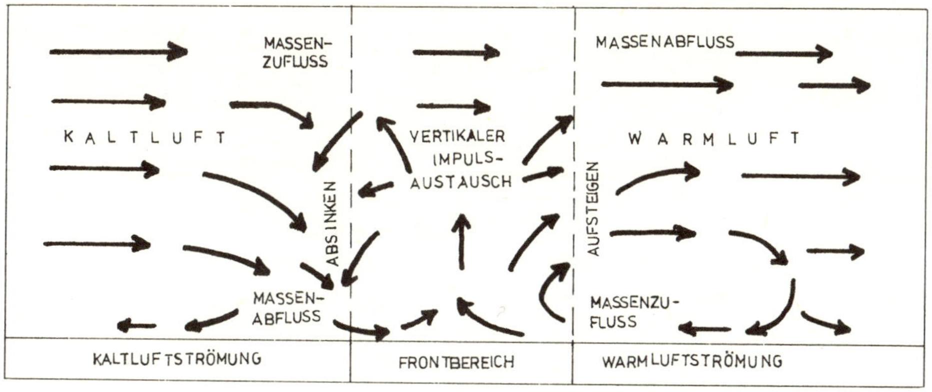

Abb. 70: Zirkulationsschema einer aktiven Kaltfront mit entsprechenden Vertikalbewegungen: Hebungszone in der Warmluft vor der Kaltfront, Umlagerungszone im Frontbereich und Absinkgebiet hinter der Front in der Kaltluft.

der aktiven Kaltfront aus einer *Hebungszone in der Warmluft* vor der Kaltfront, einer *Umlagerungszone im Frontbereich* und einem *Absinkgebiet* hinter der Kaltfront in der Kaltluft.

AKTIVE KALTFRONT – HAUPTTYP UND STABILER TYP (S. ABB. 71 UND 72)

In der Hebungszone der Warmluft vor der Kaltfront beginnt die schichtförmige Bewölkung mit Cirrus, der z. T. durch den starken Höhenwind aus den Gewitterwolkenmassen an der Front, den Cb, herausgetragen wird. Anschließend folgen Cirrostratus, Altocumulus oder Altostratus und dann die konvektive Umlagerungszone mit Cumulus und Cumulonimbus (Cb). Der anfänglich gleichmäßige Niederschlag aus dem Altostratus verstärkt sich beim Durchgang der Front und weist oft Gewitter, manchmal mit Hagel, auf. Hinter der Bodenfront kommt es durch die Absinkzone in der Kaltluft zu einer plötzlichen Aufheiterung. Das Wettergeschehen in der Kaltluft – als Rückseitenwetter bekannt – richtet sich nach der Schichtung der Kaltluft und dem Verlauf der Isobaren.
Konvex (= antizyklonal) gekrümmte sind mit auseinanderfließender Bodenströmung *(= Divergieren)* und vertikalen Absinkbewegungen verknüpft, die vielfach Schauerwetter unterbinden, während konkav (= zyklonal) gekrümmte Isobaren Schauerwetter begünstigen, da die zusammenfließende *(= konvergierende)* Strömung aufwärts gerichteten Massenfluß und folglich Wolkenbildung und Schauerwetter mit sich bringen.

SQUALL LINE

Die fronthaften Erscheinungen verlagern sich nicht selten in die warme Umlagerungszone vor der eigentlichen Front. Es entsteht dann häufig eine selbständige Gewitter- und Böenlinie (= squall line). Diese Linie eilt der richtigen Kaltfront bis zu mehreren hundert Kilometern voraus und entwickelt oft verheerende Tromben (in Amerika Tornados!). Beim Durchzug der Böenlinie erfolgt ebenso wie bei einer Kaltfrontpassage ein deutlicher Temperaturrückgang, der jedoch nicht durch Heranführung von kalter Luft *(= Kaltluftadvektion)* wie es beim Kaltfrontdurchgang geschieht, sondern durch die in den Gewittern herabstürzenden Regen- und Eismassen zustandekommt, da diese nicht nur die tieferen Temperaturwerte der höheren Schich-

Abb. 71: Strömungsschema und Bewölkungsbild einer stabilen, aktiven Kaltfront (besonders im Winter), wobei die Pfeile die Strömung relativ zur Front angeben.

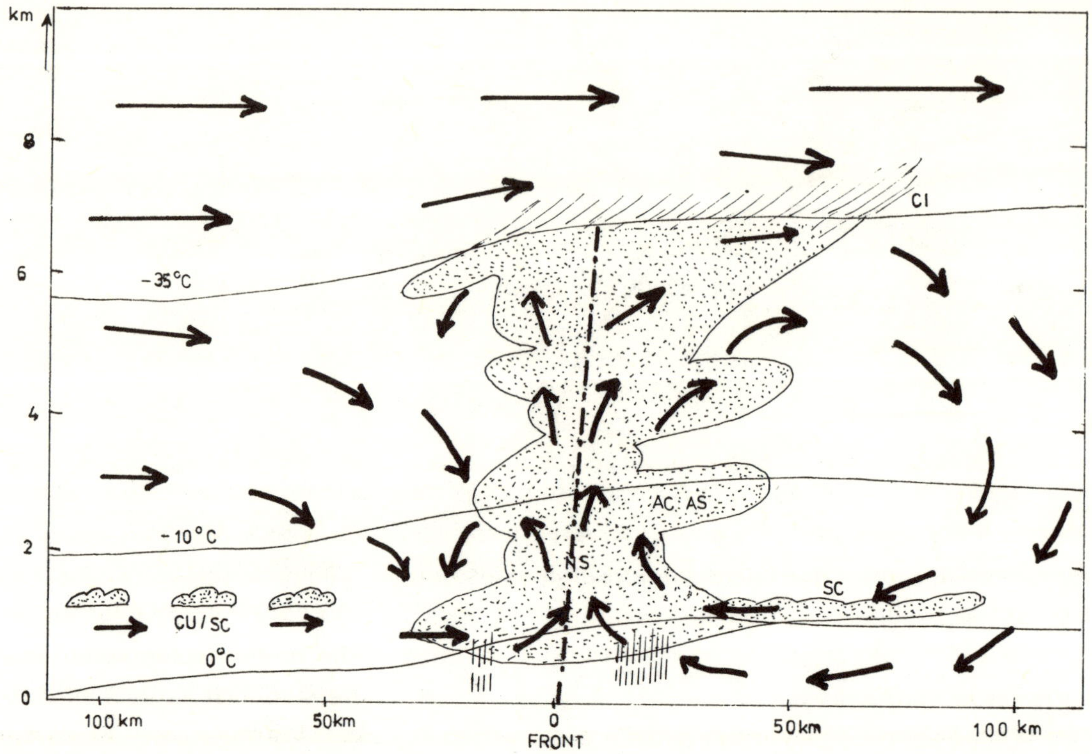

Abb. 72: Strömungsschema und Bewölkungsbild der aktiven Kaltfront »Haupttyp«, in mehr als der Hälfte aller Fälle zu beobachten. Die Pfeile geben ebenfalls die Strömung relativ zur Front wieder.

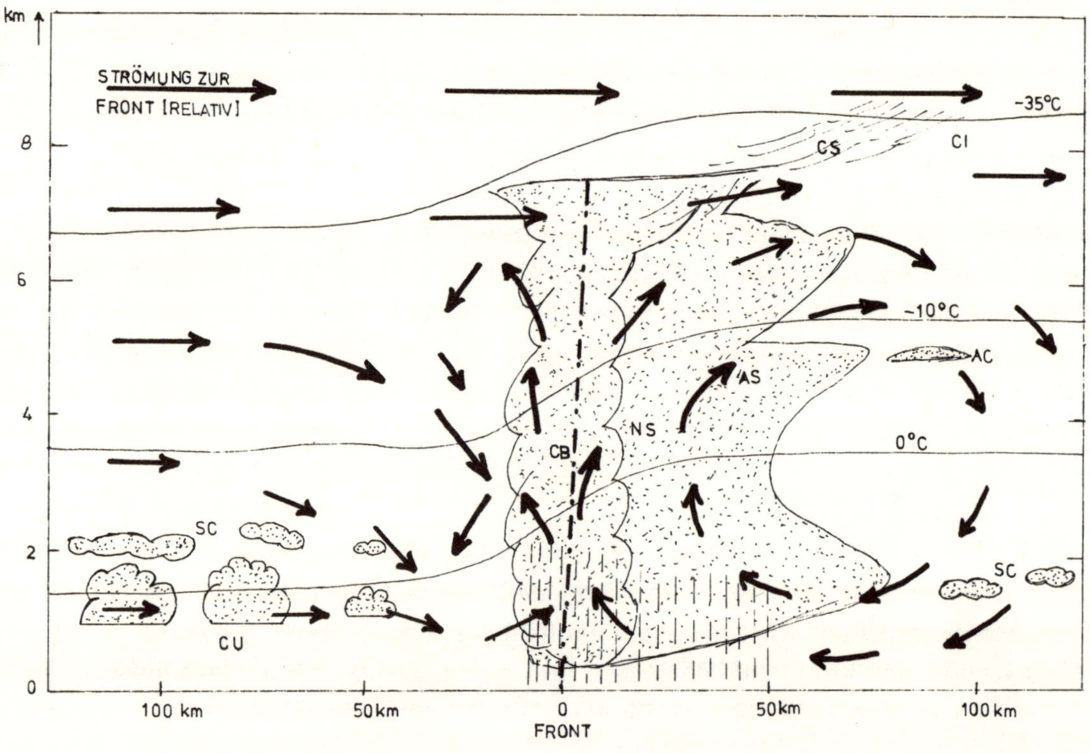

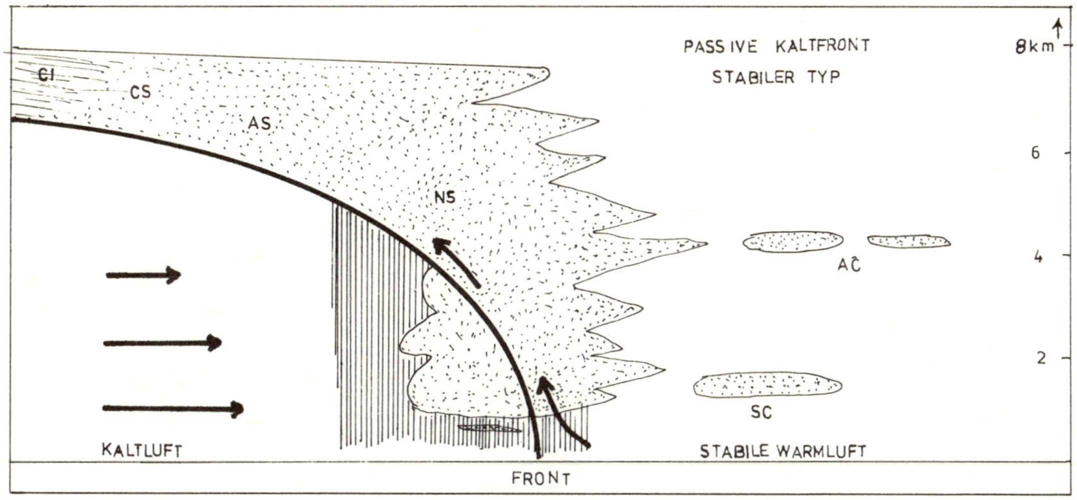

Abb. 73: Strömungsschema und Bewölkungsbild einer pasiven stabilen Kaltfront, wobei sich ein umgekehrter zeitlicher Ablauf gegenüber einer Warmfront ergibt.

ten mitbringen, sondern auch zum Verlust von Wärme durch Verdunstung und Schmelzen führen.

Maskierte Kaltfront

Im Winter kann beim Vorhandensein einer zähen Bodenkaltluftschicht eine dichte Hochnebeldecke jegliches oberes Bewölkungsbild verdecken. Wenn die Windauffrischung bei Frontdurchgang mit Turbulenz zur Beseitigung der bodennahen Kaltluft und Auflösung des Stratus führt, dann bringt die Kaltfront eine Erwärmung, sie stellt sich als sogenannte *»maskierte Kaltfront«* dar. Besonders im Winter findet sich auch der stabile Typ der aktiven Kaltfront ein (s. Abb. 71), während der sogenannte Haupttyp (s. Abb. 72) in mehr als 50 Prozent aller Fälle zu beobachten ist.

DIE PASSIVE KALTFRONT

Da bei der passiven Kaltfront keine vertikale Zunahme des frontsenkrechten Windes besteht, entfällt hier das Vorauseilen der Kaltluft in der Höhe und somit die Labilisierung unmittelbar vor der Front.

Vielmehr schiebt sich die Kaltluft keilförmig unter die Warmluft. Somit wird die warme Luft gezwungen, auf die Kaltluft aufzugleiten (passives Aufgleiten). Selbstverständlich kann man auch hier je nach Schichtung der Warmluft zwei Arten der passiven Kaltfront unterscheiden:

a) *stabiler Typ* (Warmluft stabil geschichtet – meist im Winter),
b) *labiler Typ* (Warmluft labil geschichtet – vorwiegend sommers).

Stabile passive Kaltfront

Wie Abb. 73 zeigt, ergibt sich hier ein umgekehrtes Bild in der Wolken- und Niederschlagsfolge wie bei der Warmfront, wobei jedoch das Schlechtwettergebiet *hinter* der Kaltfront liegt und die Horizontalerstrekkung wesentlich geringer ist.

Labile passive Kaltfront

Bei dieser Kaltfrontart (s. Abb. 74) ist die Warmluft feuchtlabil geschichtet. Die an der Kaltfront zum Aufsteigen *gezwungene* Warmluft schießt nach Erreichen des Kondensationsniveaus (= HKN) häufig bis in Tropopausenhöhe empor und hat die Ausbildung einer

Abb. 74: Strömungsschema und Bewölkungsbild einer labilen passiven Kaltfront.

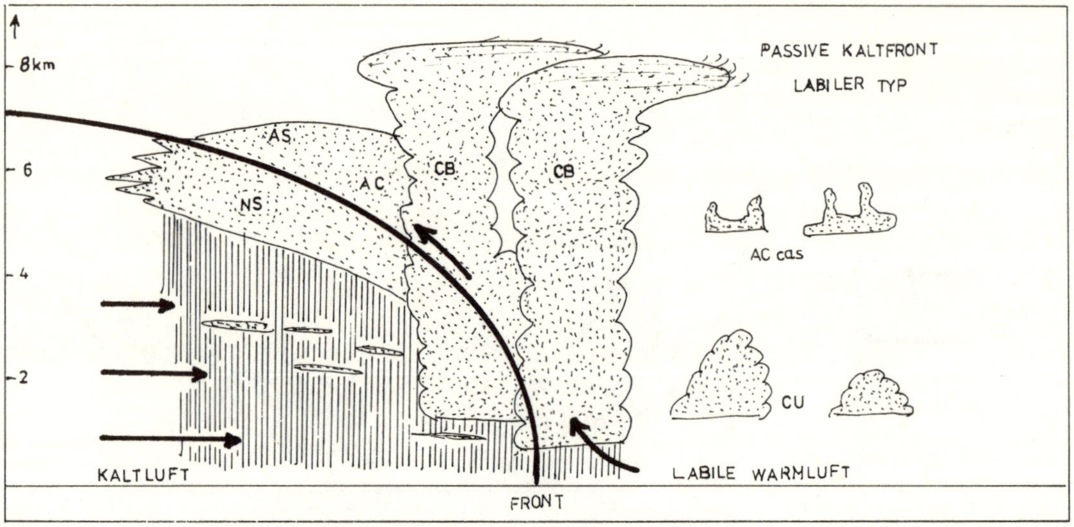

mächtigen Cumulonimbus-Wand mit Schauer- oder Gewitterniederschlägen zur Folge. Die folgende Abwindzone ist oft zu schwach ausgebildet, um die Bewölkung an der Aufgleitfläche aufzureißen, da ja weiteres passives Aufgleiten an dem kalten Luftkeil dem entgegenwirkt. Daher kommt es nur zu vorübergehender Abschwächung oder kurzzeitigem Nachlassen der Niederschlagstätigkeit. Erst später setzt über allmählich dünner werdenden Nimbostratus, Altostratus und Altocumulus Wetterbesserung ein.

OKKLUSIONEN

Da die Kaltfront eines Tiefdruckgebietes schneller zieht als die vorauseilende Warmluft, muß dadurch der zwischen beiden Fronten liegende Warmsektor zunehmend kleiner werden, bis die Kaltluft vor der Warmfront und die Kaltluft hinter der Kaltfront aneinandertreffen. Dadurch wird die Warmluft vom Boden abgehoben.
Diese neue Grenzfläche zwischen den beiden Kaltluftmassen nennt man *Okklusion.*

Durch den Okklusionsvorgang wird demnach die Warmluft immer mehr durch Kaltluft ersetzt, bis das gesamte Tiefdruckgebiet mit Kaltluft angefüllt ist.
In der Meteorologie unterscheidet man auch zwei Okklusionsarten, je nachdem, wie die Temperaturverhältnisse der beiden aneinandergrenzenden Kaltluftmassen beschaffen sind.
Ist die Rückseitenkaltluft (= Kaltluft hinter der Kaltfront) *kälter* als die Kaltluft vor der Warmfront, so spricht man von einer *Kaltfront-Okklusion,* deren Zirkulationsschema Abb. 75 veranschaulicht;
Warmfront-Okklusion nennt man dann eine Grenzfläche, wenn die Rückseitenkaltluft *wärmer* ist als die Kaltluft vor der Warmfront (s. Abb. 76).
Bei der Warmfront-Okklusion übernimmt die wärmere Kaltluft der Rückseite die Rolle der bisherigen Warmluft und gleitet auf. Wolkensysteme und Niederschlagsarten sind ähnlich wie bei einer Warmfront.
Besitzt die Kaltfront der Rückseite die niedrigeren Temperaturen, so wird diese Kaltfront-Okklusion nach Art einer Kaltfront vordringen und derem Witterungscharakter ähneln.

Abb. 75: Zirkulationsschema einer Kaltfrontokklusion, wobei die Rückseitenkaltluft **kälter** ist als die Kaltluft vor der Warmfront.

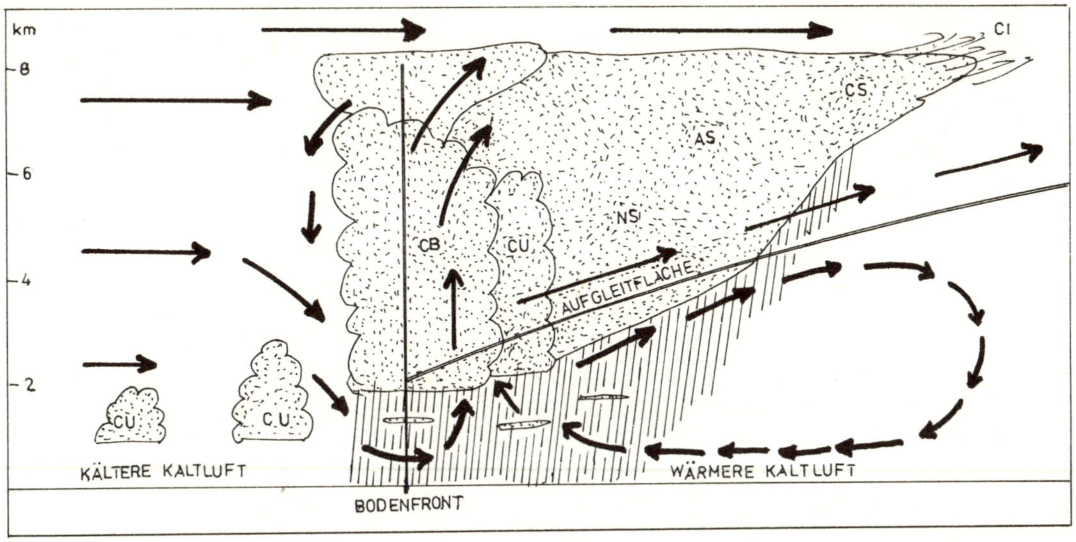

Abb. 76: Zirkulationsschema einer Warmfrontokklusion. Hier ist die Kaltluft der Rückseite **wärmer** als die Kaltluft vor der Warmfront und übernimmt die eigentliche Funktion einer »Warmfront«.

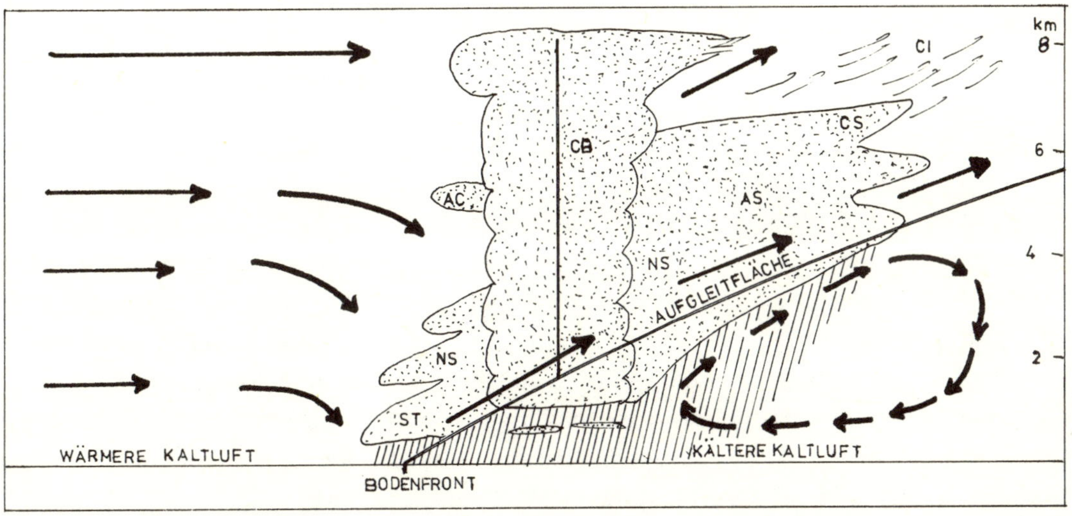

Abb. 77: Einfließen von Luftteilchen infolge zyklonaler Ausrichtung der Linien gleichen Luftdruckes (= Isobaren).

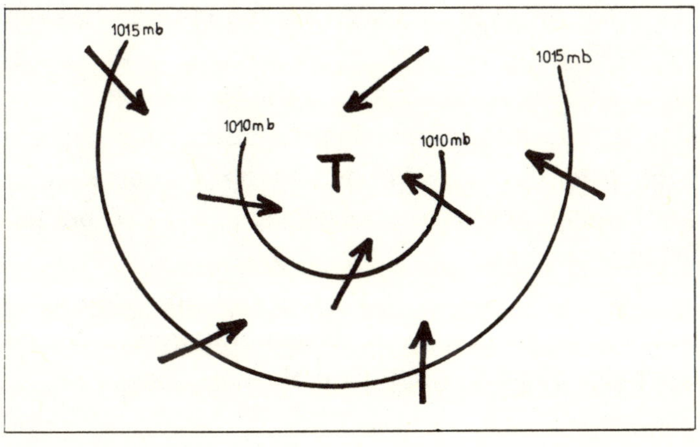

ZUSAMMENSTRÖMEN VON MASSEN

Durch die Bodenreibung wird nicht nur die Bewegung der Bodenfront gestoppt, besser gesagt, verlangsamt, sondern es wird die Strömung aus der Isobarenrichtung zum tiefen Druck hin abgelenkt. Dieser Ablenkungswinkel kann über Land bis zu 45 Grad betragen. Bei zyklonaler Ausrichtung (= auf der Nordhalbkugel dem Uhrzeiger entgegengesetzt) der Isobaren kommt es dadurch und wie es Abb. 77 zeigt, zum Zusammenfließen von Luftteilchen.

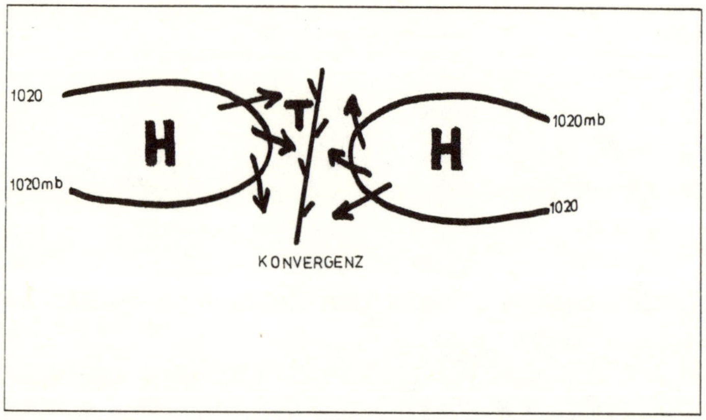

Abb. 78: Zusammenfließen von Luftteilchen infolge der Reibung an einer Tiefdruckrinne, wobei die Stärke der Wettererscheinungen vom Grade der Stabilität bzw. Labilität und der Intensität des Massenzusammenflusses abhängt.

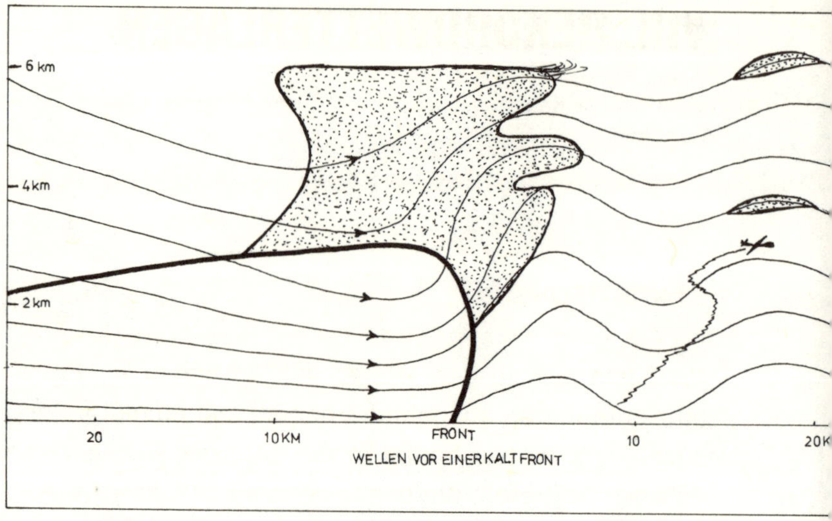

Abb. 79: Beispiel prä-frontaler Wellen, oft markiert durch Wellenwolken, die parallel zur Frontverlagerung stehen.

Da sich die zufließenden Massen nicht stauen, sondern nach oben abfließen, kommt es dann – vor allem bei feuchtlabiler Schichtung – zu verstärkter Quellwolkenbildung.

Auch in Abb. 78 wird deutlich, daß ein Zusammenfließen von Luftteilchen infolge der Bodenreibung in allen Tiefdruckrinnen auftritt. Die Stärke der Wettererscheinungen hängt neben dem Grad der Stabilität bzw. Labilität von der Intensität des Massenzusammenflusses (danach richtet sich die Vertikalbewegung über der Bodenkonvergenzlinie = Linie des Zusammentreffens) und vom Feuchtegehalt der Luft ab. Im Sommer kommt es an solchen *Konvergenzlinien* zu verstärkter Quellbewölkung mit Schauern oder Gewittern.

PRÄ-FRONTALE WELLEN

Abb. 79 zeigt das Beispiel eines mächtigen Kaltluftberges, der sich fast bis 4 km Höhe erstreckt, seine kompakte Frontbewölkung reicht bis über 6 km hoch.

Vor dem Kaltluftberg steigt die Warmluft nahezu 7 km empor, darüber sinkt sie vor dem Kaltluftberg wie an einem Berghang föhnartig ab und bildet eine mächtige *präfrontale Welle.* Oft sind diese Wellen von Wellenwolken, parallel zur Frontverlagerung, gekennzeichnet.

Man muß diese präfrontalen Wellen mit den Leewellen im Gebirge vergleichen, da beide eine turbulenzfreie, laminare Aufwindströmung aufweisen.

Man ist bei den präfrontalen Kaltfrontwellen deshalb überrascht, da die Aufwindströmung in ihrer Struktur keineswegs den Vertikalbewegungen der Luft bei Labilität entspricht.

In letzter Zeit wurden leider keine Flugberichte mehr bekannt, die von Flügen in diesen präfrontalen Wellen einer aufziehenden Kaltfront erzählen.

VIII. REKORDWETTERLAGEN

STATISTISCHES

Nachdem sich in den letzten Jahren immer im Frühjahr gute Lagen ausgebildet haben, soll einmal untersucht werden, wie häufig in der Statistik solche Wetterlagen auftreten, die mindestens ein 300 km-Dreieck zulassen oder Streckenflüge nach SW (größer als 500 km) ermöglichen.
Die nachfolgende Aufstellung zeigt, wie oft solche Wetterlagen von April bis Juni aufgetreten sind:

Monat	Datum	Anzahl günstiger Segelflugwetterlagen 1941–1974 (35 Jahre)	1961–1974 (14 Jahre)
	1.–10.	77	29
April	11.–20.	111	27
	21.–30.	90	31
	1.–10.	90	14
Mai	11.–20.	122	46
	21.–30.	103	41
	1.–10.	100	31
Juni	11.–20.	81	27
	21.–30.	101	25

Die guten Lagen, nach Großwetterlagen bzw. Großwettertypen ausgesondert und seit 1961 nach *erflogenen Tagen* ausgezählt, wurden dekadenweise (=zehntägig) betrachtet.

Untersuchen wir zuerst den Zeitraum von 1941 bis 1974:
Das Maximum guter Lagen liegt hier Mitte Mai, während Mitte April einen zweiten Höchstwert bringt.
Analysieren wir jedoch den Zeitraum von 1961 bis 1974, also die letzten 14 Jahre, so sieht man, daß die absolute Häufigkeit zwar weiterhin bei Mitte Mai liegt, sich der sekundäre Höchstwert jedoch auf das letzte Maidrittel verlagerte.
Diese Untersuchung stützt die Erkenntnis, die schon Dr. Doberitz 1973 für den Zeitraum 1961 bis 1971 erbrachte.

Als Fazit kann gelten:
Die zweite Mai-Dekade hat bisher das gehalten, was sich Segelflieger von ihr versprachen. Weiterhin hat sich diese günstige Wettersituation auch auf das letzte Maidrittel mit ausgedehnt.

In der Folge wollen wir hier an dieser Stelle vergangene, erfolgreiche Wetterlagen dokumentieren. Es soll jedoch nicht nur der »Wettermann« zu Wort kommen, sondern auch der Leistungsflieger soll Gelegenheit haben, diesen Tag aus seiner Perspektive zu schildern, soweit eine solche Schilderung vorliegt.

a) 25. April 1972

Drei Weltrekorde an einem Tag!

a) Hans-Werner Grosse im freien Streckenflug von Lübeck nach Biarritz (1460 km) auf ASW-12,

b) Dr. Baumgartl/Schewe im *Doppelsitzer* von Dorsten nach Angers (714 km) auf ASK-13,
c) Klaus Tesch im Zielflug von Hamburg nach Ancenis (1051 km) auf LS-1, der erste Flug in einem Segelflugzeug der Standardklasse über 1000 km überhaupt!

Da alle drei Streckenführungen der Wetterlage angepaßt wurden, vereinfacht sich die Beschreibung der Wetterlage.

Wetterlage vom 25. 4. 1972 (s. Abb. 80 bis 82):
An der Südostflanke eines von den Britischen Inseln zur Ostsee weisenden Hochkeils strömte bereits ab 24. April Polarluft – aus Fennoskandien kommend – über die Ostsee nach Süden.
Dieser Kaltluftvorstoß lag in der Nacht zum 25. 4. bereits im Raum Hannover/Berlin.
Durch kräftiges Absinken und somit Erwärmung oberhalb etwa 2000 m wurde im Streckengebiet die Schauerbildung unterbunden; diese traten dann tatsächlich auch nur ostwärts der Elbe auf.
Die Überlegungen über die Durchführung dieser Flüge dürften auch dahingehend gewesen sein, ob das Tiefdruckgebiet über dem Mittelmeer- und Alpenraum (s. Abb. 80) das Zielgebiet nicht eventuell mit abschirmenden Schichtwolkenfeldern beeinflussen würde. In der 850-mb-Karte drückte ein langgestreckter Höhentrog, der von Rußland bis zum Südteil der Iberischen Halbinsel verlief, den Weltrekordversuchen etwas den Stempel des Wagemuts auf. Doch – wer nicht wagt, der nicht gewinnt!
Da andererseits von Südskandinavien her mit der Annäherung einer Warmfront auf Schleswig-Holstein gerechnet wurde, konnte man auch davon ausgehen, daß sich der Hochkeil tagsüber nach Süden verlagern und somit zum Gelingen eines solchen Vorhabens beitragen würde. Zuversichtlich konnte man einem solchen Plan auch deshalb noch entgegensehen, weil die kräftige Nordost-Höhenströmung ihr gut Teil bestimmt beisteuern würde, das Vorhaben erfolgreich in die Tat umzusetzen.
Da der Kaltluftvorstoß relativ weit südostwärts stattfand, konnte verhältnismäßig früh über Norddeutschland in dem vom Boden bis knapp 2000 m hohen Konvektionsraum Quellwolkenbildung einsetzen. Die Windunterstützung in etwa 1000 bis 1500 m betrug auf der gesamten Strecke (auch von Lübeck bis Biarritz) zwischen 15 und 25 Knoten. Der kräftige Höhenwind schlägt – durch Impulsaustausch – tagsüber auch bis zum Boden durch, was sich z. B. in den Nordostböen von fast 50 kt über Paris ausdrückte (s. Abb. 82).
Da der Druckfall in der Höhe – durch den Kaltluftvorstoß bewirkt – das Druckgefälle zwischen dem Hoch im Norden und der Genua-Zyklone verstärkte (s. Abb. 81 linke Seite), frischten besonders über Frankreich die Nordostwinde in Höhe der 850-mb-Fläche kräftig auf, so daß die erwähnten Windwerte von 40 bis 50 kt beobachtet werden konnten.
Einen Nachteil hatten diese kräftigen Nordostwinde auf dem Streckenabschnitt über den Ardennen. Wer nicht westlich vorbeiflog, der gelangte in Sinkgebiete von nicht unerheblicher Größe im Lee der Ardennen. Hatte man jedoch Glück und gelangte in den aufsteigenden Ast einer dieser Leewellen, so konnte dieses Gebiet sogar mit Höhengewinn überwunden werden.
Turbulenz werden alle Rekordflieger in diesem Gebiet bei dieser Lage angetroffen haben, da die mit den Wellen verbundenen Rotoren hierfür die Ursache darstellten.
Betrachtet man die Sperrschichten, die den untersten Konvektionsraum begrenzen, so kommt man nach den aerologischen Aufstiegen (s. Abb. 81 rechts und Abb. 82) auf eine Höhe von 1500 bis 2000 m auf der gesamten Route. Durch die relativ kräftigen Winde und der damit auftretenden Turbulenz konnte es logischerweise

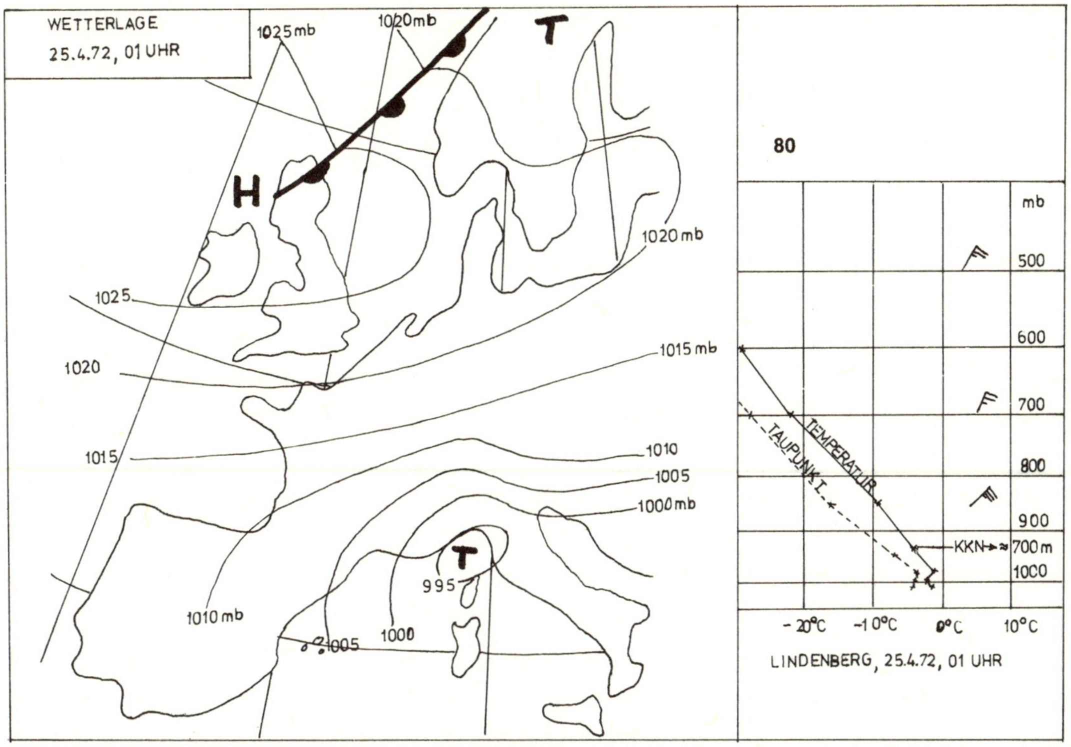

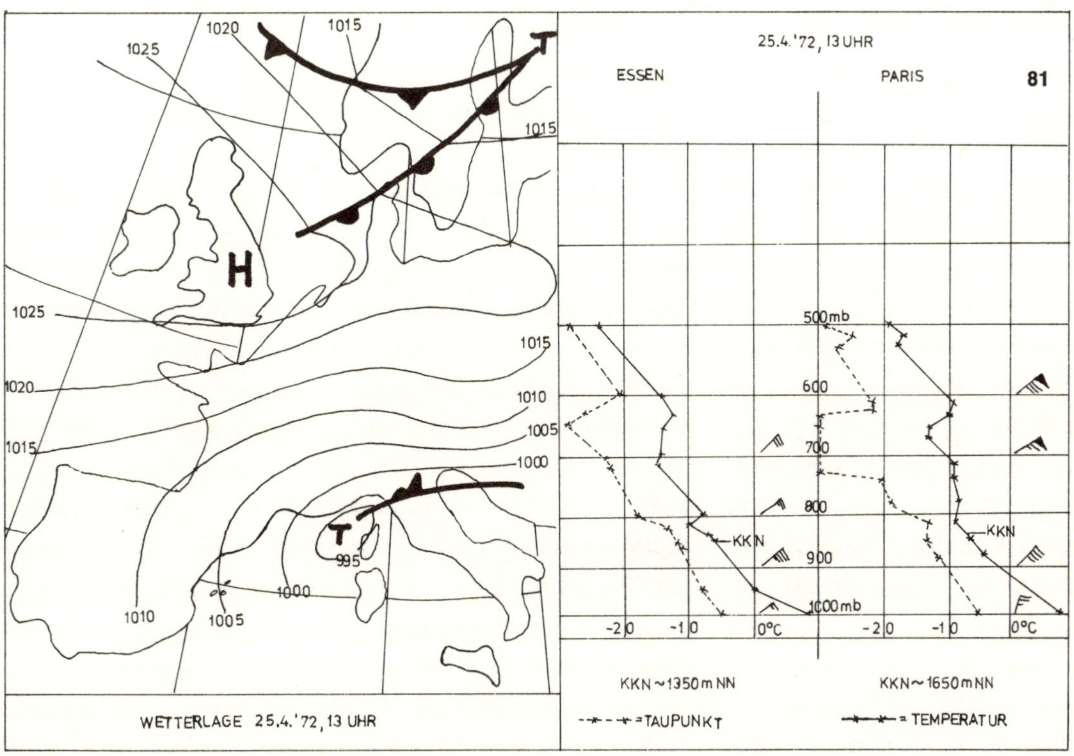

Abb. 80 bis 82: Wetterlage vom 25. 4. 1972 mit aerologischen Aufstiegen, Lage der Inversion und Windverhältnissen entlang der Strecke Lübeck - Biarritz.

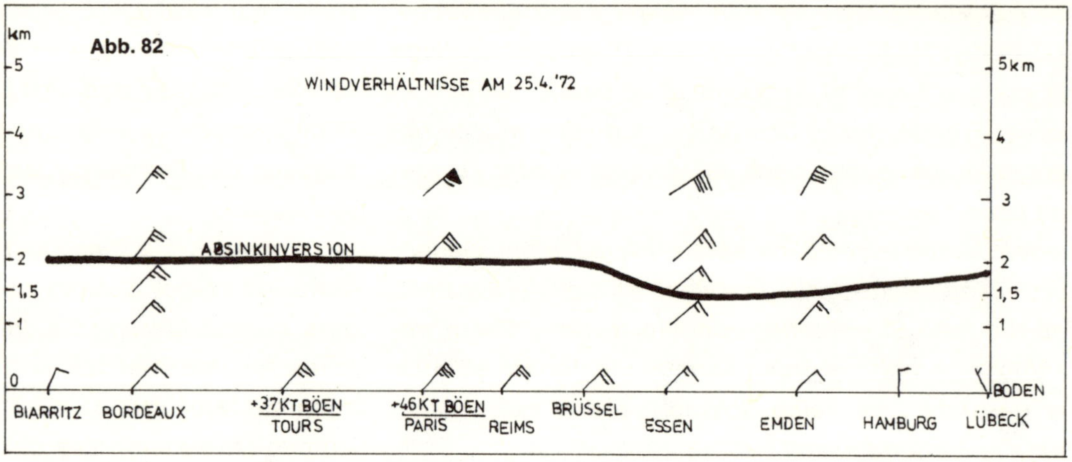

zu keiner ungestörten Thermikentwicklung kommen. Die Aufwinde dürften in vielen Fällen nur kurzlebig gewesen und vielfach dürfte nur auf Blauthermik gestoßen worden sein, was besonders für das Pariser Becken zuträfe.

Selbst schwache Aufwinde, die sehr selten oberhalb der Turbulenzschicht auftraten, können nur durchschnittliche Werte um 1 m/s gebracht haben. Das setzte natürlich voraus, daß es möglich sein mußte, oberhalb der Turbulenzzone zu fliegen. Hier spielte neben dem meteorologischen Faktor noch das Können des Piloten eine große Rolle. Dieses Vermögen steigt jedoch bekanntlich mit der Gleitzahl eines Flugzeugs, so daß Dr. Sigi Baumgartl und Walter Schewe in ihrem Doppelsitzer benachteiligt waren, da sie meist in der Turbulenzzone zu fliegen hatten.

Daß die prognostisch zu befürchtenden abschirmenden Wolkenfelder im südfranzösischen Gebiet nicht von der Hand zu weisen waren, erläutern die beobachteten Altostratusdecken noch im Rhonegebiet am Nachmittag des 25. 4. 1972, dem »Tag des Jahrhundertwetters«. Daß dieser »Tag der Tage« bereits im April über die Bühne ging, kann ohnehin als Sensation angesehen werden. Die meisten Rekordflüge bei Nordostlagen wurden bisher im Juni, dem Monat der größten Häufigkeit, erflogen.

Der Juni bietet gegenüber dem April noch einen Vorteil: Der Tag ist um etwa zwei Stunden länger, was bei Flügen in Richtung Westen nicht von der Hand zu weisen ist.

Zu seinem Weltrekordflug hat H.-W. Grosse folgendes zu erzählen:

»Um 8.30 Uhr starte ich in Lübeck auf meiner ASW-12. Bei Steigwerten von ¾ bis 1 m/s und sehr niedriger Basis fliege ich im Flachland die ersten 200 km. Die niedrige Basis machte mir, der in Norddeutschland ja daran gewöhnt ist, nichts aus, im Gegenteil, bringen doch die tiefen Untergrenzen enge Thermikabstände, so daß man rasch vorwärts kommt, ohne viel kurbeln zu müssen. Ich hatte ursprünglich einen Zielflug über 1120 km nach Nantes angemeldet, was einem neuen Weltrekord gleichgekommen wäre. Auf dem Flug stellte ich über Funk fest, daß Klaus Tesch und Dr. Sigi Baumgartl mit Walter Schewe unterwegs waren, meinen noch gültigen Weltrekord über 1031 km auf 1050 km zu verbesern. Wäre ich in Nantes gelandet, so hätte Klaus Tesch wohl einen Flug über 1000 km geflogen, aber

der Weltrekord wäre doch in meiner Hand geblieben. Als ich den Hamburger kurz hinter Diepholz traf, finde ich mich auf einmal in 300 m über Grund wieder. In meiner Freude, ihn zu überholen, flog ich etwas zu riskant, was ich jedoch nach 10 Minuten wieder reingeholt habe.

Gegen Mittag schließlich spiele ich mit dem Gedanken, einfach weiterzufliegen, wenn es sich herausstellt, daß der freie Streckenflugweltrekord von 1153 km wesentlich überboten werden könnte. Fliegerisch bot dieser gesamte Flug keine Schwierigkeiten mehr, nachdem die Wetterlage voll paßte!

Um 16 Uhr hatte ich bereits 1000 km geflogen. Über Le Mans angekommen, entschloß ich mich, weiterzufliegen und teilte dies Klaus Tesch mit, damit er weiter sein Ziel ansteuern sollte, während ich versuchen wollte, den Weltrekord auf der freien Strecke zu holen. Dies war möglich, da es ja nicht nötig ist, den Zielort anzumelden, da es ja selbstverständlich ist, daß soweit wie möglich geflogen wird.

Als es noch nicht sicher war, daß Klaus Tesch Ancenis auch wirklich erreichen würde, flog ich so nahe an meiner Kurslinie, daß ich in jedem Falle und zu jeder Zeit zu meinem ursprünglichen Ziel gelangt wäre.

Als mir Klaus Tesch mitteilte, daß er 100-prozentig Ancenis erreicht, ging ich endgültig von diesem Kurs ab und flog ins französische Hinterland, um sozusagen weiterzufliegen, bis Frankreich zu Ende war.

Nach 11¾ Stunden lande ich auf meiner ASW-12b in Biarritz und habe 1450 km Streckenflug hinter mir, bin Weltrekordinhaber im Segelflug auf freier Strecke und habe den Rekord von Scott und Green von 1153,821 km — aufgestellt 1970 — um fast 300 km überboten.

Was nun Klaus Tesch angeht, der mit seiner LS-1 in Boberg aus der Winde gestartet war und ebenfalls die begehrte Nordostlage ausnutzen wollte: Er hat sie genutzt! Er schraubte den Weltrekord, den ich mit 1032,2 km 1970 mit dem Flug Lübeck nach Angers erzielte, auf 1050,9 km. Somit hat die Bundesrepublik auch wieder einen neuen Weltrekordler im Zielstrecken-Segelflug. Er darf sich zugleich rühmen, der erste Pilot gewesen zu sein, der 1000 km mit einem Segelflugzeug der Standard-Klasse zurücklegte. Doch nicht genug damit!

In Dorsten (Kreis Dinslaken) starteten Dr. Sigi Baumgartl und Walter Schewe, um einen Zielflug nach Angers durchzuführen. Die Inhaber des deutschen Rekords für Doppelsitzer im freien Streckenflug, bewältigen auf ihrer ASK-13 die 714 km nach Angers. Somit wurden an diesem »Tag des Herrn« 3 Weltrekorde für die Bundesrepublik Deutschland erflogen. Mit ihrem Weltrekord überboten sie den bestehenden, den die Russen Antonow und Oplatchko mit ihrer Blanik 1972 auf knapp 703 km geschraubt hatten und stellten selbstverständlich gleichzeitig damit einen neuen deutschen Rekord für die freie Strecke in der Doppelsitzerklasse auf.

Abschließend wäre noch eine Feststellung zu treffen: An diesem Tag waren die ausgesuchten Routen maximal gewählt. Eine andere Streckenführung, z. B. die »Nietlispach-Route«, hätte keinen Flug ermöglicht.

Zum Wagemut gehört neben fliegerischem Können aber auch eine gute Streckenwahl mit einer guten Wetterberatung und . . . Glück.«

b) 12. Mai 1973

Wetterlage:

Während Norddeutschland an der Nordseite einer Hochdruckzone, die von der Biscaya bis zum Baltikum reichte, von atlantischen Störungsausläufern gestreift wurde, erwärmte sich im übrigen Deutschland die eingeflossene Kaltluft allmählich. Flüge, die aus dem Gebiet des Niederrheins und Münsterland morgens noch gute Ausgangspositionen hatten, wurden nach-

Abb. 83 und 84: Wetterlage vom 12. 5. 1973 mit aerologischen Aufstiegen und Windverhältnissen.

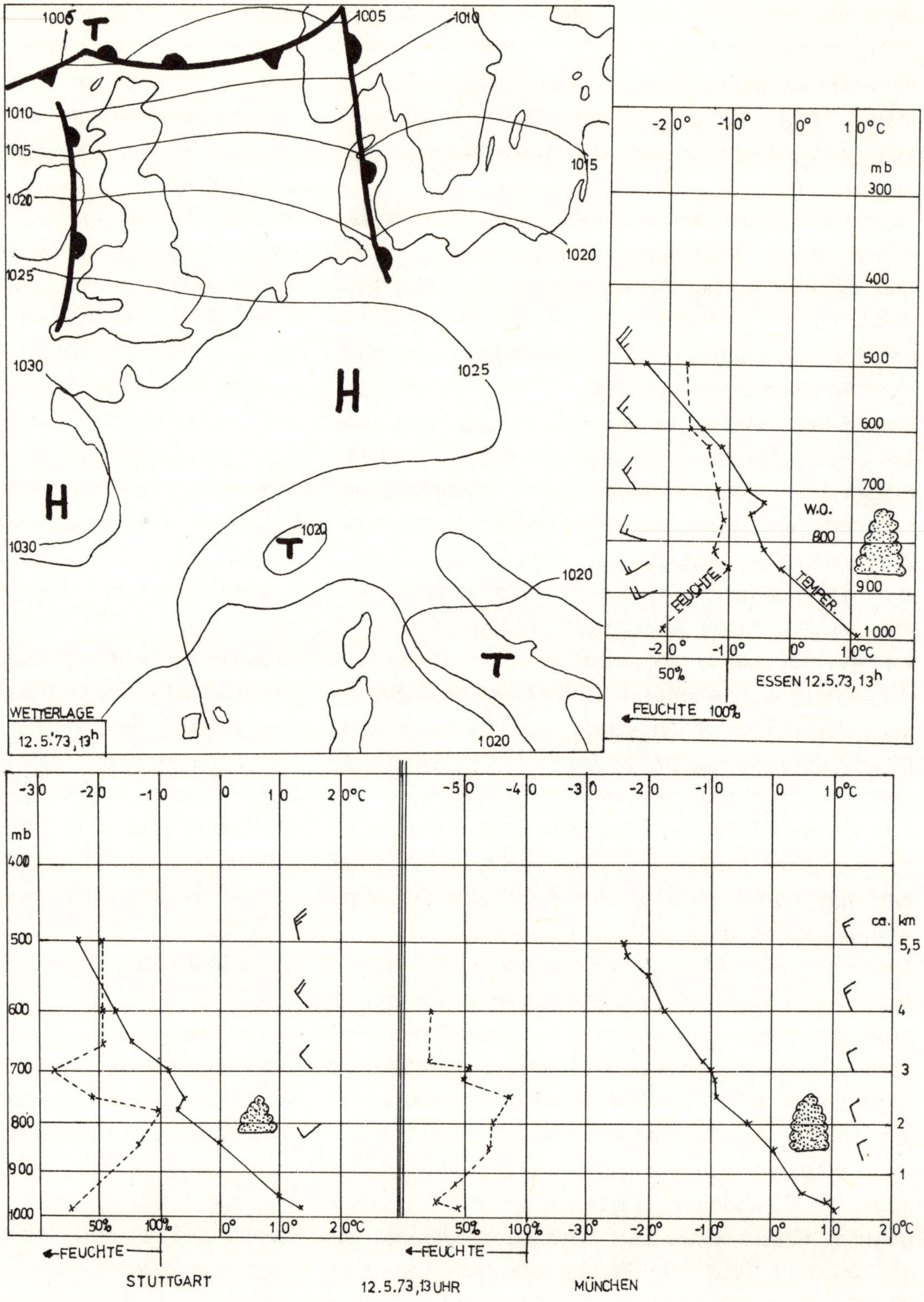

mittags durch stabilisierende Warmluftzufuhr in der Höhe jedoch gestoppt.

In Süddeutschland aber war der »Tag des Herrn« angebrochen, nachdem in der Nacht vom 11. auf den 12. eine Kaltfront durchgegangen war und sich in der eingeflossenen Kaltluft Hochdruckeinfluß bemerkbar machte. (Abb. 83 links)

Da die Kaltluft in dieser Jahreszeit noch einen relativ geringen Feuchtegehalt aufwies, war die Gefahr der Ausbreitung der Quellwolken unter der Sperrschicht, die sich über Süddeutschland einheitlich bei etwa 2500 m Höhe abzeichnete, gering (s. Abb. 83 rechts und Abb. 84).

Das Kondensationsniveau, also die Basis der Cumuluswolken, wurde mittags zwischen 1500 und 2000 m über Grund beobachtet (s. Abb. 84). Diese hohe Basis der locker auftretenden Quellbewölkung in Verbindung mit den schwachen Höhenwinden (s. Abb. 84) im gesamten Konvektionsraum, ergaben ungewöhnlich gute Thermikverhältnisse, die auch spätnachmittags nicht verpufften.

Allein in Bayern wurden an diesem Tag 17 Dreiecke über 500 km geflogen, wobei hier Rudolf Wilsch vom Feuerstein mit einem 693-km-Dreieck die größte Weite erzielte. Horst Heidenreich rundete ein 548-km-Dreieck und der Laufer Hesselbach ein 615er ebenso erfolgreich, wie Häupl aus Weiden mit einem 630-km-Dreieck. Den Vogel schoß an diesem Supertag zweifellos Klaus Holighaus ab. Mit seinem Nimbus II legte er in 10 Stunden 820 km zurück und bewältigte ein Dreieck, das von der Hahnweide nach Neustadt bei Alsfeld und über Roggenfeld bei Straubing wieder zum Startplatz zurückführte.

Doch wer zählt die km und nennt die Namen, die als Paukenschlag zum Saisonauftakt 1973 von sich reden machten:

Da erzielte der fliegende Pater Hugo Jännichen aus Bayreuth mit seiner Kestrel 639 km, Reinhold Stuhr aus Aalen/Elchingen entschied sich erfolgreich für ein 737-km-Dreieck mit den Wendepunkten Todtnau/Schwarzwald und Fulda. Nach knapp 7½ Stunden hatte er es mit seiner Glasflügel 604 geschafft. (In den Alpen legte Jochen von Kalckreuth tags darauf 755 km im Zielrückkehrflug zurück.)

Vom Hornberg aus startete auf einer BS-1 Emil Bucher, um ein 655-km-Dreieck, das über Alsfeld/Regensburg/Hornberg führte, zu umrunden. Der Flugauswerter für Baden-Württemberg, K.-H. Friedrich, umrundete ebenfalls vom Hornberg aus ein 305er Dreieck zweimal. Um im Südwesten zu bleiben, so wurden allein von der Hahnweide aus 1500 Streckenflugkilometer bewältigt.

Nicht nur die starken Männer waren an diesem 12. 5. 1973 rege, auch das sogenannte schwache Geschlecht machte sich stark. So umrundete Brigitte Keller auf St. Cirrus ein 520-km-Dreieck in gut 7 Stunden, das sie über Kelheim/Donau und Karlstadt/Main wieder zur Hahnweide zurückbrachte. Dieses Dreieck bewältigten auch mehrere Nachwuchspiloten der Fliegergruppe Köngen, während der Fluglehrer dieser Gruppe, O. Schäuble, seine Wendepunkte noch weiter hinausschob.

Vom Wetter etwas benachteiligt war Dr. Wolfgang Groß, da er zu weit nördlich wohnte. Er führte anstelle seines ursprünglich vorgehabten Zielrückkehrfluges Köln – Pt. Alliers – Köln ein Dreieck, das die Wendepunkte Kassel und Neunkirchen aufwies, durch. Mit seiner Glasflügel 604 landete er nach knapp 7 Stunden in Köln-Butzweilerhof. Von hier aus legte an diesem Tag auch G. Zerbin mit St. Cirrus das Dreieck über 500 km von Köln über Edersee und Lauterecken zurück.

Klaus Holighaus, nach seinem 820-km-Dreieckflug nach Schwierigkeiten auf der Strecke gefragt, antwortete nur:

»Schwierigkeiten gab es nur beim Abflug, da das Ge-

biet nördlich der Alb noch keine Entwicklung zeigte, so mußte ich ½ Stunde über der Alb mit meinem Abflug warten. Sonst: Einzig!«

c) 16. Mai 1973

Wetterlage:

Eine ähnliche Situation wie die am 12.5.1973 stellte sich schon vier Tage später wieder ein, mit der Ausnahme, daß diesmal auch Norddeutschland in den Genuß einer sehr guten Segelfluglage gelangte.

Am 14.5. überquerte ein Tiefausläufer Deutschland von Nord nach Süd. In der aus Nordwesten einströmenden Meereskaltluft schob ein Hoch über England einen Keil nach Norddeutschland vor. Am 15.5. konnten in der Kaltluft noch verbreitet Schauer beobachtet werden, während am 16. Mai das Hoch, das nunmehr mit seinem Kern von 1030 mb über der Nordsee lag (s. Abb. 85), so viel Wetterberuhigung brachte, daß gute und ungestörte Bedingungen zu erwarten waren, zumindestens im Norden. Für Norddeutschland konnte man noch mit schwacher Windunterstützung rechnen, wenn man das Dreieck, das zu fliegen beabsichtigt war, im Uhrzeigersinn durchführte.

Abb. 85: Wetterlage vom 16.5.1973.

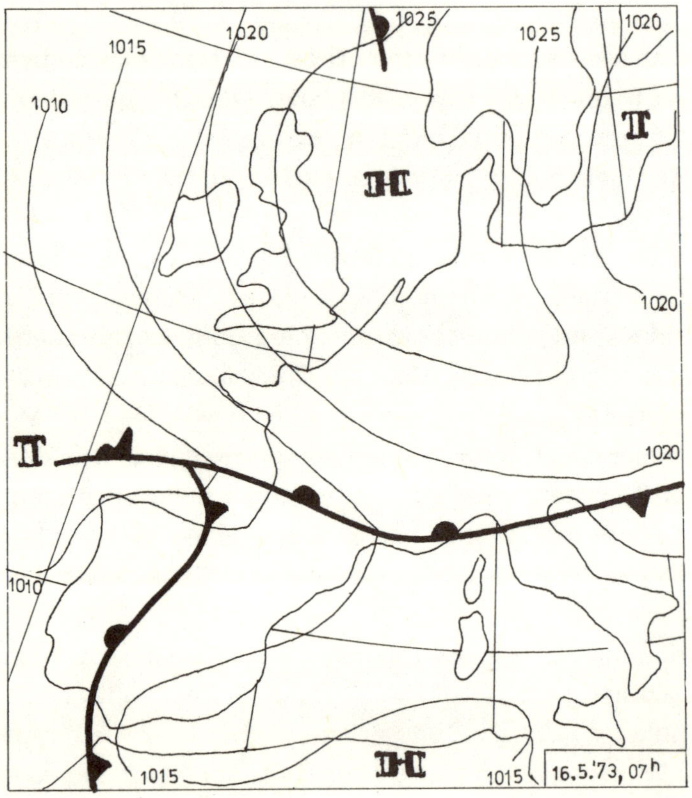

Süddeutschland war ein wenig schlechter dran, da infolge der nördlichen Strömung anfangs die Alpen in Wolken waren und der Bayerische Wald ebenfalls noch starke Bewölkung aufwies. Mit fortschreitender Besserung und Umwandlung in Quellwolken war auch hier zu rechnen, doch mußte man dem Rechnung tragen, daß bei einem Flug ein Dreieck so umrundet werden mußte, daß der Schenkel, der den Bayerischen Wald berührte, zuletzt beflogen wurde. Horst Heidenreich vom Feuerstein wählte ein 730-km-Dreieck mit Wendepunkten in der Rhön, an der Schwäbischen Alb und im Bayer. Wald. Aufgrund der Wetterberatung legte er dieses Dreieck entgegengesetzt dem Uhrzeiger zurück und erreichte den Bayerischen Wald bei dort dann herrschenden relativ guten Bedingungen.

Georg Hesselbach vom SFC Lauf/Pegnitz, der amtierende Bayernmeister in der Standardklasse, trug dem Wetter nicht ganz Rechnung. Er mußte – da er das Dreieck rechts herum flog – lange im Bayer. Wald bei nahezu totaler Abdeckung kämpfen, bis es ihm gelang, seinen Wendepunkt zu fotographieren. Es spricht für ihn, daß er sein 652-km-Dreieck dennoch umrundete, macht jedoch deutlich, daß bei entgegengesetzter Flugrichtung noch 100 km »drin« gewesen wären.

Trotz der anfänglich schwierigen Wetterlage gelang auch dem Weidener Piloten Hahn auf LS-1 ein 624-km-Dreieck, während Schulze vom gleichen Verein ebenfalls auf LS-1 ein 513er schaffte.

Hesselbachs Kamerad Bierlein stellte ein 533-km-Dreieck auf St. Cirrus erfolgreich auf.

Wagner aus Kulmbach flog auf seiner Kestrel 520 km, ebenso sein Teamkollege Kunz auf Phoebus.

Der Schweinfurter E. Bräutigam kam mit seiner LS-1 nach 501 km erfolgreich heim, ebenso wie der Landshuter Lugger auf Kestrel nach einem Flug über 525 km.

Der Anstieg der Quellwolken auf nahezu 2000 m Höhe am Nachmittag (s. Abb. 86 und 87) ermöglichte allein im bayerischen Gebiet neunmal ein Dreieck über 500 km zu erfliegen, die fast alle von der Flugwetterwarte Nürnberg beraten wurden.

Eine weitere Beratung besonderer Art führte ebenso erfolgreich zum Ziel: Vom Feuerstein aus legte der Leiter der Flugschule, Gerd Stolle, im Motorsegler (SF 28) ohne Motorbenutzung ein 300-km-Dreieck in der Klasse D 2 mit einem Durchschnitt von etwas mehr als 50 km/h zurück, was einem deutschen Motorseglerrekord gleichkam, während seine Frau, Dr. Anne Stolle, mit einer Ka 6 ein 308-km-Dreieck bewältigte.

Das Ulkigste am Motorseglerrekord Gerd Stolles war, daß er einfach den nächstbesten der Umstehenden — keinen Flieger — in den »Falken« einlud und mit ihm deutschen Rekord flog.

Von diesem Tage liegen zwei Pilotenberichte vor, einer aus dem Süden — Horst Heidenreich — und

Abb. 86 und 87: Aerologische Aufstiege vom 16. 5. 1973 mit Windmessungen.

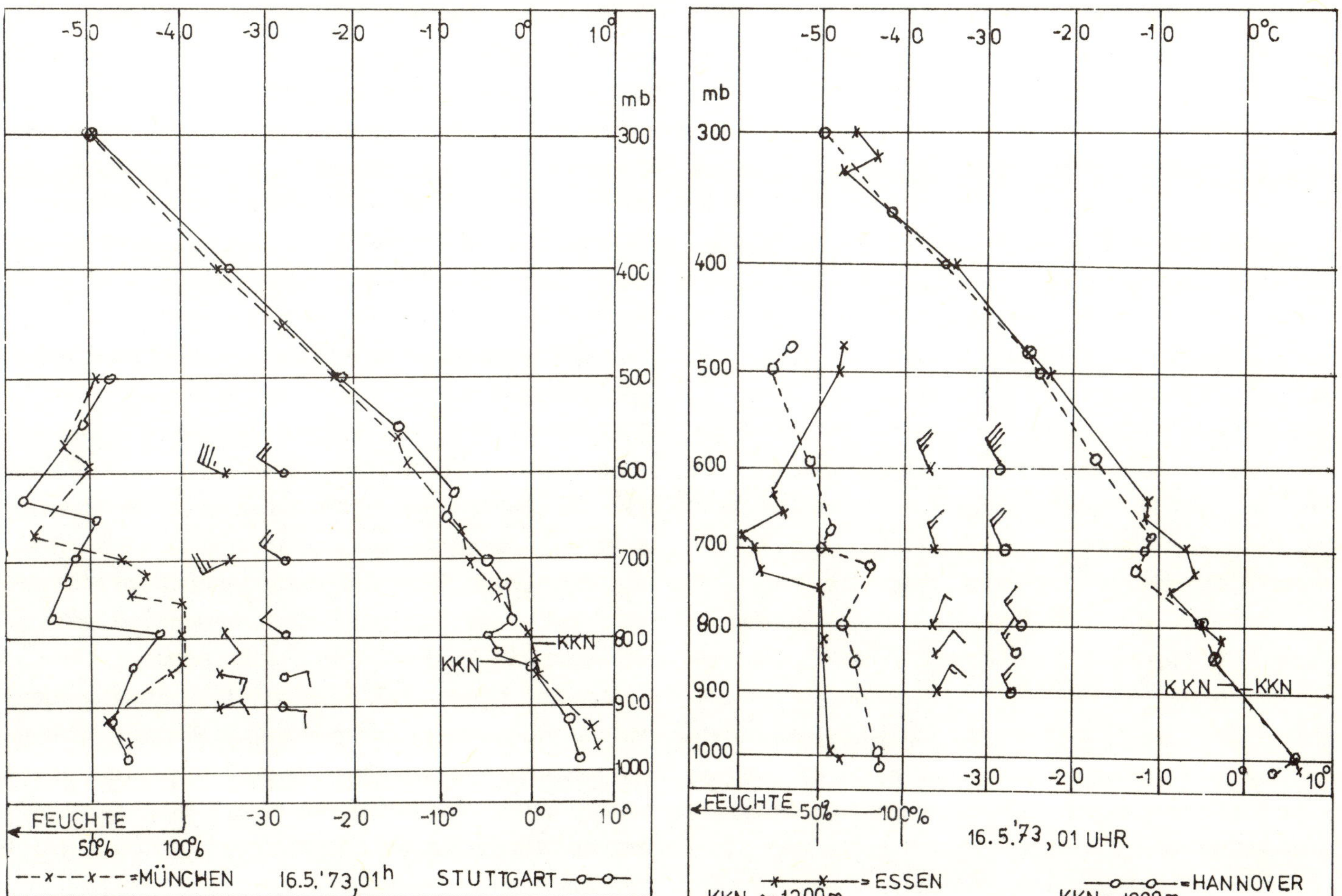

einer aus dem Norden — H. W. Grosse —. Beide legten in ihrem Gebiet jeweils die größten Tagesstrecken zurück.

Hier zuerst Horst Heidenreich's Bericht über seinen Flug in Süddeutschland:

»Angeregt durch das für alle sichtbare, ideale Segelflugwetter des Vortages, das nur noch durch einzelne Schauer gestört war, lockte obendrein noch die Prognose der Flugwetterwarte Nürnberg im Segelflugwetterbericht vom 16. 5. 1973 zahlreiche Segelflieger zur Burg Feuerstein. Schon frühzeitig wurde aufgerüstet, Wasserballast getankt und Flugvorbereitungen getrieben. Ich meldete einen 730-km-Dreieckflug mit meinem Nimbus II nach dem Bayer. Wald, der Schwäbischen Alb und der Rhön an und war froh, als ich schon kurz nach 8 Uhr die ersten, zarten Cumuli in meiner Abflugrichtung entdeckte, die meinen hochtrabenden Plänen mit einer bereits relativ hohen Basis bei 1200 m NN entgegenkamen. Schon saß ich flugbereit hinter der Schleppmaschine, als mir Schulleiter Gerd Stolle händewinkend zum Abwarten verhieß. Ein Anruf unseres Wetterberaters aus Nürnberg, Herr Kreipl, meldete mir sich nur sehr zögernd auflösende Schichtbewölkung im Bayerischen Wald und riet gleichzeitig, das Dreieck entgegengesetzt herum zu fliegen.

Also raus aus dem Flugzeug, Tafel geändert, Sportzeugen gesucht, Foto und schon hing ich um 8.37 Uhr am Seil — aufwärts. In Bamberg kurbelte ich von 500 m zur Basis und schlängelte mich gemächlich delphinierend an den Haßbergen vorbei unter einer auf 800 m abgesunkenen Basis bei Bad Kissingen und Bad Brükkenau. Die Ausläufer der Rhön ließen die Untergrenze der Cumuli auf nahezu 1800 m ansteigen. Die Versetzung ließ sich ertragen. Gegen 10.45 Uhr umrundete ich meinen ersten Wendepunkt bei Fulda und war erstaunt, daß hier im Umkreis von 20 km kein Wölkchen anzutreffen war. Die durchflogenen Bärte waren zerrissen, so daß bei der herrschenden Nordweströmung der Lee-Effekt des Mittelgebirges hier zu verspüren war.

Nach einem fast-nur-Gleitflug über 45 km mußte ich mich hinter Neuhof in 600 m mühsam mit 1 m/s Steigen nach oben zu einer 1100 m hohen lappigen Wolke quälen. So blieb es auch bis in die Gegend von Würzburg. Die Basis hing nun um 400 m höher und mit 2,5 m/s im Mittel konnte bis Bad Mergentheim bis 12 Uhr noch ein guter Schnitt erflogen werden. Dann wird es wieder blau bis hin zum Wendepunkt über Geislingen an der Steige. Als gerechten Ausgleich empfinde ich das kräftige Steigen in zwar großen Abständen, aber bis zur Dunstkuppenhöhe von 2000 m. Schon von Schwäbisch Gmünd aus sehe ich herrliche Cumulus-Entwicklungen über der Alb, die ich auch am Wendepunkt Geislingen gegen 13.20 Uhr satt bis 2100 m genieße. Dann beginnt für mich der schönste, schnellste und einfachste Teil meiner Flugstrecke, der Gegenwindschenkel. Mit 1 m/s am Ring reite ich unter den Wolken entlang, das reizvolle Land geruhsam betrachtend. Gegen 14.15 Uhr treffe ich flächenwackelnd Georg Hesselbach bei Neresheim, der heute mit seiner ASW 15 noch ein 650-km-Dreieck bezwingen sollte, nachdem er im Bayer. Wald seinen Kampf gegen starke Bewölkung erfolgreich bestand. Nur 6 Bärte muß ich über 280 km annehmen und erreiche meinen Wendepunkt im Bayerischen Wald gegen 16.30 Uhr. Leider ist hier die Thermik am Himmel zerlaufen und breitflächige Abdeckungen zwingen mich über einen Gleitflug von nahezu 50 km bei Roding 400 m tief hinunter. Nur noch einen winzigen Bart bettle ich und dann erreiche ich die kräftigen Cumuli der labileren, kälteren Ostluft bei Bruck. In Gnade klettert mein Höhenmesser bei mühsamen Centimetern pro Sekunde schließlich doch mit 1 m/s auf 1300 m und voraus über Bruck hinweg, sehe ich auf dem Heimweg hohe, satte Quellwolken, die ich gegen 17.30 Uhr mit echten 3 m/s in 2300 m erreiche.

Der Rest über Schwandorf/Amberg ist ein Kinderspiel. Aus Lust und Tollerei lasse ich mich gegen 18 Uhr noch einmal bei Sulzbach unter der letzten Wolke auf 2400 m tragen, um die noch vor mir liegenden 50 km mit 200 km/h am Stau bei starkem Dunst gegen die Sonne herunterzujagen. Als ich nach 10 Stunden Flugzeit die Flächen streichle, ist es nicht nur Freude und Glück, was ich empfinde, sondern auch Dankbarkeit denen gegenüber, die mir den Weg dazu zeigten.«

Soweit Horst Heidenreich vom Feuerstein.

In Norddeutschland startete Hans-Werner Grosse um 8.29 Uhr in Mölln (nahe Lübeck), um das 820-km-Dreieck, mit dem Klaus Holighaus einen inoffiziellen Rekord aufgestellt hatte, bereits nach 4 Tagen zu überbieten. Er legte seine Wendepunkte auf Bebra, Nordhorn und zurück nach Mölln, wo er um 17.21 Uhr landete. Sein Schnitt betrug cirka 92 km/h. Doch nicht genug damit: Weils so schön lief, flog er noch 102 km weiter bis Rendsburg, wo sein Flugzeug um 19.07 Uhr aufsetzte. Insgesamt legte H.-W. Grosse an diesem Tag 929 km zurück, was als Weltbestleistung zu werten ist. Wie Hans-Werner Grosse über diesen Flug denkt, schildert er mit folgenden Worten:

»An guten Tagen ist es mit einer Super-Orchidee wie der ASW-17 kein Problem, ein 500-km-Dreieck zu fliegen. Schwieriger wird es geographisch, durch politische Grenzen bedingt, ein Dreieck über 700 km abzustecken. Mölln wählte ich als Startort, weil Lübeck als Ausgangspunkt am Abend als Zielort bei Hochdruckwetterlagen häufig durch Seewind gefährdet ist.

Die Flugwetterwarte Hamburg gab mir morgens gegen 6 Uhr grünes Licht für den Start und gleichzeitig den Rat, wegen der Windbedingungen das Dreieck »rechts herum« zu umrunden. So erfolgte gegen 7.45 Uhr der Start. In 1000 m über Grund klinke ich aus. Die Cumulusbasis liegt bei etwa 500 m und klettert rasch auf 700 m Höhe (s. Abb. 87, Temp Hannover). *Wegen der geringeren Wolkenhöhe liegen die Thermikabstände nah zusammen und gestatten es, nahezu geradeaus zu fliegen. Bei mittleren Steigwerten von weniger als 1 m/s wird trotzdem ein Schnitt von 90 km/h herausgeflogen. In der Gegend von Seesen, wo die Ebene ins Hügelland übergeht, liegt die Basis tief, so daß es scheint, daß an ein Durchkommen nicht zu denken ist. Doch die Basis hebt auch hier auf etwa 4000 ft an* (siehe Temp Hannover, Abb. 87). *Von nun an gibt es für den thermischen Flug nahezu keine Probleme mehr. Ich wende Bebra um 11.45 Uhr. Die Fotos kosten mich fast 500 m Höhe, doch befreit mich ein 3- bis 4-m/s-Bart aus dieser vorübergehenden Verlegenheit. Nun kann ich einen Schnitt von 120 km/h fliegen, so daß ich meine zweite Wende in Nordhorn um 14.13 Uhr tätigen kann. Leichter Gegenwind drückt jetzt die Durchschnittsgeschwindigkeit auf 80 bis 85 km/h.*

Bei Bremen wird es – wie schon so oft hier in dieser Gegend – wieder einmal schwierig. Dafür überrascht Schneverdingen mit einer hohen Basis von 2100 m anstellte der hier üblichen 1200 bis 1300 m. Deshalb sind Steigwerte von 3 m/s erfreulich. Aus meiner Höhe kann ich innerhalb der Kaltluft über die Nord- und Ostsee blicken, sehe Hamburg, Kiel, Lübeck und auch Schwerin. Ich erreiche Mölln um 17.21 Uhr, nachdem ich hier noch eine Höhe von 1000 m hatte. Also starte ich, um über Lübeck und Neumünster nach Rendsburg, insgesamt 103 km, zu fliegen, wo ich wieder mit einer Höhe von 800 m und immer noch Steigen ankomme.«

d) 19. Mai 1974

Wetterlage 19. 5. 1974 (s. Abb. 88 und 89, jeweils links)
Das Wetter in Süddeutschland wird von einer hochreichenden Hochdruckzone bestimmt, die von den Azoren bis Skandinavien reicht. Dabei fließt mit östlicher Strömung erwärmte Festlandsluft ein. Bei einer hohen

Abb. 88 und 89: Wetterlage vom 19. 5. 1974 mit aerologischen Aufstiegen und Windangaben.

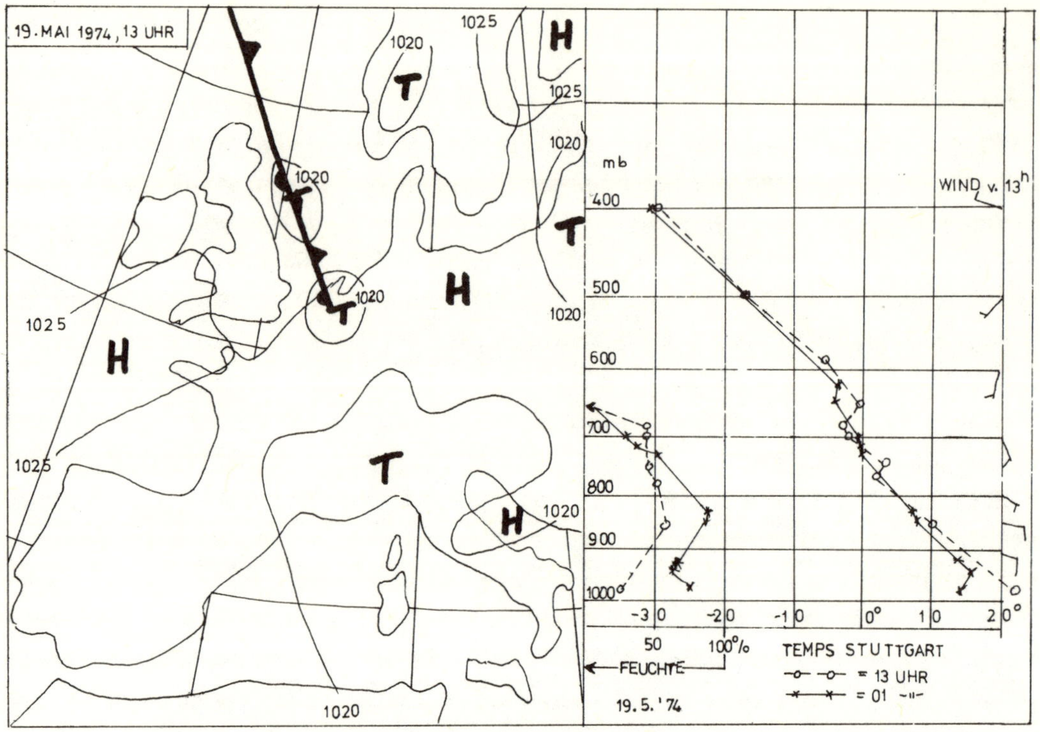

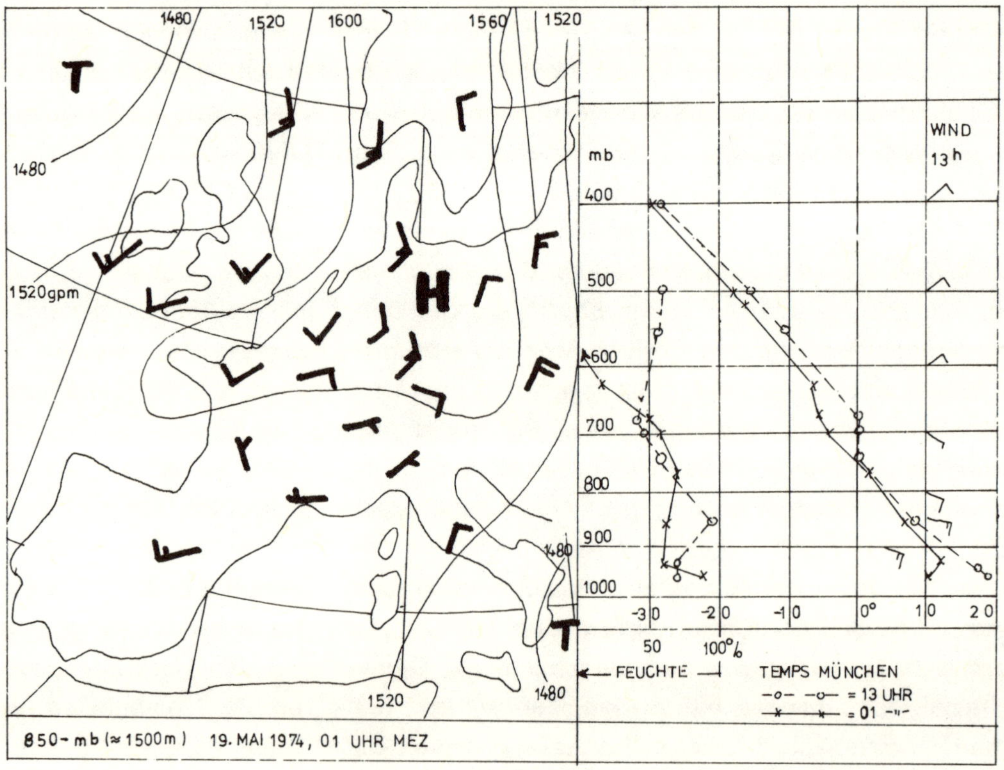

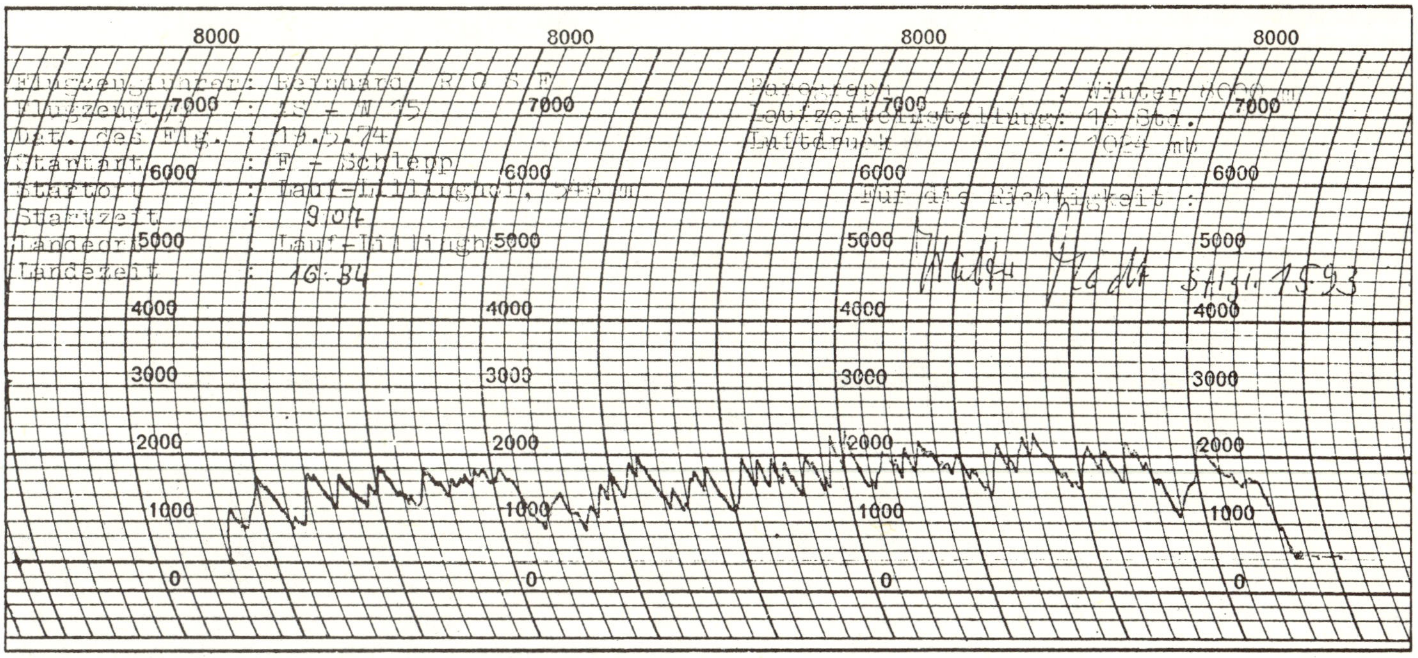

Abb. 90: Barogramm eines guten 500-km-Dreieckfluges vom 19. 5. 1974.

Nullgrad-Grenze (siehe Abb. 88 und 89 jeweils rechts) von 9000 bis 10 000 ft und nur schwachen Winden bis zu dieser Höhe, sind ideale Bedingungen gegeben. Es erfolgt eine frühe Auslösung (zwischen 8 und 9 Uhr) bei hohem Kondensationsniveau zwischen 1500 und 2000 m Höhe. Die Cumulusbasis steigt im Tagesgang bei Temperaturen bis zu 25° C auf 2000 bis 2500 m an, während die Absinkinversion in ca. 3000 m die Obergrenze der Quellbewölkung darstellt, die maximal 4/8 an Wolkentransparenz aufzubieten hat.

Von der Flugwetterberatung in Nürnberg wurden neun Dreieckflüge über 500 km beraten, wobei am Vortag noch eine Streckenempfehlung für einen 750-km-Dreieckflug für den 19. 5. gegeben wurde.

Dieses »Hammerwetter« nützte allein der LSC Lauf/Pegnitz, dessen Piloten an diesem »Tag des Jahres« über 6000 km erflogen. 8 Mitglieder dieses Vereins (Eibl, Bierlein, Zenger, Plödt, Rose, Hesselbach, Nistler und Knapp) umrundeten ein Dreieck – mit Flugzeugen der Standardklasse – das knapp 520 km ausmachte (s. Abb. 90).

Zum Mekka der fränkischen Segelflieger, Burg Feuerstein, kehrte an diesem Tag Horst Heidenreich nach einem »nur« 508-km-Dreieckflug heim, in der Gewißheit, ein zu kleines Dreieck für diesen Supertag ausgewählt zu haben.

Ulrich Plarre vom Schliersee rundete ein gutes 500er-Dreieck, ebenso wie Günter Wagner aus Kulmbach, der nach 525 km wieder landete. Einen erfolgreichen Tag konnten auch der Schweinfurter Pilot Baier auf ASW 15 mit 527 km und die Weidener Segelflieger Häupl mit 629 km, Max Hahn mit 702 km und Turban mit 515 km feiern. Max Hahn schaffte diese 702 km auf einer LS-1c!

Im Süden feierte auch noch die Fluggemeinschaft der DFVLR Triumphe, deren Flieger H. Laurson und H. Wileke jeweils auf St. Cirrus 572 km und ihr Teamkamerad F. Witte auf Ka 6 CR (!) 508 km schafften.

e) 12. August 1973

Wetterlage vom 12.8.1973 (s. Abb. 91):

Geschwindigkeitsweltrekord 100-km-Dreieck von Klaus Holighaus auf Nimbus II mit 159,2 km/h.

Das Wetter im Nord-Alpenraum wurde von einer »gesunden« Hochzelle über der Nordsee bestimmt, wobei östliche Strömung vorherrschte.

Dieses Hoch brachte für den Alpenraum gute Thermikluft bis etwa zum Alpenhauptkamm. Veltlin war bereits wieder zu feucht (durch südliche Luftzufuhr! Dieses Manko wird an Holighaus' Mühen an der zweiten Wende des 100-km-Dreieckfluges deutlich!).

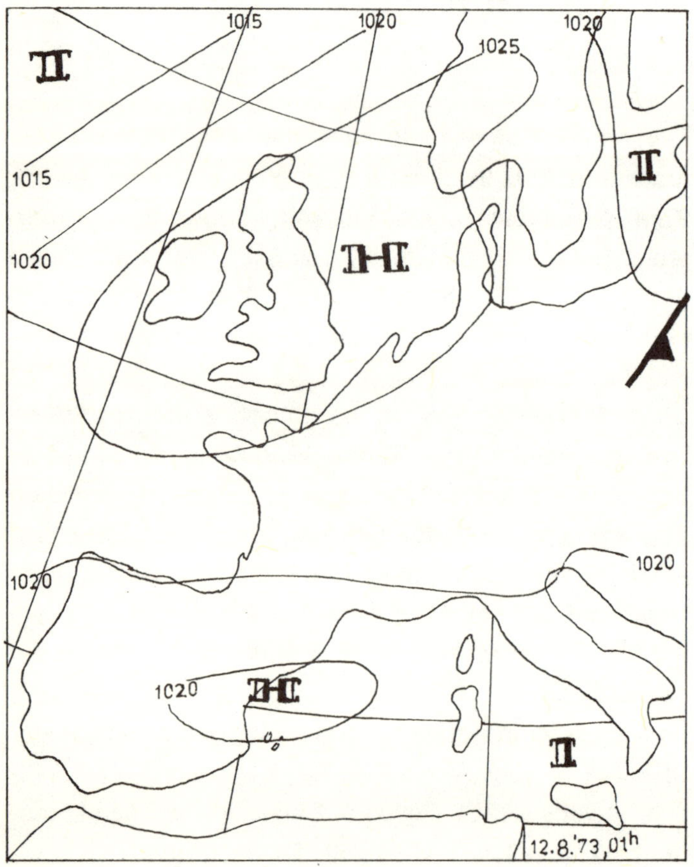

Abb. 91: Wetterlage vom 12. 8. 1973 in Bodennähe.

Hier sein Flugbericht:

»Ursprünglich war geplant, in Samedan »nur« Urlaub mit der Familie zu machen. Doch der Wettergott spielte insofern nicht mit, als das Wetter von Tag zu Tag schöner wurde. Die Quellwolkenbasis, die im Engadin an und für sich schon hoch liegt, stieg auf 4000 m, örtlich sogar auf 4500 m an.

Am 11.8.1973 gab es denn für mich auch kein Halten mehr. Ich baute meinen Nimbus II auf, füllte in die Tanks 100 Liter Inn-Wasser und traf dann die Vorbereitungen für einen 100-km-Dreieckflug. Hohe Basis bei hohem Startgelände und starke Steigwerte erinnerten mich an Marfa.

Meine Wendepunkte des Dreiecks sollten sein: Die Pischahornstation bei Davos und Tschierv am Ofenpaß.

Dieses Dreieck flog ich mehrere Male, doch meine Durchschnittsgeschwindigkeit lag »nur« um die 140 km/h. Eine größere Geschwindigkeit war meiner Meinung nach nicht möglich, da ich zweimal das Inntal zu überqueren hatte und zulange »kurbeln« mußte und nicht lange genug im Delphinstil bleiben konnte. Am Nachmittag gab ich auf.

Da das Wetter zu halten versprach, suchte ich für den 12.8.1973 einen Dreieckkurs, der auf langen Strecken Delphinfliegen durch Ausnützen von lang angeordneten Bergketten ermöglichte. Deshalb wählte ich für diesen Tag meine Wendepunkte wie folgt aus:

Als erster Punkt kam Il Foss am Piz Plavna in Frage, damit am frühen Nachmittag die östliche Inntalkette abzufliegen möglich war, da ja dann die Sonne im Südwesten stand.

Der zweite Wendepunkt wurde so ausgewählt, daß die markante Livigno-Kette fliegerisch ausgenutzt werden konnte. Die Wahl dieses Wendepunktes bedeutete jedoch auch, daß dieser Punkt auf der Alpensüdseite, südöstlich des Berninapasses, lag. Meine Wahl fiel auf den Lac Negro.

Ich füllte, wegen des hohen Außenlanderisikos beim Abfliegen des ersten Schenkels ohne Kreisen in Kammhöhe, meinen Nimbus II mit der Kennung XX deshalb nur mit 50 Liter Wasser als Ballast. Gegen 14 Uhr sah die Strecke gut aus. In 2700 m Meereshöhe gings über die Startlinie und nach dem Hochziehen auf knapp 2900 m sofort weiter zum Piz Mezzaun. Hier hatte ich bei 180 km/h im Geradeausflug noch Steigwerte zu verzeichnen. Im Delphinstil – jedoch auch ohne großen Höhenzuwachs – flog ich die Inntalkette bis zum Ofenpaß ab, wendete nach 12 Minuten in 3000 m über Meer und erreichte weiterhin ohne Kreisen – insgesamt waren es 65 km ohne einen Kreis! – den Piz Filone. Unter Gipfelhöhe verhalf mir ein Bart von 4 m/s in 4 bis 5 Minuten auf 4000 m zu steigen. Die bisherige Flugzeit betrug jetzt 27 Minuten. 35 km waren noch zurückzulegen und eine Höhe von 4000 m war vorhanden! Aber dann versperrten mir die »schönen italienischen Wolken« den Weg zum Wendepunkt. Hoffend, daß dieser selbst wolkenfrei sei, stieß ich durch und nach 3 Minuten sah ich unter mir den halb von Wolken verdeckten Lac Negro. Der Ausfluß war glücklicherweise zu erkennen, so daß ich schnell die nötigen Photos schießen konnte und mich rasch in Richtung Samedan orientierte. Auf dem Weg zwischen Berninapaß und Platz ließen heftige Regen- und Graupelschauer und sehr starke Turbulenz das Höchstgeschwindigkeitsfliegen nicht zu.

Abb. 92: Wetterlage vom 27. 5. 1974 vom Boden bis etwa 700 mb (ca. 3000 m Höhe).

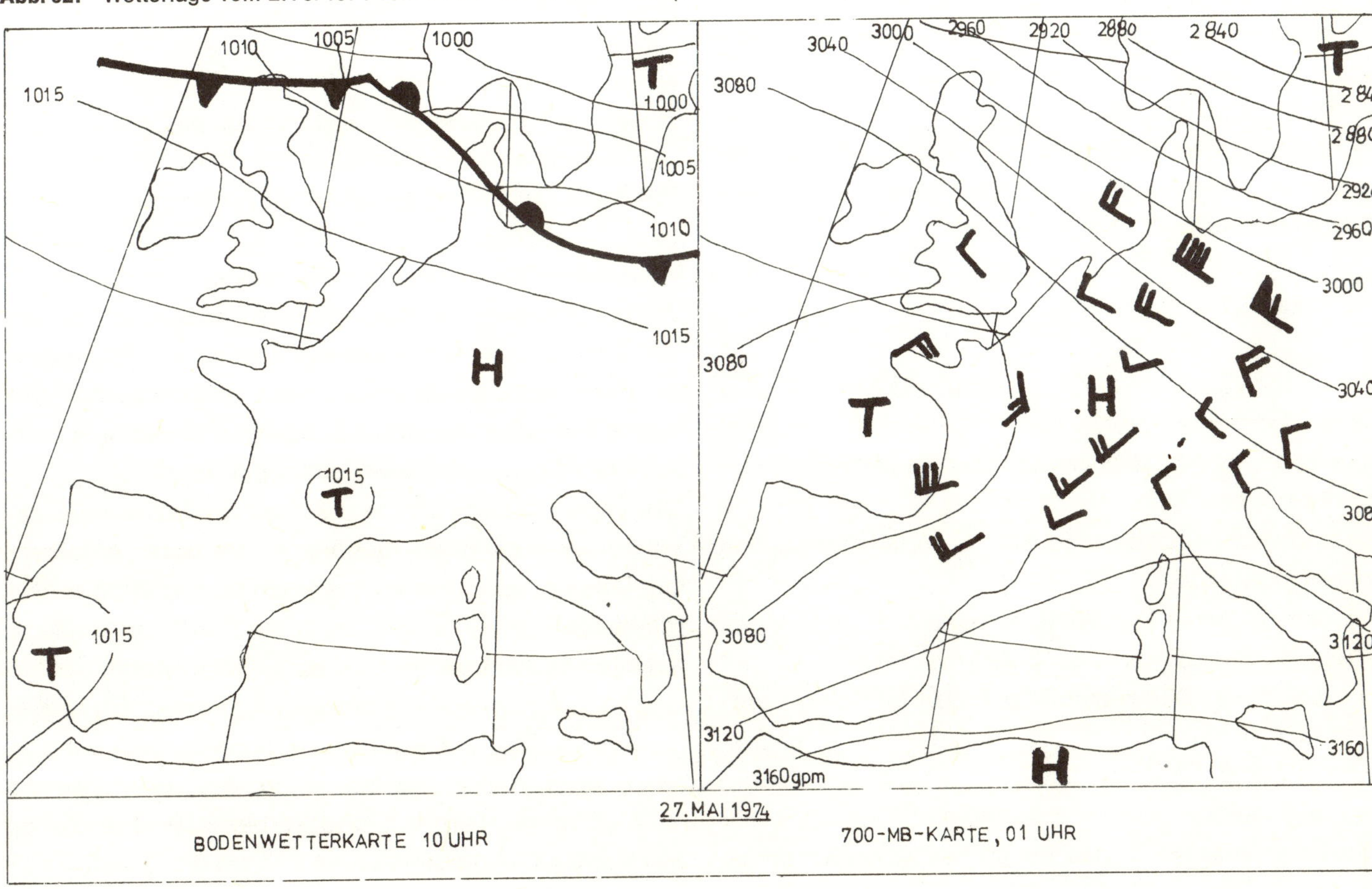

Abb. 93: Satellitenbild vom 27. 5. 1974 von Mitteleuropa aus einer mittleren Höhe von nahezu 1500 km.

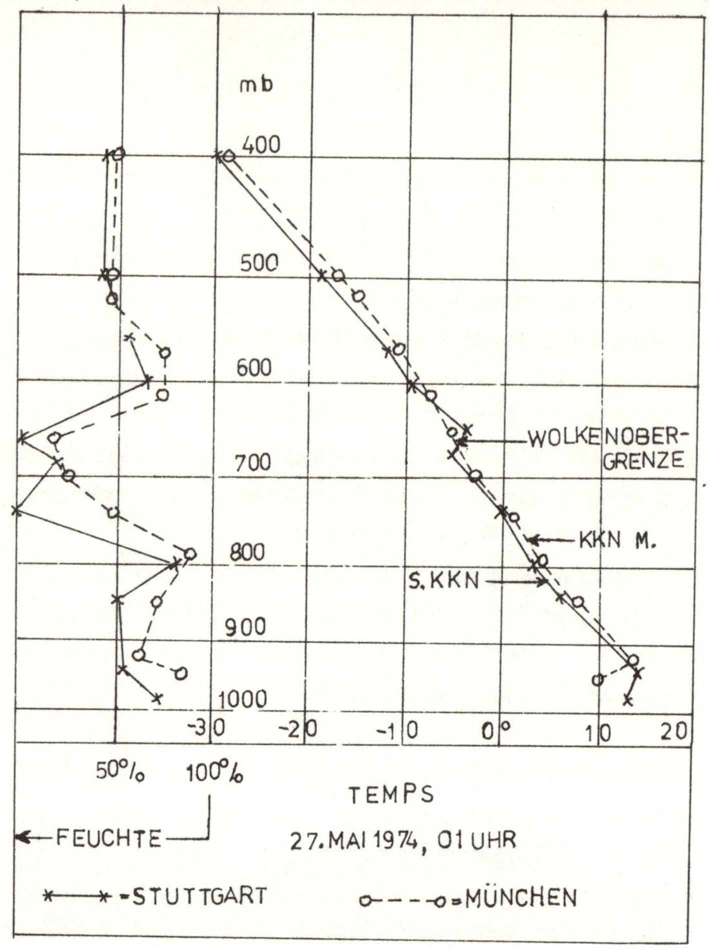

Abb. 94: Aerologische Aufstiege vom 27. 5. 1974.

Trotzdem überflog ich die Ziellinie in Samedan in 550 m über Platzhöhe. Meine Frau sowie zwei Sportzeugen bemerkten mich erst in letzter Sekunde, da sie mich viel zu tief gesucht hatten.
Das Hallo nach der Landung war sehr groß, da über Samedan nach einem Vierteljahrhundert wieder ein Weltrekord aufgestellt worden war.«

f) 27. Mai 1974

Wetterlage vom 27. 5. 1974 (s. Abb. 92 bis 94):
Ein Hochdruckkeil erstreckte sich über den gesamten Alpenraum (s. Abb. 92), so daß das Satellitenbild dieses Tages den gesamten Alpenzug klar und deutlich durch die schneebedeckten Gebirgszüge wiedergeben konnte (s. Abb. 93).
Die Achse dieses Hochkeils teilte deshalb die Alpen in zwei Windfelder (s. Abb. 92, 700-mb-Karte).
Im Westen war Südweströmung und im Osten Nordwestwind zu verzeichnen. Da überdies der Druckgradient in der Höhe relativ stark war, konnte der Höhenwind evtl. stärker behindernd wirken.
Sonst war vom Wettergeschehen her keine Gefahr zu befürchten, da durch die Höheninversion (s. Abb. 94) Überentwicklung nicht zu befürchten war. Durch die Einstrahlung entstand während des Tages im gesamten Alpenraum ein flaches, bodennahes Hitzetief, das jedoch die Thermik noch förderte, da dadurch verstärkt Vertikalbewegungen entstanden.
Interessant bleibt noch zu vermerken, daß bereits am Vortag im westlichen Alpenraum bei guter Blauthermik Flüge möglich waren, während im Ost-Bereich der Alpen die starke Nordweströmung für Streckenflüge noch hinderlich war.

An diesem Tag stellte Jochen von Kalckreuth auf seiner Kestrel »Orion« einen neuen Deutschen Rekord im Zielrückkehrflug auf, und verbesserte den bisher von Günter Cichon gehaltenen Rekord um 70 km.

Er legte seine Strecke von Turnau/Ost-Steiermark nach Sils Maria im Oberengadin und wieder zurück. Insgesamt erbrachte diese Strecke 884 km mit einem Schnitt von 95,3 km/h.

Günter Cichon hatte übrigens den alten Rekord ebenfalls im Mai (23. 5. 1972) und von Turnau aus erflogen.

Leider kam es an diesem Tage nicht zu einem direkten Vergleich beider Alpen-Segelflug-Spezialisten, da Günter Cichon die Wetterlage nicht ganz ernst nahm. Von der Wetterberatung auf den guten Tag aufmerksam gemacht, startete er in Scharnstein (bei Gmunden am Traunsee) wegen örtlicher Stratocumulusfelder zu spät:

Hier erstmal sein Bericht:

»Das Startgebiet war zur Startzeit zu etwa 7/8 Stratocumulus abgedeckt.Vorankommen bis zum Dachstein deshalb sehr, sehr langsam. Die Thermik war in diesem Raum schwach, jedoch äußerst turbulent und zerrissen, was offenbar von dem kräftigen Nordwestwind in der Höhe herrührte.

Nach Erreichen des Ennstales stellte sich bei 1/8 Quellbewölkung gute Thermik mit 4 m/s ein, die sich auf dem Streckenabschnitt zwischen Tauern/Alpenhauptkamm und Karawanken weiterhin feststellen ließ.

Südlich der Karawanken erfolgte rapides Absinken der Wolkenbasis zum südlichen Alpenrand hin mit oftmals fast geschlossener Schichthaufenbewölkung. Kräftiger Dunst drang bis zur Kurslinie entlang des Tagliamento vor. Das Piavetal war ebenfalls mit kräftigem Dunst gefüllt, der jedoch nördlich von Longarone abnahm.

Um 12.30 Ortszeit wendete ich bei Steigwerten von ½ bis 1 m/s. 30 bis 40 km nördlich des ersten Wendepunktes auf etwa 3500 m ansteigende Wolkenbasis brachten sehr gute Thermik von 4 bis 5 m/s bei einer Bedeckung von etwa 3/8. Dies gestattete ein sehr schnelles Vorankommen bis zu den Ötztaler Alpen. Von hier an war bereits eine sehr weit auseinanderliegende Thermik festzustellen, wobei die Quellwolken allmählich zu Stratocumulusfeldern auseinanderflossen. Westlich des Arlberg machte sich der Bodensee durch Dunst bemerkbar, so daß auch nur noch Steigwerte von 1 bis 2 m/s festzustellen waren. Um 16 Uhr wendete ich den zweiten Kurspunkt. Nach dem Zurückkämpfen bis zum Arlbergpaß sind im Osten noch gute Cumuluswolken zu sehen, die jedoch im Verlauf meiner Annäherung immer mehr auseinanderfließen und Stracu bilden. Sie schirmten die Sonne jetzt nahezu ab, daher nur noch sehr schwache Thermik zwischen ½ und 1 m/s. Um 19.25 Uhr landete ich nach 680 der ursprünglich gesetzten 800 km in der Gewißheit, ein fliegbares Dreieck dieser Größenordnung verschenkt zu haben, da ich durch die örtliche Abdeckung im Startgebiet – trotz Hinweis des Wetterberaters in Nürnberg – diesen Tag nicht mehr für so gut gehalten habe. Dadurch schenkte ich mindestens eine halbe Stunde Zeit her, die nötig gewesen wäre, auf dem letzten Schenkel die noch guten Quellwolken im Osten ausfliegen zu können.«

Anders als Günter Cichon machte es an diesem guten Tag Jochen von Kalckreuth, der sich für einen Zielrückkehrflug – mit Erfolg – entschied. Hier als Ergänzung und Gegenstück sein Bericht:

»Um 8.07 startete ich mit meiner Kestrel in Turnau, der »Rekordrampe für Alpen-Segelflüge« und kann schon gleich darauf turblente 1 bis 3 m/s auskreisen. Um 8.13 Uhr erreiche ich bereits 2200 m: Eine ideale Abflughöhe!

Auf der 1. Teilstrecke von Turnau nach Aigen über 90 km wechseln Steigwerte von 1,5 bis 5 m/s mit teils heftigen Leezonen. Zum Teil sind Wellen vorhanden, die Höhengewinne bis 3500 m ermöglichen. Flache Cumuli stehen in Straßen über den Talflanken. Mein Schnitt auf dieser Strecke beträgt 76 km/h.

Nach heftigem Saufen über Aigen kann ich gegen 9.25 Uhr 600 m über Tal unter dem Grimmig schließ-

lich einen vehementen Leebart zentrieren, der 3 bis 4 m/s bringt. Bald darauf gelange ich westlich von Radstadt spürbar aus dem Einflußbereich der starken Gegenströmung. Ich erreiche Zell am See um 10.31 Uhr. Mein Schnitt auf dieser letzten Teilstrecke betrug über 100 km/h, der auch auf dem nächsten Streckenabschnitt von Zell am See zum Wipptal nicht nachläßt, sondern noch geringfügig ansteigt (108 km/h). An der Schmittenhöhe stelle ich Steigwerte bis zu 4 m/s fest. Nach wenigen Kreisen geht es im Delphinstil über annähernd 50 km unter flachen Quellwolken in 2700 m zum Gerlospaß. Der schwache Nordnordwestwind versetzt diese Cumuli leicht zur Talmitte hin. Ab Zillertal nimmt die Höhenströmung weiter ab, so daß sich Steigwerte von 3,5 bis 4,5 m/s genau zentrieren lassen. Am Rastkogel liegt die Basis der Cu in 2750 m und es geht in einem Zug über die Tuxer Alpen nach Fulpmes, wo ich um 11.35 Uhr ankomme. Starke Wolkenausbreitungen und viel Schatten lassen das Gebiet der Stubaier und nördlichen Ötztaler Alpen zum schwierigsten des Fluges werden. Erst ab Kaunergrat scheint die Sonne wieder richtig und die Bärte weisen 3 bis 4 m/s auf. Über Hochfinstermünz erfolgt die Talquerung zur Silvretta. Eine Straße flacher Quellwolken über den Bergfüßen weist genau in Richtung auf den Malojapaß. Trotz der Schatten liegt mein Schnitt immer noch über 100 km/h.

Ich folge der Wolkenstraße, die vom Oberengadin eine Basis von 3700 m aufweist – die höchste des Tages überhaupt – über den Piz Nuna, Zuoz und den Piz Nair auf Silvaplana zu. Vom Reschenpaß an rätseln Dr. Alf Schubert (er flog von Zell am See ein 620-km-Dreieck) und ich über die genaue Windrichtung. Schließlich einigen wir uns, unten Südwest, oben Westnordwest. Das Ganze stets um 15 bis 20 km/h, nicht viel, doch genug, um zwischen den Bärten kräftiges Sinken bis 5 m/s hervorzurufen. Deshalb hole ich über der Julierstraße maximale Höhe für die Umrundung von Sils Maria (siehe Foto 1) an der südlichen Talseite. Dies gelingt um 13.15 Uhr. Die 442 km der Hinstrecke wurden so mit einem Schnitt von knapp 90 km/h geflogen. Hierbei wirkte sich das erste Streckenstück Turnau nach Zell am See wegen Gegenwind zeitraubend auf dieser 195 km langen Teilstrecke aus, während die Strecke Zell zum Wendepunkt (265 km) einen Schnitt von nahe 100 km/h ermöglichten. Der Vorsprung gegenüber meinem Flugzeitplan betrug in Sils Maria 35 Minuten. Dies, sowie die Aussicht auf den Rückenwindeffekt, ließen mich bereits im Engadin an den Erfolg des Fluges glauben.

Wie beim Hinflug folgte ich auch beim Rückflug der Wolkenstraße auf der nördlichen Talseite und wechsle erst über Prutz/Inn zum Kaunergrat. Drei Bärte für 90 km sichern einen hohen Schnitt. An der Ötztalflanke

Foto 1: Wendepunkt Sils Maria wird gleich erreicht sein (13.15 Uhr!).

geht es wieder ganz hinauf an die Basis in 3400 m, denn erneut liegen die Stubaier Alpen voraus völlig abgeschattet. Mit verminderter Fahrt geht es bei geringem Sinken in einem Zug zum Patscherkofel, dort im Halbschatten mit nur 1 bis 2 m/s zurück auf 2900 m. Diese Höhe genügt jedoch zum Übergleiten der Tuxer Massive bis zum Rastkogel, wo erneut in heller Sonne der Bart vom Dienst steht. Mein Schnitt von Sils Maria bis zum Wipptal fast 110 km/h!

Der Bart am Rastkogel gibt ein mittleres Steigen von 3 bis 4 m/s her und ermöglicht aus 3400 m einen schnellen Gleitsprung bis in den Pinzgau. Dort stehen über beiden Talflanken klassisch schöne Strecken-Cumuli aufgereiht, die bis zum östlichen Horizont reichen. Die Steigwerte liegen deshalb auch bei 3 bis 4 m/s. Mein Schnitt hat sich unwesentlich verändert. Da auch die Niederen Tauern erneut ihre thermische Zuverlässigkeit bestätigen, habe ich auch für diese Teilstrecke von Zell am See bis Öblarn nichts zu befürchten. Vier Bärte bis zu 4 m/s bringen mich, etwa 5 km südlich vom Tal versetzt, in den Endgleitflugbereich von Turnau. Basis der Quellwolken weiterhin bei 3400 m. Ein angesichts nun (16.30 bis 17.30 Uhr) bereits zerfallender Cu unerwartet starker Bart südlich von Rottenmann am Eingang des Paltentals von nochmals 3 bis 4 m/s über annähernd 900 Höhenmeter trägt bis 3200 m und ermöglicht einen Endanflug aus 75 km. Ankunft in Turnau um 17.29 Uhr. Die 442 km der Rückstrecke wurden mit einem Schnitt von 104 km/h geflogen, was einem Gesamtschnitt der Totalstrecke von ca. 95 km/h entspricht. Dieser Tag hätte 20 bis 30 km über der 900-km-Marke gebracht!«

g) 16. November 1974

Wetterlage 16. 11. 1974 »Föhn dieses Jahres«:

Mit der starken südwestlichen Höhenströmung hat sich ein gestern über Nordwestspanien gelegenes Tiefdruckgebiet mit der über der Iberischen Halbinsel nordostwärts ziehenden Welle zu einem kräftigen Tiefdruckwirbel vereinigt, der früh mit seinem Zentrum über Belgien lag (s. Abb. 95).

Die Warmluftzufuhr aus Südwest und somit die Föhn-Wetterlage blieb im Nordalpengebiet erhalten. In der letzten Nacht ging die Temperatur in Liechtenstein (Vaduz) nur bis 17 Grad zurück, wobei gleichzeitig noch Spitzenböen bis 72 kt (ca. 130 km/h) gemessen wurden. Die Mittagswerte der Temperatur lagen hier bei 20 Grad Celsius.

Auf der anderen Alpenseite regnete es z. B. in Locarno sehr stark. Die ungefähr auf halbem Weg zwischen Lugano und Vaduz gelegene Station Gütsch (2280 m Höhe im Gotthard-Gebiet) registrierte Spitzenböen bis 92 kt (ca. 165 km/h).

Die seit drei Tagen anhaltende Südweströmung erlaubte bereits Höhenflüge über Innsbruck, wobei jedoch am 14. 11. die Masse der Flieger nur bis etwa 3000 m Höhe gelangte, während einige bis 4500 m stiegen.

Am 15. erreichten wenige 5000 m Höhe, während die »Creme« auf 6300 m Höhe (s. Abb. 51) gelangte.

Am 16. 11. jedoch war der Föhn des Jahres hereingebrochen, so daß Höhen von 7000 bis 9000 m und mehr erzielt werden konnten (s. Abb. 96 und 97).

An diesem Supertag konnte man innerhalb einer guten Stunde »seinen« Diamanten erfliegen (Abb. 98).

Folgender Bericht schildert den Diamantenflug eines bisher noch »Unbekannten« an diesem Tag, den auch Helmut Lehmann, von Ampfing her auf einem Motorsegler (RF 5 B Sperber) kommend erfolgreich nutzte und evtl. eine neue, weil weniger kostspielige Methode zum Diamantenerwerb erschloß und zugleich Deutschen Höhenrekord für Motorsegler erflog.

»Gegen 8 Uhr meldet der Patscherkofel, der (Föhn-) Hausberg der Innsbrucker, 100 kt Spitzenböen. Ziemlich aufgeregt starte ich gegen 9 Uhr. 300 Meter bringt

die Winde. Dann geht es rüber zur Martinswand, wo Steigen von 5 bis 10 m/s vorzufinden war.
Die starke Böigkeit reißt meine ASW-15 wie ein Laubblatt am Karwendel hoch und in weniger als ¼ Stunde kann ich die Höhe von 2500 m genießen. Um jetzt zur Welle über dem Glungezer zu gelangen, überquere ich im Stechflug das Inntal. Drei Rotoren lehren mich das Fürchten. Innerhalb weniger Augenblicke sind Höhenänderungen von einigen 100 m auch für einen geübten Flieger eine Marter. Bei 5000 m stülpe ich mir, ein wenig spät, die Sauerstoffmaske vors Gesicht. Schnell übersteige ich im ruhigen Wellenaufwind mit 3 bis 5 m/s Steigen die Lenticularis-Wolken und fliege etwa in 7500 m Höhe. Der Höhenwind weht aus Südwest. Die Nase meiner ASW-15 zeigt stetig auf die Europabrücke, die immer wieder durch Wolkenlücken klar zu sehen ist. Blicke ich nach Süden, so ergießen sich die Wolkenmassen, von Italien kommend, wie bei einem gigantischen Wasserfall über den Alpenhauptkamm. Meine Sauerstoffanzeige lautet: Noch 100 atü in der Flasche. Somit kann ich beruhigt Richtung Zillertal fliegen, wo herrliche Lenti zu sehen sind. Diese tragen mich auf die beglückende Höhe von 9000 m NN.
Greifbar nahe erscheinen die höchsten Gipfel der Hohen Tauern, Großglockner und Großvenediger. Im Norden gleißt der Starnberger See.
Leider geht auch mein Sauerstoff allmählich zur Neige und ich muß aus dieser schönen aber organismusfeindlichen Höhe zurück zur Mutter Erde. Ich leite eine Trudelbewegung ein und vernichte auf diese Weise fast 3500 m Höhe.
Beglückt lande ich wieder in Innsbruck, wo sich bereits mein Freund fix und fertig gemacht hat, um sich mit meinem Flugzeug und neuer Sauerstoff-Flasche in die lange Kette der Wartenden einzureihen und ebenfalls einen »Edelstein« aus Innsbruck mit nach Hause zu bringen, was ihm in den Mittagsstunden auch noch gelingt, ehe dann später der Föhn zusammenbricht.«

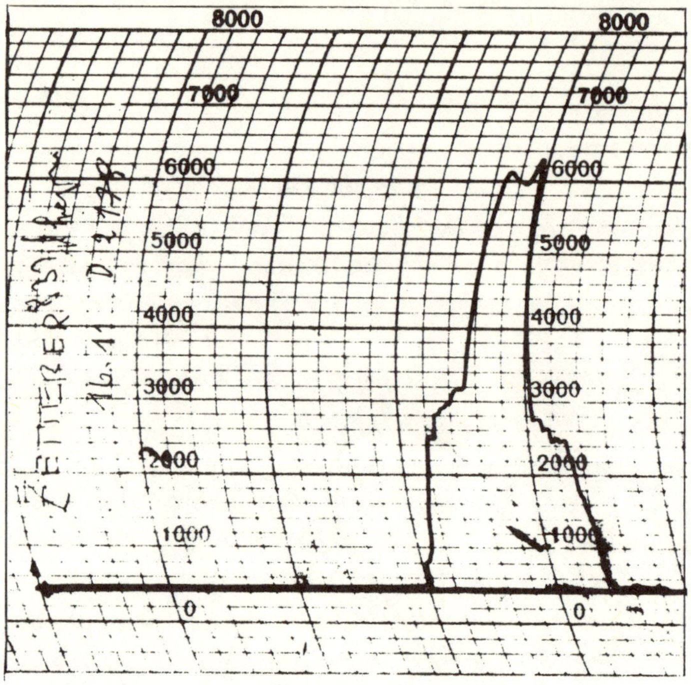

Abb. 98: Barogramm eines »Diamantenfluges« vom 16. 11. 1974, der innerhalb einer Stunde (!) stattfand.

Neben diesen guten und teils hervorragenden Lagen wären noch so viele gute Segelflugtage aufzuzählen, so der 9. 5. 1974, wo im St. Cirrus ohne ausgesprochenes Hammerwetter ein 620-km-Dreieck geflogen wurde (Wagner von Kulmbach aus), der 16. 6. 1974 mit mehreren 500-km-Dreiecken, der 17. 6. 1974, an dem der Weidener Max Hahn ein kleines Dreieck mehrfach umrundete und dann 820 km erzielte; nicht zuletzt der 1. 5. 1975, an dem allein im nordbayerischen Raum zwei Dreiecke über 700 km erfolgreich absolviert wurden, weiterhin 6 Dreiecke über 500 km und wieder Klaus Holighaus ein 830-km-Dreieck schaffte, ferner wie bereits erwähnt Sigi Baumgartl einen »fast« 940-km-Zielrück.
Doch ist es unmöglich und auch nicht Sinn und Zweck dieses Buches, alle guten Lagen hier aufzuführen.
Dieses Kapitel soll vielmehr dazu beitragen, daß viele Segelflieger – nicht nur die bekannten – neue Maßstäbe setzen, damit diese guten Leistungen an anderer Stelle wieder gewürdigt werden.

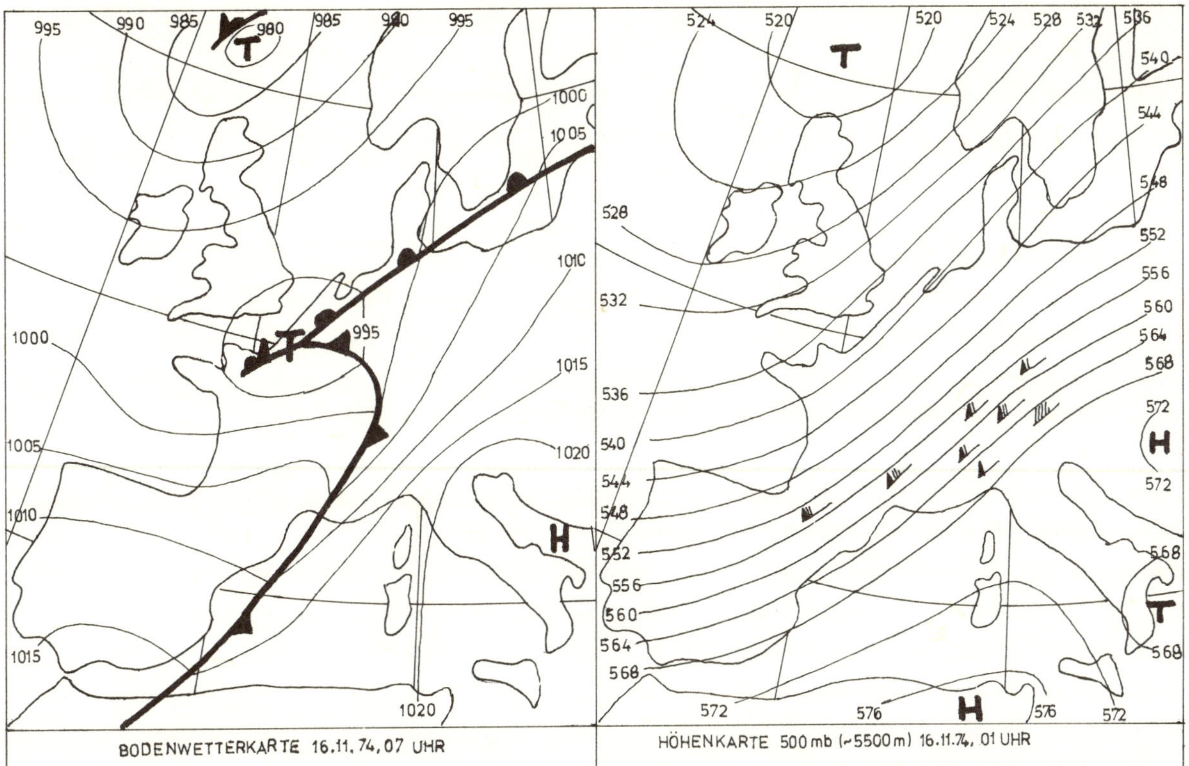

Abb. 95: Wetterlage vom 16. 11. 1974.

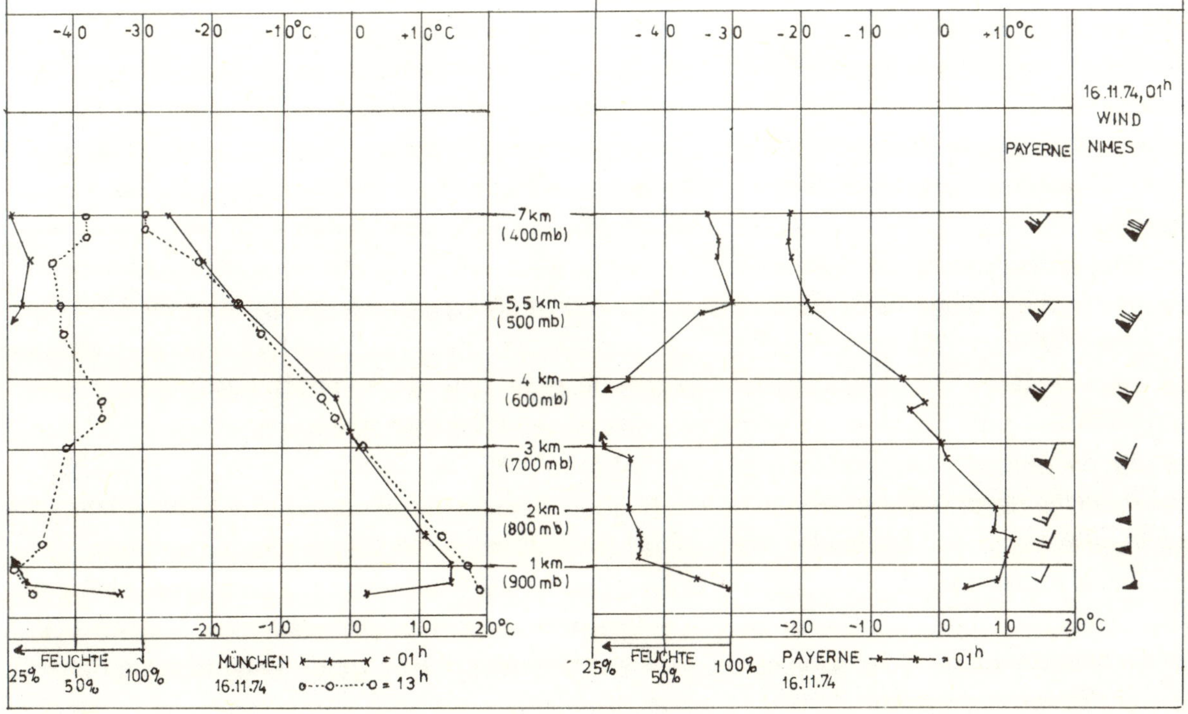

Abb. 96 und 97: Aerologische Aufstiege mit Windangaben vom 16. 11. 1974.

IX. WOLKEN UND IHRE AUSSAGEKRAFT

Bildung

Voraussetzung zur Bildung von Wolken ist *Wasserdampf!*

Wasserdampf gelangt durch die Verdunstung von Wasser an der Erdoberfläche in die Atmosphäre. Die größten Wasserdampfquellen sind folglich Gebiete großer Wasseroberflächen wie die Meere, besonders die warmen in den Tropen und Subtropen.

Das ist logisch, da ja die Verdunstung mit der Temperatur zunimmt. Bei der Verdunstung verliert das Wasser 600 cal/g an Wärmeenergie und kühlt sich somit ab. Die Sonneneinstrahlung gleicht den Verlust laufend immer wieder aus. *Deshalb bildet die Sonne den Motor des Wasserkreislaufs auf der Erde.*

Dieser *Kreislauf* beginnt mit der *Verdunstung* des Wassers auf der Erdoberfläche, setzt sich über die *Kondensation* des Wasserdampfes zu Wolkentröpfchen fort und schließt sich mit dem zur Erde fallenden *Niederschlag.*

Das Vorhandensein von Wasserdampf genügt – wie wir wissen – in der Atmosphäre allein noch nicht zur Kondensation und somit Wolkenbildung. Voraussetzung dafür ist, daß der Wasserdampf übersättigt ist, d. h. seine Menge muß einen ganz bestimmten Wert, den *Sättigungswert,* überschreiten.

Dieser Sättigungswert stellt einen Gleichgewichtszustand zwischen dem Wasserdampf und der festen oder flüssigen Phase des Wasserdampfes dar.

Wird dieser Gleichgewichtszustand *überschritten,* dann haben wir übersättigten Wasserdampf. Die Natur ist dann bestrebt, das Gleichgewicht durch Kondensation der über den Sättigungswert hinausgehenden Wasserdampfmenge wieder herzustellen.

Wird der Gleichgewichtszustand *unterschritten,* dann versucht Mutter »Natur« durch Verdunstung von Wasser ebenso das Gleichgewicht wieder herzustellen.

Beim Sättigungswert sind folglich Kondensation und Verdunstung gleich groß: Sie halten sich die Waage.

Es sei nur noch erwähnt, daß dieser Sättigungs- oder Gleichgewichtswert des Wasserdampfes von verschiedenen Faktoren abhängt:

Er nimmt mit der Temperatur zu,

er ist über Eis geringer als über Wasser,

er ist über Wasser mit gelösten Salzen (= Lösungen) geringer als über reinem Wasser und

er ist über stark gekrümmten Oberflächen (z. B. Wassertröpfchen) größer als über weniger gekrümmten oder ebenen Oberflächen.

WOLKENFORMEN

Je nach Zusammensetzung der Wolken aus nur Wassertröpfchen, nur Eiskristallen oder gemischt aus beiden ergibt sich eine zwanglose Einteilung der Wolken in

a) *Wasserwolken* (Temperaturen bis –10 Grad C),

b) *Mischwolken* (Temperaturen –10 bis –35 Grad C) und

c) *Eiswolken* (Temperaturen kälter als –35 Grad C).

Wenn man nun diese Temperaturbereiche in mittlere Höhenbereiche umsetzt, so ergibt das *in unseren Breiten* folgende *»Wolkenstockwerke«:*

Tiefes Stockwerk mit nicht unterkühlten Wasserwolken	0 bis 2 km,
Mittleres Stockwerk mit unterkühlten Wasser- und Mischwolken	2 bis 7 km, und
Oberes Stockwerk mit Eiswolken	7 bis 15 km.

Zu den einzelnen Stockwerken gehören folgende Wolkengattungen:

Oberes Stockwerk: Cirrus (Ci), Cirrocumulus (Cc), Cirrostratus (Cs).
Mittleres Stockwerk: Altostratus (As), Altocumulus (Ac), Nimbostratus (Ns).
Tiefes Stockwerk: Cumulus (Cu), Cumulonimbus (Cb), Stratus (St), Stratocumulus (Sc).
Daß die Grenze nicht starr eingehalten wird, leitet sich schon von der Tatsache ab, daß z. B. der Cumulonimbus vom tiefen bis ins obere Stockwerk reicht, ebenso wie der Nimbostratus.

WASSERWOLKEN

Bis −10 Grad C bestehen die Wolken allgemein aus Wasser, sie sind also reine Wasserwolken. Sie haben von allen Wolken die größte Anzahl von »Wolkenbausteinen«, da ja bei höheren Temperaturen mehr Wasserdampf zur Kondensation zur Verfügung steht.
Die Menge der Wolkenelemente (= »Wolkenbausteine«) nimmt mit der Schnelligkeit der Wolkenbildung weiter zu und ist darum in Wolken mit starker Vertikalbewegung größer als in Wolken mit geringer oder kleiner Aufwärtsbewegung.
Die meisten Konvektionswolken sind Wasserwolken mit Aufwärtsbewegungen von **m/s,** während in Schichtwolken (auch in Mischwolken und Eiswolken wie As, Cs und Ns) die Vertikalbewegungen nur in Größenordnungen von **cm/s** zu registrieren sind.
Wie erwähnt, besitzen Wasserwolken viele Wolkenelemente; eine große Anzahl von Tröpfchen bedeutet jedoch geringe Sicht in der Wolke, vergleichbar wie im Nebel, somit geringe Lichtdurchlässigkeit und damit Eigenschatten und Grau-Abstufungen, je nach Größe der Wolke scharfe Wolkenränder, da das Licht an ihren Rändern von den vielen Wassertropfen wie von einem Spiegel reflektiert wird.
Man kann sich merken, daß bei dichten Wolken die Wolkenränder ein leuchtend-weißes Aussehen aufweisen!
Zu dieser Wolkengattung muß der Cumulus, der Stratocumulus, manchmal auch der Altocumulus und selbstverständlich der Cumulonimbus gerechnet werden, jedoch nur im Temperaturbereich bis minus 10 Grad Celsius.
Wolken, die weniger Wolkentröpfchen besitzen, weisen auch diffuse, unscharfe Ränder auf.
Kränze oder Höfe unmittelbar um Sonne oder Mond bei Vorhandensein von Wolken sind ein Anzeichen für Wasserwolken. Die Lichtstrahlen werden dann an den Wolkentröpfchen gebeugt.

MISCHWOLKEN

Diese bestehen aus Eiskristallen und aus unterkühlten Wassertropfen. Die Anzahl der Wolkenelemente ist in Mischwolken größer als in Eiswolken und überwiegend kleiner als in Wasserwolken.
Wenn man diese Tatsache ebenso wie bei Wasserwolken betrachtet, so ergibt sich:
In Mischwolken ist die Sicht schlecht, es wird wenig Licht durchgelassen, somit ist die Farbe je nach Wolkenmächtigkeit hell- bis dunkelgrau und die Wolkenränder weisen diffuses Aussehen auf, während der Gesamteindruck der Wolke ein milchiges, streifiges Aussehen vermittelt.
Die Wolkengattungen der Mischwolken sind: Altocumulus, Nimbostratus und Cumulonimbus, selbstredend auch der Altostratus.
Der Altocumulus ist nur im Bildungsstadium den Mischwolken zuzurechnen, da er zu diesem Zeitpunkt noch überwiegend aus unterkühlten Wassertröpfchen besteht und nur wenige Eiskristalle aufweisen kann.

EISWOLKEN

Reine Eiswolken bilden sich meist erst bei Temperaturwerten von kälter −35 Grad Celsius, also durchwegs in Höhen oberhalb 7 km. Sie bestehen aus Eiskristallen in Form von sechseckigen Säulen oder Plättchen. Die Anzahl dieser Wolkenbauste(i)rne ist infolge des geringen Wasserdampfgehalts der kalten Luft erheblich geringer als in Wasser- und Mischwolken. Daraus folgert, daß in Eiswolken die Sichtverhältnisse mäßig gut sind, die Lichtdurchlässigkeit groß (erkenntlich am Schattenwurf von Gegenständen am Erdboden) und die Farbe weiß ist, weil die Wolke keinen Eigenschatten besitzt. Durch Lichtspiegelung an den Eiskristallen besitzt die Wolke ein seidig-glänzendes Aussehen, während die Ränder stark diffus und unscharf sind und somit die gesamte Wolkenstruktur oft faserig, haarähnlich ausgefranzt erscheint.
Durch Spiegelung an den Eiskristallen oder Lichtbrechung in den Eiskristallen kommt es als sichtbares Zeichen für Eiswolken häufiger zu *Halo*-Erscheinungen (Halo = farbiger Ring um Sonne oder Mond in einem Winkel von 22 und 45 Grad) oder zu Lichtsäulen.

Die Wolkengattungen der Eiswolken sind:
Cirrus, Cirrocumulus und *Cirrostratus.*

Ehe wir dazu übergehen, ausgewählte Wolkenfotos zu erläutern, die durch ihr Vorhandensein dem Segelflieger bereits wichtige Hinweise auf Wetterentwicklung geben können, sollen noch kurz wolkenauflösende und wolkenbildende Prozesse hervorgehoben werden. Wolkenelemente müssen wieder verdunsten, wenn der Wasserdampf in ihrer Umgebung untersättigt ist!
Im wesentlichen sind die Vorgänge, die zur Auflösung von Wolken führen den Prozessen entgegengesetzt, die Wolkenbildung hervorrufen.
Zur *Wolkenauflösung* kommt es

1. durch Wasserdampfabnahme bei Ausregnen der Wolke,
2. Erwärmung über den Taupunkt und
3. Mischung von Wolkenluft mit trockener Luft.

Demnach kommt es zur *Wolkenbildung*

1. bei Wasserdampfzunahme durch Verdunstung,
2. Abkühlung unter den Taupunkt und
3. Mischung mit feuchter Luft.

Wolkenfotos mit besonderer Aussagekraft für Segelflieger

Cumulus humilis
Es handelt sich hier um einen Cumulus, der sich noch im Bildungsstadium befindet. Dies ist daraus ersichtlich, daß die Eigenschatten sehr schwach sind, was ein Zeichen für geringe Dichte bedeutet. Die Ränder der Wolkenteile »rauchen«, was ein weiteres Indiz für eine noch nicht voll ausgebildete Wolke ist.
Für den Bildungsprozeß sprechen auch die einzelnen Teile der Wolke, die überall zerfasert sind.

Cumulus mediocris
Dieser Cumulus von mäßiger vertikaler Entwicklung kann noch als Schönwettercumulus bezeichnet werden. Er zeigt mittlere Quellform und deutlich horizontale Unterseiten, da das Maximum der Tageskonvektion noch nicht erreicht ist. Teilweise »raucht« die Wolke noch, was eine Weiterentwicklung andeuten kann.

Cumulus congestus
Die Weiterentwicklung der mäßigen Quellwolke mediocris zeigt dieses Bild, das reichlich Quellformen aufweist. Die Vertikalbewegung ist bereits kräftig, doch scheint starker Höhenwind – vom Bildrand rechts nach links – die quelligen Türme »umzuwerfen«. Durch den hohen Gehalt an unterkühlten Wassertropfen ist diese Wolke vereisungsträchtig.

Cumulus congestus mit Kappe
Dieses Bild zeigt eine Anhäufung von Quellformen. Durch die Kappe erkennt man weitere Quellformen. Ein Cumulus hat die Kappe durchstoßen. Die obersten Quellungen nehmen bereits ein milchiges Aussehen an, was darauf hindeutet, daß sich der Gipfel der Wolke wahrscheinlich bald in einen Cb umwandeln wird.

Cumulonimbus capillatus
Hier sind mächtige Wolkenmassen mit horizontaler Unterseite und großer vertikaler Entwicklung erkennbar. Am rechten Bildrand handelt es sich noch um ausgesprochene Cumulusformen.

Ab oberer Bildmitte erfolgt bereits der Übergang von den Quellformen zum Eisschleier. Die Cirrusfahnen (hier ist die Vereisung bereits vollständig) beginnen sich in Form eines Ambosses auszubreiten. Der Übergang zur Gewitterwolke ist im vollen Gange.

Cumulonimbus capillatus
Der cirröse Teil nimmt die Amboßform an. Am rechten oberen Bildrand ist die faserige Struktur besonders ausgesprochen. Links oben beginnt die Wolke zu »rauchen«, was auf Weiterentwicklung hindeutet. Dieses Bild zeigt einen typischen Anblick einer April-Schauer-Gewitterwolke.

Cumulonimbus capillatus: (links oben)
Hier sieht man die Gesamtansicht dieser kräftig entwickelten Gewitterwolke, die eine gleichmäßige Unterseite aufzuweisen hat. Am linken und rechten Teil des Cb ist der Übergang von der Cu- zur Faser-Struktur zu beobachten. Der Amboß ist durch eine horizontale Fläche scharf begrenzt, was auf eine Inversion hindeutet. Diese wird aber links oben durch eine noch mächtigere Quellwolke bereits durchstoßen.

Sperrende Inversion (oben)
Klar ersichtlich ist hier die obere Begrenzung des Konvektionsraumes. Die Quellwolken steigen empor, bis ihnen eine Sperrschicht den weiteren Aufstieg verwehrt. Da diese Inversion anscheinend zu intensiv ist, erfolgt kein Durchstoßen, sondern ein Ausbreiten der Cumuli entlang der Inversion.

Cumulonimbus mammatus: (links unten)
Hier ist klar eine Rollenstruktur zu erkennen. Die Beutelform ist sehr deutlich (mamma = lateinisch = Beutel oder Brust). An bestimmten Stellen sind die einzelnen Teile aber mehr birnenförmig als halbkugelig. Diese Beutel schließen Wolkenteile mit kalter Wolkenluft ein, die aus dem Cb »ausbricht«.

Kontrast von Cumulus und Cirrus
Während der weiträumigere Cirrus diffus und wenig markant erscheint, sticht der enger begrenzte Cumulus prächtig weiß, scharf begrenzt und mit ebener Untergrenze hervor. Zugleich wird ein Beobachter merken, daß sich die Quellwolke im Verhältnis zum Cirrus rasch ändert, während dieser seine Form und sein Aussehen über längere Zeit nahezu unverändert behält.

Stratocumulus undulatus
Diese großen Rollen oder Walzen sind voneinander sehr deutlich durch Streifen (blauen) Himmels getrennt. Zum Horizont hin drängen sie sich infolge der Kulissenwirkung (Perspektive) zusammen. Diese Wolkenart entstand durch Wellenvorgänge in sehr feuchten Luftschichten oder Stratusschichten, sehr wahrscheinlich an einer Inversion. Diese Walzen stehen oft km-lang. Sie weisen jedoch geringe Wellenlängen (100-er Metergröße) auf und verlagern sich senkrecht mit dem Scherwind, d. h. mit dem Windänderungsvektor zwischen Wind an der Obergrenze der Wolkenschicht und dem Wind an der Unterkante.

Altocumulus castellanus

Unter der Wirkung der Perspektive sieht man nur eine lange Bank, deren Unterseite einheitlich eben ist, während sich die Oberseite im Aufquellen befindet, indem kleine Türme oder Zinnen emporwachsen. Sie deuten auf Kaltluftzufuhr in der Höhe (= Labilisierung!) hin und können also als Gewitterboten betrachtet werden.

Oft zeigt sich dem Betrachter ein Bild, das keine Türmchen aufweist, sondern auf dem Flocken im mittelhohen Niveau zu beobachten sind. Diese Altocumulus floccus sind das gleiche Indiz für Labilisierung in der Höhe und somit ebenfalls Künder von labilen Umlagerungen in der Atmosphäre.

Altocumulus lenticularis

Dieses Foto zeigt eine große Zahl von linsen- oder mandelförmigen Wolkenbänken am Himmel, von denen einige tatsächlich übereinandersitzen, während sich andere wegen der Perspektive teilweise zu verdecken scheinen. Sie zeigen starke Eigenschatten!

Diese Aufnahme zeigt eine typische Föhnsituation im Lee eines Gebirgshindernisses am Himmel. Zugleich sind diese Ac len, wie sie der Fachmann nennt, die heißersehnten optischen Künder der mit Föhn verbundenen Leewellen.

Altocumuls lenticularis mit Rotorenwolken
Ebenfalls eine Föhnsituation veranschaulicht dieses Bild. Ein Unterschied besteht jedoch zur vorherigen Aufnahme: Dieses Bild wurde in der starken Windbewegungszone geschossen, da man deutlich die Wellenwolken mit den darunter befindlichen dunkleren Rotorenwolken erkennen kann. Allein die zerfetzten Wolkenteile künden schon von der Turbulenz im Rotor!

Geschichtete Wellenwolke
Dieses Foto entstand bei Mistralströmung und wurde an der Nordküste Korsikas aufgenommen. Es zeigt eine Wellenwolke, die aus mehreren Schichten besteht und den Eindruck von gestapelten »Wolkentellern« vermittelt. Vermutlich sind diese einzelnen Lamellen bis zu ihrem jeweiligen Kondensationsniveau (HKN) gehoben worden, sodaß ein geschichteter Aufbau entstehen konnte.

Cirrus uncinus
Die Hakenform dieser Eiswolke ist auf diesem Bild sehr deutlich ausgeprägt: Gerader Stiel mit dem zum Haken gekrümmten Ende! Diese Fotographie läßt auf stärkere Vertikalbewegungen in der Eis-Region im Wolkenaufbau schließen (Hebungsvorgänge).

Cumulonimbus capillatus mit Niederschlag
Einen Cb über der Großstadt zeigt dieses Bild. Herrlich ist die gewaltige Wolkenmasse zu erkennen, aus der gerade ein Schauer herniedergeht.

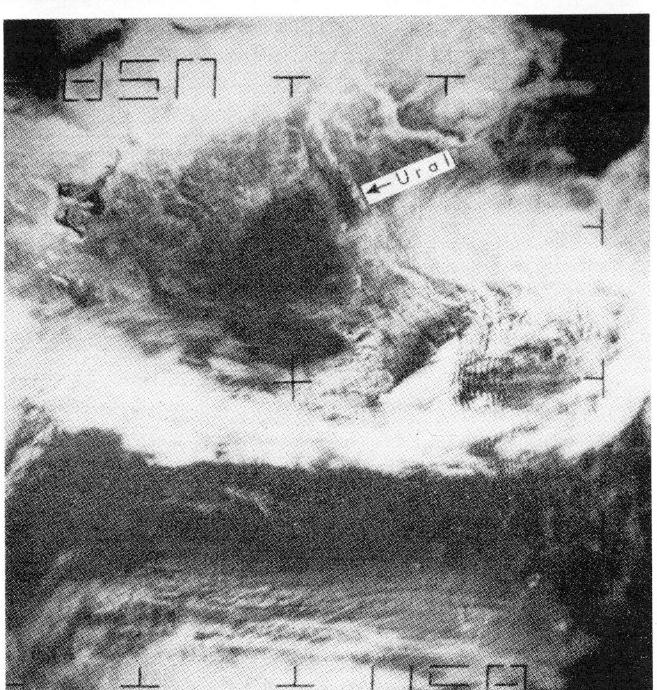

Wellenwolken im Satellitenbild
Diese Satellitenaufnahme läßt Wellenwolken im Lee des südlichen Urals erkennen. Damit diese Wolken im Satellitenfoto überhaupt erst erkannt werden können, müssen sie in der Natur mindestens eine Wellenlänge von 10 km aufweisen. Die Windrichtung entspricht in etwa der Senkrechten zur Lage der Wolken!

Tiefdruckwirbel der gemäßigten Breiten vom Satelliten aus betrachtet

So erblickt das Kamera-Auge des Satelliten aus etwa 1400 km Höhe ein Tiefdruckgebiet mit den dazugehörigen Fronten auf unserer Nordhalbkugel. Die kompakte weiße Fläche deutet auf zusammenhängende, geschlossene Bewölkung hin. Spiralförmig ordnet sich bereits die Kaltluft zum Tiefzentrum hin an, wobei an der Kaltfront die Bewölkung auflokkert. Man darf nicht vergessen, daß die Aufnahmefläche aus 1400 bis 1500 km Höhe etwa 3000 km^2 beträgt. Dieses Satellitenbild zeigt demnach deutlich die Dimensionen, in der das Wettergeschehen vonstatten geht!

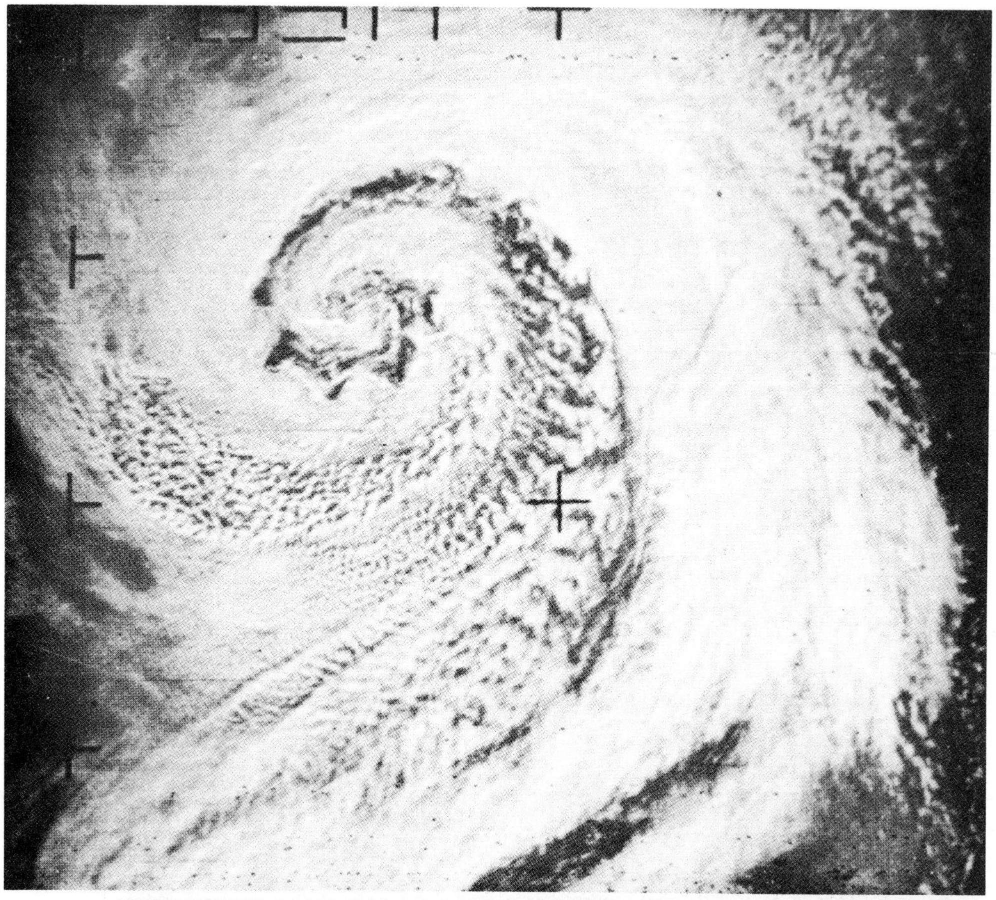

Wellenflug oberhalb von Cumulusstraßen

Dieses Bild zeigt den Verlauf der Cumulusstraßen vom Segelflugzeug aus. Die Wolken wurden – außerhalb der Quellungen – überstiegen. Beim Vorfliegen gegen den Wind wurde in ca. 1 bis 1,5 km Entfernung von der Wolke bei Wolkenbasis von 6000 bis 7000 ft ruhiges Steigen bemerkt, das mit 1 bis 2 m/s Höhengewinn bis über 3500 m NN erbrachte. Dieses Foto entstand in der Gegend von Burg Feuerstein am 6. August 1971. Einzelne Flüge gelangen bis über 5 km Höhe!

Segelflugwetterbericht

Ausgegeben am ...., den .... um .... Uhr MEZ

1) **Wetterlage:** ....

2) **Vorhersage:** ....

Wolken: ....

3) **Niederschläge:** ....

4) **Sicht:** ....

5) **Thermik:** ....

6) **Beginn der Thermik:** .... Uhr MEZ bei .... °C

7) **Wetterwirksame Sperrschichten**

von zwischen ....m NN bis und ....m NN

8) **Nullgradgrenze:** .... m NN

9) **Bodenwind und seine Entwicklung:** .... Grad .... km/h

10) **Höhenwinde in:** 1000 m NN .... Grad .... km/h

Entwicklung tagsüber) (evtl. ihre

1500 m NN .... Grad .... km/h

2000 m NN .... Grad .... km/h

3000 m NN .... Grad .... km/h

11) **Besondere Hinweise (Gefahren etc.):** ....

12) **Weitere Aussichten für** ....

Erläuterungen zu den Punkten 1 bis 12:

Alle Zeiten erfolgen in MEZ, alle Höhenangaben in Fuß NN, alle Geschwindigkeitsangaben in Knoten!

1) Auffallende Wettererscheinungen, Lage von Fronten, Zuggeschwindigkeit und -richtung dieser Strömungen, Lage der Druckzentren (Hochs und Tiefs), Art der Luftmassen.

2) Menge der Quell- und Schichtwolken in Achtel-Angaben. Darüberliegende mittelhohe und/oder hohe Wolken mit Zugrichtung und -geschwindigkeit, jedoch keine Höhenangaben dieser Wolken! (Gering = weniger als 4/8, stark = mehr als 4/8). Tendenzangabe zur Entwicklung, Auflösung, Ausbreitung, Überentwicklung, Abschirmung etc.
Ansteigen der CU-Basis tagsüber!

3) Regen, Nieseln (= Sprühregen), Schauer, Gewitter, Hagel, Schnee usw.

4) Angaben in Kilometern, Sichtentwicklung nach Thermikbeginn.

5) Keine, gering (= bis 1 m/s), mäßig (= 1 bis 2,5 m/s), gut (= 2,5 bis 5 m/s), sehr gut (mehr als 5 m/s). Blauthermik bis .... m NN, Überentwicklung, zerrissen, Vertikalerstreckung, Wolkenstraßen, Thermikstreifen.

6) Beginn der **nutzbaren** (= ausfliegbaren) Thermik bis mindestens 600 m (= 2000 ft) über Grund.

7) Sperrschichten (Inversionen/Isothermien), Hinweis auf **keine** Inversionen.

8) Evtl. Hinweis auf Vereisungsgefahr (Ballast im Frühling!)

9) Stärke bezogen auf Flachland, Spitzenböen am Boden, Änderung nach Konvektionsbeginn.

10) Örtliche und zeitliche Änderungen!

11) Föhn, Turbulenz, Leewellen, Wolkenstraßen, Thermikwellen, sehr gute Dreieck-Lagen, Ost- bzw. Nordostlagen (Streckenflüge!) usw.

12) Grobe Entwicklung der weiteren Wetterlage.

LITERATURNACHWEIS

1 K. KEIL: Handwörterbuch der Meteorologie
2 R. GEIGER: Das Klima der bodennahen Luftschicht
3 H. FLOHN: Vom Regenmacher zum Wettersatelliten
4 REGULA/ZIMMERSCHMIED: Luftfahrt-Meteorologie
5 C. E. WALLINGTON: Meteorologie für Segelflieger
6 W. GEORGII: Meteorologische Navigation des Segelflugs
7 W. GEORGII: Flugmeteorologie
8 W. GEORGII: Kinematik der Leewellenströmung
9 EICHENBERGER: Flugmeteorologie
10 R. D. REYNOLDS: Dichotomy of mountain lee wave theories and field test measurements
11 CASSWELL: Simplifield calculations of max. vertical velocities in mountain waves
12 H. BERG: Der Föhn im nördlichen Alpen- und Voralpengebiet
13 H. HOINKES: Wolkenbeobachtungen bei Föhn in Innsbruck
14 H. EXTERNBRINK: Die Hinderniswogenwolken bei Südföhn in den Alpen
15 J. KÜTTNER: The rotor flow in the lee of mountains
16 R. KANITSCHEIDER: Beiträge zur Mechanik des Föhns
17 M. REINHARDT: Flugbeobachtungen bei Südföhn im Raum Innsbruck
18 J. v. KALCKREUTH: Segeln über den Alpen
19 J. v. KALCKREUTH: Das stille Abenteuer
20 H. SCHWEITZER: Versuch einer Erklärung des Föhns als Luftströmung mit überkritischer Geschwindigkeit
21 WDS, AUSBILDUNGSHILFEN IM DWD: Allgemeine Meteorologie
22 WDS, AUSBILDUNGSHILFEN IM DWD: Synoptische Meteorologie
23 N.W.S. U.S. DEPARTMENT OF COMMERCE: Soaring meteorology for forecasters, handbook no. 3
24 Div. Deutscher Aero-Kurier
25 Div. Swiss Aero Revue
26 Div. OSTIV-Publications
27 WMO: Technical Note Nr. 34
28 KASSERA: Flug ohne Motor
29 F. ROSSMANN: Über das Absteigen des Föhns in die Täler
30 DWD: PROMET
31 Div. WEATHER
32 HESS/BREZOWSKI: Großwetterlagen

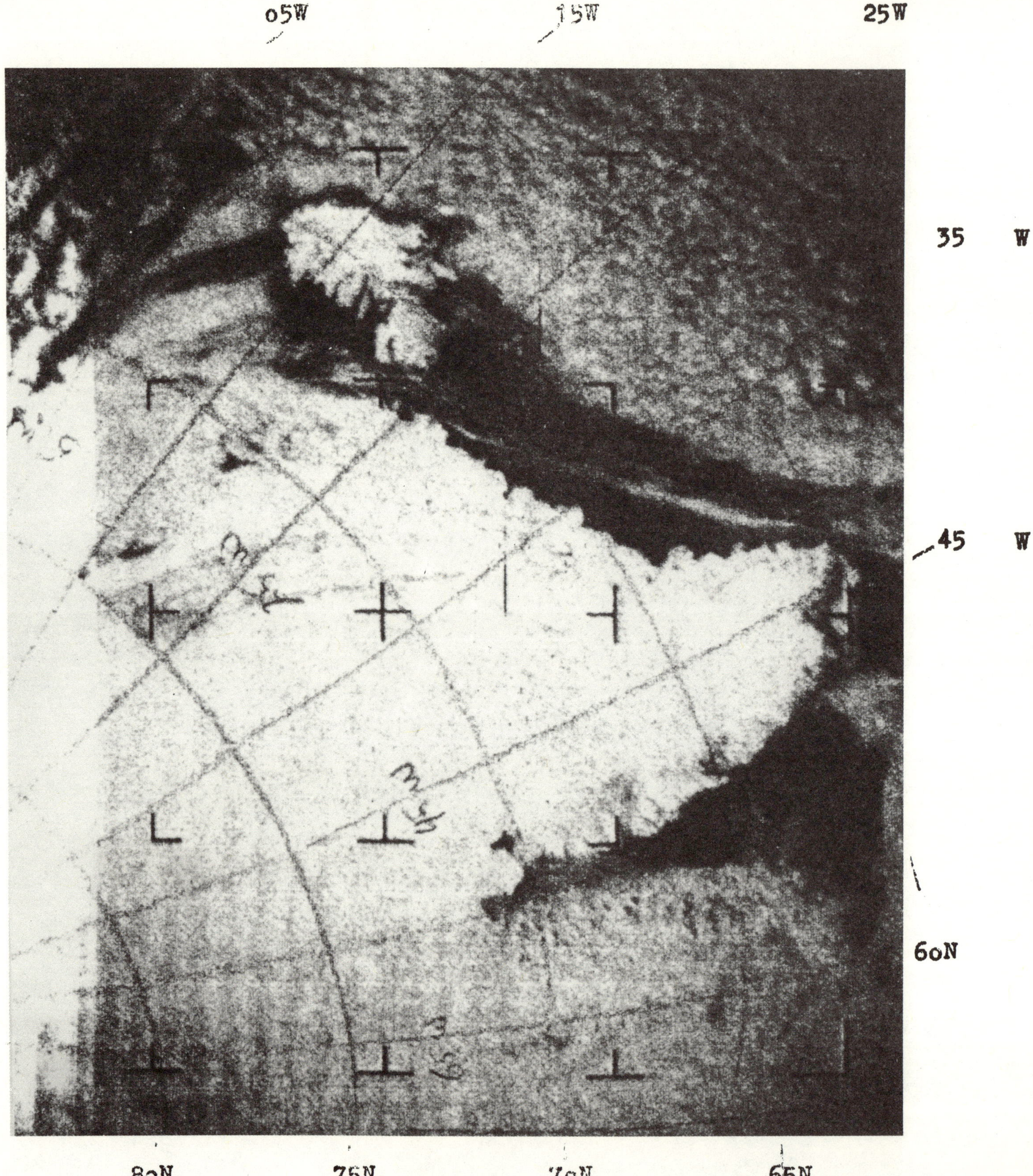
05W
15W
25W
35 W
45 W
60N
80N
75N
70N
65N